KB068455

저축은　　　투자는　　　당신
답답하지만　　　무서운　　　에게

직장인 자본주의 생존 테크트리

저축은 답답하지만 투자는 무서운 당신에게

서대리 지음

RHK
알에이치코리아

최악을 피하는
최선의 방법

"인생은 후회의 연속이다." 살면서 한 번쯤은 들어봤을 문장이다. 인생은 B_{irth}와 D_{eath} 사이에 C_{hoice}라는 말처럼, 우리 인생은 마치 게임과 같아서 매 순간 (좋든 싫든) 선택해야 한다. 아침에 몇 시에 일어날 것인지부터, 점심에 뭘 먹을지, 이 자료를 팀장님한테 언제 보고해야 할지 같은 일상적인 상황뿐만 아니라, '어떤 주식에 투자할지, 그 주식을 지금 사야 할지, 팔아야 할지' 같은 재테크 영역까지 전부 나의 선택을 기다리고 있다. 그리고 이런 수많은 갈림길에서 인간은 늘 최선의 선택을 하길 원한다. 당연한 이치다. 크든 작든 나의 인생에 영향을 미치는 일인데, 안 좋은 결과를 원하는 사람은 없을 테니까. 하지만 매 순간 최고의 선택을 할 수 있을까? 그리고 그게 최고의 선택이라고 확신할 근거는 무엇일까? 많은 사람의 바람과는 다르게 이 질문에 확실한 기준과 정답을 제시할 수 있는 사람이 있을까 싶다.

지구상에서 가장 성공한 주식 투자자인 워런 버핏 역시 가끔은 투자에 실패해 손절한다. 코로나19로 전 세계 주식시장이 흔들린 2020년, 워런 버핏은 항공주에 투자했다가 막대한 손해를 입었다. 심지어 그 이전에도 항공주 투자로 큰 손실을 본 전적이 있었는데, 또다시 항공주 투자에 실패한 것이다. 워런 버핏뿐만이 아니다. 만유인력의 법칙을 밝혀낸 아이작 뉴턴도 주식 투자에 실패했다. 그 후 뉴턴은 "천체의 움직임은 계산할 수 있지만, 인간의 광기까지 계산할 수는 없다"라는 말을 남기며 본인의 실패를 탄식했다고 한다. 이처럼 역사에 이름을 남긴 인물들 역시 최고의 선택만 하지는 못했다. 특정 분야에서는 최고의 선택을 했지만, 그 외에서는 그들도 일반인들과 마찬가지로 잘못된 선택을 하고 그를 통해 큰 피해도 봤다.

이들에 비해 평범한 절대다수 또한 마찬가지다. 자본주의 생존을 다루는 책답게 투자와 관련된 이야기를 조금 더 해보겠다. 2020년, 2021년은 말 그대로 '대 호황장'이었다. 주식, 부동산, 코인 할 것 없이 투자할 수 있는 모든 것들의 가격이 급등했다. 이를 통해 많은 돈을 벌어들인 사람도 물론 있지만, 막상 개인 투자자들의 주식 투자 평균 수익률을 보면 호황이라는 말이 무색할 정도다. S&P500과 코스피 지수가 두 자릿수 수익률을 기록했을 때, 개인

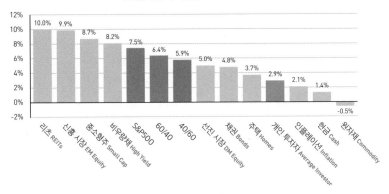

자산별 연간 수익률(2001~2020)

투자자들의 수익률은 2%대라는 통계 결과가 나왔기 때문이다.

왜 이런 일이 발생할까? 이 역시 '선택'의 관점에서 이야기할 수 있다. 심플하게 생각해서 개인 투자자들이 '종목'과 '거래 시점'에서 최고의 선택을 하지 못한 비율이 높다는 의미다. 그리고 이런 현상은 매년 반복된다. 대한민국만 그런 것이 아니다. 미국 개인 투자자들도 마찬가지이다. 위의 표를 보면 S&P500이 매년 7.5%씩 상승하는데, 개인 투자자들의 수익률은 2.9%밖에 안 된다는 걸 알 수 있는데, 사람 사는 게 다 비슷하다는 생각이 든다.

하지만 코로나19 팬데믹 이후, 자본주의 세상에서 잘 먹고 잘 살기 위해서 '투자는 선택이 아닌 필수'라는 사실을 모두가 체감했다. 옛날처럼 생활비를 아끼고 저축만 해서는 더 나은 미래를 보장받기 어렵게 되었다. 매년 무섭게 올라 '런치플레이션'이라는 신조어를 만들어낸 직장인 점심 식사값을 비롯해 은행의 1년 정기예금

저축은 답답하지만 투자는 무서운 당신에게

이자와 연봉인상률만 비교해도 쉽게 체감할 수 있다. 취업 플랫폼 잡코리아에 따르면 2023년 직장인이 점심값으로 제출하는 돈이 5년 동안 24.6% 증가했다고 한다. 매년 점심값이 4.6%씩 올랐다는 얘기다. 하지만 그동안 은행 예·적금 이자는 그만큼 오르지 않았다. 물론 2023년과 같은 금리인상기에 연이율 5% 이상의 예금 상품이 생기기도 했지만, 특수하고 단기적인 사례일 뿐, 영원하지 않을 것이다. 연봉인상률도 마찬가지다. 잡코리아에 따르면 2023년 직장인 연봉인상률은 4.6%라고 한다. 다행히 물가상승률만큼은 연봉이 올랐다고 생각할 수 있지만, 생활비 뿐만 아니라 건강보험료 등 세금도 함께 오르다 보니 실제로 사용할 수 있는 돈은 시간이 지날수록 점점 줄어든다. 익숙했던 저축에서 벗어나 투자를 해야 하는 이유다.

그렇다면 어떻게 해야 할까? 어떻게 해야 냉혹한 자본주의 세상에서 최고의 선택을 하면서 돈 걱정 없이 여유로운 삶을 살 수 있을까? 안타깝게도 그런 방법은 아직 발견되지 않았다. 유튜브 속 수많은 투자 전문가들의 전망도 얼마나 자주 틀리는지, 2022년부터 이어진 하락장을 통해 확실히 체감했을 것이다. 자본주의 세상에서 최고의 선택을 할 수 있는 기준을 누군가 수학 공식처럼 완성했다면, 그 책은 이미 베스트셀러가 되어 경전처럼 읽히고 있을 것이다.

그래서 나는 작전을 바꿨다. 최고의 선택에는 '운'이 필수적인 조건이고, 내가 맞출 수 없는 영역이기에 과감히 포기했다. 그 대신 최악의 선택은 피하는 것에 집중한 전략이다. 그 방법은 5지 선다형 문제를 4지 선다형이나 3지 선다형 문제로 줄이는 것이다. 그러면 자연스럽게 최고의 선택을 할 확률은 올라가고, 최악의 선택은 피해가므로 인생의 리스크도 줄어든다. 최악만 피했을 뿐인데, 그 이후로 자본주의 세상에서 나의 입지가 조금씩이나마 탄탄해지기 시작했다.

결정적으로 이 작전의 장점은 누구나 할 수 있다는 것이다. 최악의 선택이 무엇인지 모르는 사람은 없기 때문이다. '소주를 매일 2병씩 마신다' '영끌해서 테마주에 투자한다' 등이 이에 해당한다. 이렇게 보면 "누가 이런 선택을 해?"라고 생각할 수 있지만, 막상 선택해야 하는 상황에서는 이성적으로 판단하지 못하는 경우가 발생한다. '운동을 꾸준히 해서 건강을 유지한다' '충분한 수면은 필수다'라는 어쩌면 당연하기까지 한 최고의 선택지 대신, 많은 사람이 더 좋지 않은 쪽을 고르기 때문이다.

최악의 선택지를 피해야 하는 이유는 단순하다. 손해를 입으면 그만큼 회복하는 데 더 오랜 시간이 걸리기 때문이다. 1만 원짜리 주식에 투자하여 50% 손해를 보면 5,000원이 된다. 그게 다시 1만 원이 되려면 무려 100%가 올라야 한다. 다시 제자리로 돌아오는 데 드는 에너지가 훨씬 큰 것이다. 그래서 워런 버핏의 투자 첫 번째 규칙이 "돈을 잃지 마라Never lose money"이고 두 번째 규칙이 "첫 번째 규칙을 잊지 마라Don't forget rule no.1"이다.

이 관점에서 내가 자본주의 세상을 살면서 겪었던 수많은 선택지와 잘못된 선택에 대한 후회를 이 책에 정리했다. 이 책을 접한

저축은 답답하지만 투자는 무서운 당신에게

사람들이 내 후회를 간접 체험하여 인생의 갈림길에서 더 좋은 선택지를 고를 기회를 얻었으면 한다. 물론 내 의견이 무조건 정답이라 생각하지 않는다. 어떤 선택을 하든 결국 어느 정도 후회는 남을 것이다. 하지만 최악의 선택지만큼은 확실하게 제거해 줄 것이다. 나는 몸으로 직접 부딪치고 깨져가느라 목적지까지 조금 돌아가고 있다. 하지만 독자분들은 경제적 자유라는 목적지에 시행착오 없이 조금 더 빠르게 도착했으면 한다. 이 책이 그 여정의 가이드북이 되어주길 바란다. 적어도 더 이상 출근하는 길이 고통스럽지 않고, 언제 잘릴지 걱정하지 않는 직장인이 될 수 있을 것이다.

2023년 한여름
서대리

프롤로그   최악을 피하는 최선의 방법   004

1장   서대리의 후회: 투자

1   퇴직금은 최후의 보루가 아니라 누구보다 뛰어난 공격수다   019

2   월급에도 보험을 들어라   026

3   최고의 투자 타이밍은 언제일까?   034

4   투자에서 타이밍보다 중요한 것   040

5   최고의 매도 타이밍은 언제인가   059

6   투자할 때 중요한 것은 금리가 아니다   069

7   우리는 이미 매도 타이밍을 알고 있다   079

8   투자만이 살길은 아니다   088

9   투자 실력보다 더 중요한 것   094

10   돈 벌 방법은 없지 않다 다만 귀찮을 뿐이다   098

11   재테크, 부동산과 주식 중 무엇이 정답일까?   104

12   내가 잘 아는 것에만 투자해도 충분하다   110

13   종목 수가 늘어난다고 계좌가 안전해지지 않는다   117

14   내 집 마련을 꼭 해야 하는가?   124

15   재테크도 조기 교육이 중요하다   132

16   돈 모으기, 핵심은 투자가 아니다   136

17   소비를 결정하는 기준은 가격이 아니다   143

18   아무 데도 투자하지 않는 것도 투자다   148

2장   서대리의 투자법

1	조기 은퇴의 핵심은 순자산이 아니다	155
2	연금계좌 수익률 상위 1%들의 투자 포트폴리오	162
3	장기투자를 계획한다면 펀드보다 ETF가 유리하다	168
4	사회초년생, 20대, 30대도 연금저축펀드 해야 할까?	172
5	세금 걱정할 필요가 없는 이유	196
6	부자가 되는 최고의 습관은 절약이 아니다	205
7	성공적인 투자를 위해 삭제한 앱 2개	212
8	시간여행 하는 방법	221
9	서대리의 투자법 STEP 1: 계획 수립	225
10	서대리의 투자법 STEP 2: 투자방식 확정	237
11	서대리의 투자법 STEP 3: 꾸준한 실행	241
12	월 적립 매수 외 2가지 투자 기술	246
13	세금혜택을 최대한 누릴 수 있는 자본주의 테크트리	255

**2부
마인드셋**

3장 직장인의 후회: 마인드셋

1	복리의 마법을 투자에서만 찾지 말 것	265
2	인생이라는 회사의 일잘러가 되자	271
3	"세상은 돈이 전부가 아니다"라는 말의 진실	277
4	편리함 이면에 숨은 비밀	286
5	생각은 이미 충분하다 이제 직접 부딪치자	293
6	단점은 보완하는 것이 아니다	300
7	'사고 싶은 것'과 '가지고 싶은 것'을 구분하라	304
8	욜로를 벗어나는 정말 쉬운 방법	309
9	시작하기 좋은 타이밍이란 허상	315
10	스트레스를 피하는 정말 간단한 방법들	320
11	중요한 것은 다독이 아니다	325

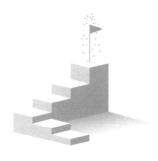

4장   직장인의 후회: 회사생활

1   직장에서의 노선을 빨리 결정하자   333

2   '아무것도 안 하기'가 실패보다 위험한 이유   341

3   변하고 싶다면 주변 사람을 바꿔야 한다   349

4   또라이 질량 보존의 법칙   357

5   워라밸은 망하는 지름길이다   362

6   회사의 크기와 능력은 나의 것이 아니다   368

1부

투자

1장

서대리의 후회: 투자

1
퇴직금은 최후의 보루가 아니라
누구보다 뛰어난 공격수다

해외여행을 다니다 보면 생활에 여유가 있는 듯한 서양인 노부부를 자주 마주친다. 처음에는 그들이 단순히 태생부터 부자일 거라 오해했다. 하지만 투자 공부를 하다 보니 선진국은 제도적으로 매년 쌓이는 퇴직금을 주식형 자산에 투자하게 하므로 몇십 년 후 은퇴할 때는 퇴직금만으로도 백만장자(10억 원 이상의 자산가)가 될 수 있다는 사실을 알게 되었다. 그들이 은퇴 후 매년 해외여행을 다니고 여유로운 노후를 보낼 수 있는 이유다.

반면 한국은 정반대다. 퇴직금은 직장인에게 최후의 보루라는 인식이 있다 보니 투자 수단으로 생각하지 않는다. '빠름의 민족'인 한국인은 기본적으로 3배 레버리지 투자나 빚투(빚내서 투자) 같은 공격적인 투자를 선호한다. 단기간에 원하는 성과를 얻기 위한 '하이 리스크 하이 리턴' 전략이다. 하지만 공격적인 투자자라도 퇴직금만큼은 예금에 넣어두거나 현금 그대로 두는 경우가 많다. 퇴직금으로 투자할 수 있다는 사실조차 모르는 사람도 많지만, 설령 투자가 가능하다는 걸 아는 직장인도 실제 투자는 매우 보수적으로 하거나 방치하기 일쑤다. 이런 상황 속에서 한국의 퇴직연금 연평균 수익률이 2%대라는 뉴스가 나오는 것은 놀라운 일이 아니다.

물가상승률을 고려할 때 이 수익률이라면 퇴직금은 오히려 줄어들고 있는 셈이다. 지금도 노인빈곤율이 OECD 국가 중 1위인데, 국민연금도 갈수록 줄어드는 판에 퇴직금마저 충분하지 않다면 결국 노후를 준비할 방법은 3가지뿐이다. 이미 가지고 있는 돈으로 투자해서 생활비를 벌거나(전업투자자) 은퇴 후 또 다른 직업을 구하거나, 직장인이 아닌 사업으로 큰돈을 벌어 노후 생활비를 충당하는 것이다. 이 관점에서 퇴직금을 전부 투자해 은퇴 후 외식 프랜차이즈 가맹점(보통 치킨집)이나 무인 가게를 개업한다는 뉴스도 쉽게 접할 수 있는데, 평범한 사무직 직장인이었던 사람이 경험도 없는 외식업에 도전해 안정적으로 돈을 벌 확률이 얼마나 될까? 뉴스의 결론도 이와 비슷하다. 그렇다고 투자로 매월 생활비를 월급처럼 안정적으로 벌기는 쉬운가? 이미 최근 경험을 통해 답을 알고 있을 것이다. 2020년, 2021년 같은 호황장에는 가능했겠지만, 2022년에는 있는 돈도 삭제되는 무서운 하락장이 우리를 덮쳤다. 하락장에도 고정된 생활비는 꼬박꼬박 나간다. 즉, 노후 준비는 은

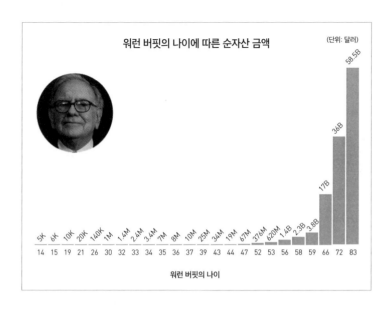

워런 버핏의 나이에 따른 순자산 금액 (단위: 달러)

나이	금액
14	5K
15	6K
19	10K
21	20K
26	140K
30	1M
32	1.4M
33	2.4M
34	3.4M
35	7M
36	8M
37	10M
39	25M
43	34M
44	19M
47	67M
52	376M
53	620M
56	1.4B
58	2.3B
59	3.8B
66	17B
72	36B
83	58.5B

워런 버핏의 나이

퇴할 때 하는 게 아니라 그 전부터 준비해야 한다. 방법은 간단하다. 이미 미국, 호주 같은 나라에서 참고할 만한 좋은 사례를 제공했다. 일찍부터 퇴직금을 투자해서 불려 나가는 것이다.

특히 이제 사회생활을 시작한 20대, 30대라면 지금부터 퇴직금을 미래를 위한 생존 수단이라 여기고 잘 관리해야 한다. 퇴직금처럼 긴 기간 투자할 수 있는 돈은 '복리의 마법'이 효과를 발휘한다. 이를 체감할 수 있는 게 위의 그래프다. 워런 버핏의 자산 대부분이 60세 이후에 완성됐다고 한다. 그래프를 보면 놀라울 정도다. 이 복리의 마법을 제대로 체감하기 위해서는 긴 시간이 필요하기에 한 살이라도 어렸을 때부터 시작하는 것이 유리하다. 복리의 마법을 누구보다 강하게 체감한 버핏은 인생의 가장 큰 후회가 "5살이나 7살 때 주식 투자를 하지 않은 것"이라고 했다. 참고로 그는 11살부터 주식 투자를 시작했다.

하지만 투자는 원금 손실의 위험이 있기에, 선뜻 뛰어들기 망설여질 수밖에 없다. 나도 처음 퇴직금을 가지고 ETF 투자를 시작할 때 고민이 많았다. 퇴직금을 늘리려고 투자를 시작했다가 타이밍이 안 좋거나 종목을 잘못 선택하면 오히려 퇴직금이 더 줄어들 수도 있기 때문이었다. 그래서 나는 실제 투자 전에 일어날 수 있는 최악의 상황을 먼저 상상해 보았다.

2008년 금융위기가 터지기 1년 전, 그동안 쌓인 퇴직금으로 S&P500 ETF에 투자했다고 가정해 보자. 편의상 투자한 ETF는 국내 상장 S&P500 ETF 중 시가총액 1위인 'TIGER 미국S&P500'이라고 하겠다(당시에는 상장하지 않았지만 임의로 정했다). 2007년 10월 1일, S&P500이 고점 부근이었을 때(1,547 USD) TIGER 미국S&P500을 매수했는데 금융위기가 터진 상황이라고 보면 된다. 그리고 주가는 2009년 4월에 최저점을 기록했다. 이 동안 S&P500은 무려 46%가 빠졌다. 퇴직금을 올인했다면 무서울 수밖에 없다. 근데 망하지 않았다. 왜 그럴까?

달러 환율을 한번 보자. 2007년 10월 1일부터 2009년 4월 20일까지, 같은 기간 동안 무려 45% 넘게 상승했다. 주가가 하락한 만큼 달러가 상승한 덕분에 내가 투자한 TIGER 미국S&P500은 거의 타격을 입지 않았다. TIGER 미국S&P500 주가는 S&P500을 추종하지만, 달러 환율 역시 추종하기에 환율이 오르면 ETF 주가

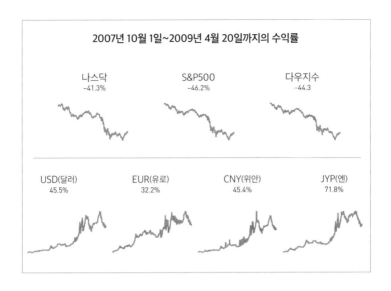

2007년 10월 1일~2009년 4월 20일까지의 수익률

나스닥	S&P500	다우지수
-41.3%	-46.2%	-44.3

USD(달러)	EUR(유로)	CNY(위안)	JYP(엔)
45.5%	32.2%	45.4%	71.8%

도 오른다. 이런 현상은 닷컴버블과 2020년 코로나 팬데믹 때도 동일하게 나타났다. 즉, TIGER 미국S&P500에 투자했다면 최악의 타이밍이었대도 투자 위험이 그렇게 크지 않았다는 뜻이다.

이러한 이유로 나는 마음 놓고 퇴직금을 투자하기로 결심했고 실행에 옮겼다. 2020년 1월, 퇴직금을 직접 투자할 수 있는 DC형으로 바꾼 뒤 S&P500 ETF와 나스닥 ETF를 모아가기 시작했다. 하지만 곧바로 2020년 3월 코로나 팬데믹으로 주가가 곤두박질쳤었다. 그리고 2022년까지 1년 내내 이어지는 하락장도 정통으로 맞았다. 그러나 결과적으로 2023년 퇴직금은 더 불어났다.

결과를 눈으로 본 이상, 앞으로도 지금처럼 계속 퇴직금을 투자할 것이다. 나의 첫 회사에서는 7년 넘게 다니는 동안 승진을 제외하면 물가상승을 고려한 기본 연봉 인상이 2번 밖에 없었다. 회사는 올해 경영 환경이 어렵다면서 매년 인상을 피했고, 올려줘도 2%가 최대였다. 결과론적인 이야기지만, 만약 내가 취직했던 2014년부터 미국인들처럼 퇴직금으로 투자했다면 같은 연차인 직장인 중에서 '수익률'만큼은 최소 상위 10% 아니었을까 싶다. 실제로 2014년 7월부터 2023년 5월까지 나스닥 지수는 무려 184% 올랐기 때문이다(투자 금액은 연봉마다 다르기 때문에 비교가 어렵다). 워런 버핏이 5살부터 주식 투자 하지 않은 것을 후회했다고 이야기했을 때의 감정을 조금이나마 공감할 수 있었다.

이 책을 보고 있는 당신의 퇴직금은 어떻게 운용되고 있는가? 혹시 모른다면 내일 출근하자마자 확인해 보자. 퇴직금 제도는 크게 DB형과 DC형으로 나뉘고, 회사마다 지원하는 제도가 다르므로 확인이 필요하다. 일단 DB형은 우리가 흔히 아는 퇴직금 제도다. 퇴직 전 월급에 근속연수를 곱해서 퇴사할 때 퇴직금을 주는 것이다. 그래서 DB형으로 되어있으면 퇴직금을 투자할 수 없다. 반면 DC형은 매년 혹은 매월 퇴직금을 정산해서 나의 퇴직연금계좌에 입금해 주는 방식이다. 그리고 이 돈은 인출할 수 없지만, 자유롭게 투자할 수는 있다. 앞에서 길게 설명했던 퇴직금 투자가 DC형을 이용한 것이다. 특히 퇴직금이 DC형으로 되어있는데 오로지 예금이나 현금으로 방치되고 있는 상황이라면 바로 조치가 필요하다. 이는 물가상승률을 고려했을 때 오히려 퇴직금이 줄어들고 있으므로 가장 비효율적인 상황이라 할 수 있다. 만약 내가 여기에 해당한다면 주말에 퇴직금 투자 계획을 세우도록 하자.

혹시 퇴직연금 제도가 DB형인데 퇴직금으로 투자하고 싶다면 우선 회사에 DC형으로 전환할 수 있는지 문의해야 한다. 바꿀 수 있다면 전환 신청하고 투자하면 된다. 다만 한번 방식을 바꾸면 되돌리기 어려우니 신중하게 선택해야 한다. 특히 연봉상승률이 매년 10% 이상 되는 DB형 제도 직장인이라면 퇴직금을 투자하는 것보다, 본인의 업무역량을 늘리는 데 집중하는 편이 더 좋을 수 있다. S&P500의 연평균 투자수익률인 7~8%보다 연봉상승률이 더 높기 때문이다.

시간이 지날수록 자본주의 생존 난도가 올라가고 있다. 그래서 내 몸뿐만 아니라 내가 운용할 수 있는 자산 전부를 일하게 만들어도 안정적인 노후를 보낼 수 있을까 말까 하는 세상이 되었다. 놀고 있는 퇴직금이 있다면 지금 당장 일하게 만들자. 주인은 하루 8시간 이상 일하고 있는데 부하(?)인 돈이 온종일 놀고 있는 것은 말이 안 되지 않는가? 지금부터 돈을 일하게 하지 않으면 노후에는 돈에게 지배당할 수 있다.

**나는 하루 8시간 근무
돈은 24시간 풀근무**

2
월급에도
보험을 들어라

매달 숨만 쉬어도 나가는 비용이 있다. 바로 보험비다. 사람마다 다르겠지만, 어지간한 직장인이라면 1개 이상의 보험에 가입돼 있을 것이다. 나 역시 암 보험과 실비 보험, 자동차 보험, 운전자 보험 이렇게 4개나 가입되어 있다. 비용을 조금씩 줄일 방법을 찾아보고 있지만, 현재 고정생활비 항목에서 대략 월 20만 원 정도가 보험비이고 이건 말 그대로 숨만 쉬어도 나간다. 상황에 따라 금액적인 차이는 있겠지만 매월 일정 액수가 계좌에서 빠져나가는 상황은 같을 것이다.

여기에서 '일찍부터 보험을 드는 것이 좋은가, 나쁜가'를 논할 생각은 없다. 개인이 처한 상황이 워낙 다르고 미래를 예측할 수 없

저축은 답답하지만 투자는 무서운 당신에게

기 때문이다. 이미 낸 보험비보다 많은 금전적 혜택을 받는 경우도 존재하지만, 보험비만 매월 나가고 실제 혜택은 한 번도 받지 못하는 경우도 많다. 나는 회사에 다니면서 여러 질병을 얻은 탓에 보험 혜택을 일부 누리고 있지만, 보험비를 한 번도 받아본 적이 없다는 지인도 많다(물론 나도 선택할 수 있다면 보험비만 나가는 건강한 몸을 가지고 싶다).

보통 본격적으로 보험 가입을 알아보는 시기는 대부분 직장에 들어가면서부터다. 일단 부모님부터 보험이 반드시 필요하다고 조언할 텐데, 여기에 가족력이 있다면 관련 보험은 거의 필수로 가입하게 된다. 거기다가 지인이나 지인의 지인을 통해 보험 상품을 소개받는 경우도 상당히 많다. 이때 다들 선선히 보험을 드는 이유는 어차피 들어야 한다고 생각하기 때문이다. 한치 앞도 내다볼 수 없는 미래를 대비하기 위함이다. 평소 건강한 사람이라도 어느 날 건강검진에서 암 판정을 받거나 갑작스러운 사고를 당할 수 있다. 그리고 이때 충분한 돈이 없다면 적절한 치료를 받기 어렵거나 그 이후 생활고에 시달릴 수 있기 때문에 이를 대비하는 차원에서 보험을 선택한다. 이처럼 보험은 미래에 벌어질 수 있는 안 좋은 사건을 일정 부분 막아주는 방파제 역할을 한다. 미래에 대한 막연한 두려움을 어느 정도 해소할 수 있으므로 나도 생활에 무리가 가지 않는 수준에서는 보험을 유지할 필요가 있다고 생각한다.

하지만 이 관점에서 사람들이 간과하는 포인트가 있다. 미래의 불확실성을 걱정할 때 거의 모든 관심이 '건강'에 집중된다는 사실이다. 물론 건강은 정말 중요하다. 한번 망가진 몸은 예전으로 다시 돌아갈 수 없다는 말처럼, 태어나서 죽을 때까지 관리해야 한다. 하지만 잘 생각해 보면 직장인이 걱정해야 할 미래는 건강 말고 하나 더 있다. 바로 회사 월급이다. 월급이 사라지면 당장 다음 달 대출을 갚지 못할 수 있고 끼니마다 식사를 제대로 못 할 수도 있다. 비상금이 있다면 어느 정도 버티겠지만, 수입이 없다면 돈이 전부 사라져 일상이 무너지는 것은 시간문제일 뿐이다. 자본주의 사회에 살고 있기에 돈이 없으면 살아남을 수 없다. 숨만 쉬어도 나가는 고정비용도 물가상승에 발맞춰 점점 커지다 보니 아무리 건강한 몸을 가지고 있더라도 내 재정이 건강하지 못하면 소용없다.

꼭 건강에만 갑작스러운 불행이 닥치란 법은 없다. 내 생활을 지탱하는 월급에도 안 좋은 일이 얼마든지 생길 수 있다. 예전에는 그나마 평생 직장, 정년 퇴직이라는 단어 뜻 그대로 회사를 오래 다닐 수 있었지만, 지금은 그렇지 않다. 40세만 돼도 명예퇴직 명단에 들어가고 간혹 30대도 권고사직을 당했다는 뉴스를 심심치 않게 볼 수 있다. 2020년, 2021년 코로나 팬데믹으로 수많은 회사나 자영업자들이 어려움을 겪었던 것처럼 전 세계적인 위기로 갑자기 직장이 사라질 수도 있다. 이처럼 직장인 월급을 위협하는 사건을 갈수록 자주 그리고 예상보다 빨리 마주하게 될 것이다. 직장인이 월급 보험을 들어야 하는 이유다.

그렇다면 월급 보험에 가입하는 방법은 무엇일까? 간단하다. 월급 외에 돈 벌 수 있는 수단을 확보하는 것이 월급 보험 가입이다. 블로그나 유튜브, 스마트 스토어, 배달 등 부업이 될 수도 있고 주식 투자로 금융수입 만들기(시세 차익이나 배당금), 부동산 투자로 시세 차익과 월세 받기가 해당한다. 보험에도 다양한 옵션이 있고 그에 따른 비용이 다른 것처럼 월급 보험도 내 성격이나 가지고 있는 자금 현황에 맞게 운영해야 한다. 나는 투자금이 많이 필요한 부동산을 제외하고 내 시간을 팔아 블로그나 유튜브로 추가 수입을 확보한다. 그리고 이렇게 번 돈과 월급을 주식에 투자해서 배당금을 계속 늘리고 있다. 현재 월평균 배당금이 30만 원 정도 되는데, 꾸준한 투자로 월평균 배당금을 최소 300만 원 이상으로 늘리는 것이 목표다. 이런 식으로 회사 월급이 나오는 동안 추가소득을 만드는 작업이 월급 보험이다.

하지만 직장인들은 대체로 월급 보험에 관심이 없다. 고용불안으로 인해 미래에 대한 두려움이 시간이 지날수록 커진다는 사실은 누구나 인정한다. 그렇지만 갑자기 월급이 사라질 상황을 대비하는 사람은 거의 없다. 암 보험이나 자동차 보험은 턱턱 잘 가입하는데 월급 보험은 왜 미리 준비하지 않을까? 가장 큰 이유는 가입 방식 차이 때문이다. 건강 보험은 그냥 돈만 내면 가입이 된다. 다른 복잡한 절차가 필요하지 않다. 하지만 월급 보험은 돈만 낸다고 해서 가입할 수 없다. 투자나 부업을 위해 유료 강의를 듣는다고 해도 수익을 보장받을 수 없고 애초에 보상 규모가 크지 않기 때문이다. 특히 초반에는 최저 시급만큼도 못 벌 확률이 크다.

실제로 대표적인 월급 보험 중 하나인 주식 투자 배당금만 봐도 알 수 있다. 시가배당률 4%짜리 주식에 1억 원이란 큰돈을 투자해도 세후 월 배당금이 33만 원 정도로 크지 않은데, 이 역시 100% 보장이 아니다. 배당금 삭감이나 주가 하락으로 오히려 자산이 줄어들 수 있고 필요한 돈 자체도 일반 보험비 수준을 아득히 뛰어넘기 때문에 심리적으로 손이 안 간다. 꼭 투자가 아니더라도 퇴근 후 돈을 벌기 위해 새로운 노동을 하는 것도 정신적, 육체적으로 쉽지 않다. 일단 퇴근하고 집에 오면 누워서 쉬고 싶기 때문이다. 하지만 좋은 약이 입에 쓰다는 말을 기억하자. 냉혹한 자본주의에서 살아남기 위해서는 월급이 갑자기 사라졌을 때를 대비한 보험이 꼭 필요하다. 당장 월급 외 돈을 벌 수 없더라도 항상 머릿속에 '월급 보험' 개념을 넣어두길 바란다. 이 보험은 지인이 찾아와서 가입하라고 절대 영업하지 않는다. 복잡한 가입 절차를 거쳐야 함은 물론이다. 또한 먼저 깨닫고 준비할수록 월급 보험 가입비는 줄어들지만, 나중에 돌려받는 환급액은 커진다.

현대사회 필수 보험 : 암 보험, 자동차 보험
그리고 **월급 보험**

저축은 답답하지만 투자는 무서운 당신에게

월급 보험 3가지 종류

앞에서 월급 보험이라는 단어로 거창하게 표현했지만, 결국 핵심은 월급 받는 동안 월급외 소득을 벌 수 있도록 준비하는 것이다. 대신 이렇게 이야기한다면 마음속에서는 자연스럽게 이런 반감이 들 것이다. '누가 그걸 모르나? 나도 월급 외 소득을 만들고 싶은데 어떻게 시작해야 할지 모르겠다고…'

물론 월급 외 소득을 벌어 미래를 대비하기는 쉽지 않다. 입 밖으로 꺼낸다고 말처럼 간단하게 뚝딱 돈 버는 구조가 생기지도 않는다. 5년 넘게 이것저것 시도하고 있는 나도 아직 월급만큼 꾸준히 수익을 내지 못한다(당연히 능력이 정말 뛰어난 사람은 예외일 것이다). 하지만 지극히 평범한 30대 직장인 입장에서 한 달 100만 원의 수익구조를 만든 경험을 바탕으로 나만의 월급 보험을 키워나가는 꿀팁을 풀어보겠다.

우선 어떤 월급 보험에 가입할지 결정해야 한다. 월급 보험은 크게 3가지 카테고리로 구분할 수 있다. 시간형 월급 보험, 복리형 월급 보험, 자본형 월급 보험이다. 자동차만 봐도 다양한 옵션이 있고 상위 옵션으로 갈수록 성능이 좋아지는 것처럼, 월급 보험도 시간형에서 자본형으로 갈수록 진정한 경제적 자유와 가까워진다. 다만 평범한 직장인이라면 3가지 월급 보험을 전부 가입해서 미래를 준비할 필요가 있다. 일단 각 카테고리별 월급 보험의 특징을 설명하겠다.

1. 시간형 월급 보험

이는 내 시간을 판만큼 돈을 버는 방법이다. 배달이나 아르바이트 등이 이에 해당한다. 시간형 월급 보험은 내가 한 만큼 정직하게 돈이 들어오지만, 지속하더라도 수입의 증가는 거의 없다. 음식 배달 경력이 늘어난다고 해서 1건당 받는 금액이 늘어나지 않기 때문이다. 대신 내 시간이나 체력을 제공한 만큼 돈이 확실하게 들어오고, 진입장벽도 낮아서 당장 생활비가 부족하거나 월급 외 돈을 버는 기분을 느껴보고 싶다면 시간형이 제격이다. 나는 팬데믹으로 배달이 대중화됐을 때, 주말마다 아내와 산책 겸 배달 아르바이트를 했다. 1주일 단위로 돈이 들어오고 금액도 은근히 커서 자주 이용했다. 그 당시는 각종 프로모션 혜택도 정말 다양해서 효율이 좋았다. 하지만 본질적으로는 월급처럼 내 시간과 체력을 제공한 대가로 돈을 받는 것이기 때문에 단기적으로 자주 이용하면 좋지만, 장기적으로는 해지해야 할 보험이다.

2. 복리형 월급 보험

이것은 사업이다. 사업이라고 해서 거창한 게 아니다. 시간형과 다르게 내 시간과 체력을 제공하더라도 바로 수입이 나오지 않고 어느 정도 쌓여야 돈이 벌리는 부업이다. '복리'형이라는 단어 뜻대로 내 노력과 성과가 조금씩 쌓이다 보면 어느 순간 수익이 폭발적으로 늘어난다. 초반에 세팅하고 수익화하기 어렵지만, 한번 완성되면 시간이 지날수록 적은 에너지로 더 많은 돈을 벌게 된다. 대표적인 예가 블로그나 유튜브, 스마트 스토어다. 처음 시작할 때는 시간과 에너지를 계속 투입해도 수입이 대부분 0이다. 하지만 일정 기준을 넘어가는 순간 수익이 복리로 불어나기 시작한다. 내 경우에도 블로그를 시작하고 나서 한 달 넘게 아무 소득이 없었다. 유튜브도 마찬가지로, 처음 두 달은 영상만 계속 올리고 딱히 반응도 없고 수입으로 이어지지도 않았다. 처음 유튜브를 시작했을 때 영상 하나 업로드하는 데 7~8시간이 걸렸다. 하루 평균 6시간씩 작업을 했는데, 이를 2023년 최저 시급으로 환산하면 약 346만 원을 받아야 할 업무량이다. 웬만한 대기업 직장인 월급 뺨친다(6시간×9,620×60일).

월요일부터 금요일까지 퇴근하고 이것만 붙잡고 있었는데도 수익이 없었다. 이런 시간이 한 달 넘게 이어졌는데, 그러다 운 좋게 어떤 포스팅, 어떤 영상이 알고리즘의 선택을 받아 대박 나면서 수익이 나기 시작했다. 물론 수익이 발생했다고 해서 바로 최저 시급 이상으로 돈을 번 것은 아니다. 그러나 최저 시급과 비교하지 않고 꾸준히 콘텐츠를 쌓아나간 덕분에 지금은 부업으로 최저 시급보다는 많은 돈을 벌게 되었다. 하지만 복리형 월급 보험 역시 결국은 내가 계속 관리하고 일해야 돈이 벌리는 구조라는 한계가 있다. 대신 잘

풀리면 웬만한 대기업 직장인 월급보다도 많은 돈을 벌 수도 있는 만큼, 이쪽으로 끊임없는 시도가 필요하다. 결국 여기서 얼마나 안정적인 수입 구조를 만들어내느냐가 직장인의 운명을 바꾼다고 본다.

3. 자본형 월급 보험

이는 말 그대로 내 노동력이 아닌, 자본에서 수입이 나오는 것이다. 주식 배당금이나 부동산 월세 등이 여기에 해당한다. 직장인이라면 누구나 배당금이나 월세로 한 달 500만 원, 1,000만 원이 통장으로 들어오는 상상을 할 텐데, 자본형 월급 보험이 빵빵하게 준비되어 있으면 가능하다. 3가지 월급 보험 중 진정한 경제적 자유에 가장 가까운 카테고리다. 특별히 내가 신경 쓸 필요 없이 시간이 지나면 알아서 돈이 들어오기 때문이다. "잠자는 동안에도 돈이 들어오는 방법을 찾아내지 못한다면 당신은 죽을 때까지 일해야만 할 것이다"라는 워런 버핏의 말처럼, 결국 자본형 월급 보험이 직장인들의 최종 목적지다. 다만 배당금이나 월세만으로 달에 300만 원 이상 나오는 구조가 완성되려면, 상당히 많은 투자금이 필요하다. 그래서 나도 월급뿐만 아니라 시간형, 복리형 월급 보험에서 나오는 수입을 열심히 자본형 월급 보험으로 전환하고 있다. 결국 자본주의는 정해진 시간 동안 누가 얼마나 많은 자본형 월급 보험을 확보하는지 겨루는 게임이라 생각한다. 그리고 게임의 규칙을 하루라도 먼저 깨닫는 사람이 유리해진다. 나는 이 사실을 늦게 깨달은 만큼 뒤처진 상황을 따라잡기 위해 오늘도 소비를 줄이고 버는 돈을 늘리기 위해 노력한다.

3
최고의 투자 타이밍은
언제일까?

투자에서 빠지지 않고 항상 논란이 되는 주제 중 하나가 타이밍이다. '지금 테슬라 주식에 들어갈까요?' '지금 서울 아파트 사도 되나요?' '비트코인 지금 사도 괜찮은가요?'와 같은 매수 문의 글이 인터넷에 매일 올라온다. 반대로 '지금 테슬라 주식 팔아야 하나요?' '앞으로 더 떨어진다는데 지금이라도 아파트 팔아야 할까요?' '비트코인 하락세라는데 탈출할까요?' 같은 매도 문의 글도 매수 글만큼 많이 올라온다. 그리고 이 게시글에 달리는 댓글들을 보면 사람마다 생각하는 매수·매도 타이밍이 전부 다르다.

'테슬라 주식'을 예로 들어보겠다. '지금 테슬라 주식 사도 될까요?'라고 묻는 주식 커뮤니티 글에는 다양한 댓글이 달린다. 누구는 지금이 매수 타이밍이라고 하고, 누구는 지금이 단기 고점이라 곧 떨어질 것이라 한다. 누구는 오히려 테슬라보다 현대차에 투자해야 돈을 더 벌 수 있다고 한다.

그리고 대답에 대한 근거 역시 정말 다양하다. 결론은 똑같이 '지금 매수하세요'라고 해도 누구는 금리 움직임을 이유로 들고, 누구는 기업 실적을 근거로 이야기한다. 일반인만 그런 것이 아니다. 뉴스나 유튜브에 나오는 수많은 금융전문가 역시 서로 다양한 생각과 데이터를 가지고 향후 주가를 예측한다. 하지만 그들 역시 일반인들만큼 자주 틀린다. 심지어 투자의 대가 워런 버핏 역시 잘못된 투자로 돈을 잃기도 한다. 2020년 3월 코로나19 팬데믹으로 주식시장이 무너졌을 때, 버핏은 다른 주식들보다 가파르게 급락한 항공주를 매수했다. 하지만 버핏이 매수하고 나서도 항공주 주가가 더 내려가자 한 달 만에 손절했다. 버핏은 "코로나19 팬데믹 초기, 항공주에 대한 판단이 잘못된 것으로 드러났다"고 이야기하며 1990년 항공주 투자 이후 또 한 번의 실패를 경험했다. 장기투자를 지향하고 실제 인터뷰에서 "항공주를 팔지 않겠다"고 이야기한 버핏이었는데도 매수와 매도 타이밍 잡기에 실패한 것이다. 항공주뿐만 아니라 버핏은 식품주인 '크래프트하인즈'에서도 손실을 봤다. 버핏의 버크셔해서웨이는 이 회사를 약 27조 원에 인수했는데, 그 후 기업의 경쟁력이 떨어지면서 손실을 봤다. 워런 버핏은 2019년 방송에서 크래프트하인즈 인수를 '판단 미스'라고 인정했다.

버핏뿐만이 아니다. 2008년 서브프라임 모기지 사태를 예견해 큰돈을 벌었던 전설의 공매도 투자자 마이클 버리도 가끔 틀린다. 이 사태를 다룬 동명의 베스트셀러를 각색한 영화 〈빅 쇼트〉의 실제 주인공으로도 유명한 그였지만, 테슬라 주가 하락 타이밍은 맞추지 못했다. 전설의 공매도 투자자답게 테슬라 풋옵션(주가 하락에 베팅하는 파생상품)에 투자했지만, 테슬라 주식이 계속 오르면서 큰 손실을 보았다고 한다. 결국 그는 "앞으로는 테슬라 하락에 돈을 걸지 않겠다"라는 인터뷰를 했다. 참고로 마이클 버리는 자신이 예측한 대로 되지 않으면 트위터 계정을 비공개로 전환하는 습관이 있는데, 이 빈도가 갈수록 잦아지는 것을 보면서 역시 미래 주가 향방 예측은 정말 어렵다는 것을 다시 한번 느끼게 되었다.

물론 한 번만 제대로 된 예측을 해도 일약 스타가 될 수 있지만, 연속으로 시장의 흐름을 정확하게 읽기란 매우 어렵다. 코로나19 이후 라이징 스타로 떠올랐던 아크인베스트의 캐시 우드가 그런 케이스다. 그녀는 성장주 중심으로 투자하는데, 코로나19 위기로 세계 각국이 엄청난 돈을 풀면서 주식 시장이 폭등했고, 그 수혜를 그대로 누렸다. 그녀가 투자하는 종목들은 연일 대단한 수익률을 기록했고, 자연스럽게 캐시 우드는 신격화되었다. 한국에서는 '돈나무 누나(cash wood와 발음이 비슷해서)'라는 별명까지 생겼다. 그녀가 투자한 종목은 연일 주목받았다.

반면 같은 기간 워런 버핏은 감을 잃었다는 소리를 매일 들었다. 기술주 중심으로 급격히 상승하는 시장에서 기술주에 투자하지 않고 현금만 많이 가지고 있었기 때문이다. 하지만 2021년을 지나

2022년 급격한 금리 인상을 시작으로 주식 시장이 1년 내내 하락하면서 캐시 우드와 워런 버핏의 평가는 한순간에 뒤바뀌었다. 캐시 우드가 집중적으로 투자한 성장주들이 고점 대비 50~80% 이상 하락했기 때문이다. 당연히 그녀를 믿고 투자했다가 손실을 본 많은 개인 투자자가 캐시 우드를 비난하기 시작했다.

반대로 워런 버핏은 모두가 입을 모아 한물갔다고 외쳤던 정유회사와 금융주를 착실히 모아가며 2022년 역대급 하락장에서도 엄청난 성과를 거뒀다. 이를 계기로 그는 다시 최고의 투자자로 평가받았고, 캐시 우드는 감을 잃은 투자자가 되었다. 물론 언젠가 시간이 지나면 이들에 대한 세상의 평가도 또다시 뒤바뀔 수 있다는 게 투자의 묘미다.

앞에서 예시를 길게 들었지만, 하고 싶은 말의 핵심은 '투자 타이밍은 아무도 알 수 없다'라는 사실이다. 성공적인 투자법이라면서 소개되는 규칙이 정말 많지만, 특정 시점에만 맞는 경우가 허다하다. 대부분 한 시대의 흐름에 잘 올라타 인기를 끌다가 시장 상황이 바뀌면 소멸한다. 안전한 투자 방법의 대명사인 주식/채권 60:40 포트폴리오도 영원하지는 않은 방법인 것 같다. 보통 주식이 하락하면 채권이 올라 전체 포트폴리오 손실을 막아준다. 이때 채권을 팔아 많이 떨어진 주식을 매수하여 계좌 수익률을 끌어올린다. 참고로 이를 '리밸런싱'이라고 한다. 하지만 2022년에는 주식과 채권 모두 사이좋게 하락했다. 주식 60%, 채권 40% 자산배분 포트폴리오의 2022년 수익률이 100년 만에 최악이었다는 뱅크오브아

메리카의 발표가 있었다.

이 관점에서 39페이지의 표가 시사하는 바가 크다. 수익률이 가장 좋은 10일을 놓치면 투자수익률이 무척 낮아지기 때문이다. S&P500 ETF에 투자하여 가만히 있는 것보다도 낮다. 그러나 반대로 최악의 수익률 10일만 피하면 수익률은 미친듯이 상승한다. 이렇게 보면 '최악의 수익률 10일만 잘 피하면 되는 것 아닌가?'라고 생각할 수 있지만, 막상 해보면 쉽지 않다는 사실을 깨닫게 된다. 이게 가능했다면 개인 투자자들의 수익률이 이렇게 낮지 않았을 것이다. 어떤 주식을 사도 오르던 2020년, 2021년에도 개인 투자자들의 연평균 수익률이 2%에 불과했다는 통계자료만 봐도 타이밍 잡기가 얼마나 어려운지 알 수 있다.

주식 투자를 처음 시작했을 무렵의 나도 사고팔고를 정말 많이 했다. 그러나 이렇게 열심히 타이밍을 재가며 '투자 노동'을 해도 최종수익률은 그렇게 높지 않았다. 당연히 내 주변도 마찬가지였다. 일단 주변만 살펴도 투자로 완전 대박이 나서 은퇴한 사람이 거의 없지 않은가? '타이밍은 누구도 맞출 수 없다'는 진리는 이미 많은 금융 전문가와 통계자료를 통해 검증되었지만, 이에 대한 갈망과 도전 정신이 아직 남아있는 분들이라면 닉 매기울리의 책《저스트 킵 바잉》을 추천한다. 400페이지 이상을 할애해 투자 타이밍을 맞출 수 없는 이유를 객관적인 통계자료로 보여주고 있기 때문이다.

참고로 주식 투자 타이밍을 맞추거나 종목 선택에 재능이 있는지 알아보는 나만의 기준이 있다. 그건 바로 내 투자수익률이 대

038

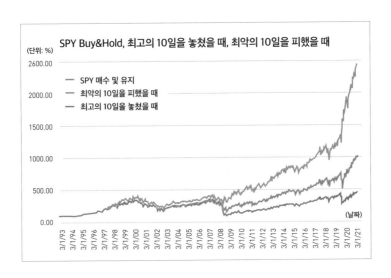

SPY Buy&Hold, 최고의 10일을 놓쳤을 때, 최악의 10일을 피했을 때

(단위: %)

2600.00

2000.00

— SPY 매수 및 유지
— 최악의 10일을 피했을 때
— 최고의 10일을 놓쳤을 때

1500.00

1000.00

500.00

(날짜)

0.00

3/1/93 3/1/94 3/1/95 3/1/96 3/1/97 3/1/98 3/1/99 3/1/00 3/1/01 3/1/02 3/1/03 3/1/04 3/1/05 3/1/06 3/1/07 3/1/08 3/1/09 3/1/10 3/1/11 3/1/12 3/1/13 3/1/14 3/1/15 3/1/16 3/1/18 3/1/19 3/1/20 3/1/21

표 시장지수를 최소 3년 이상 이기고 있는지 계산해 보는 것이다. 비교 결과, 이기고 있다면 주식 투자에 재능이 '있을 수도' 있다. 하지만 나의 수익률이 그보다 낮다면 이쪽으로 재능이 부족하거나 아직 능력이 발현되지 않은 것이다. 그러면 조금 더 보수적인 투자를 하면서 투자 감각과 실력을 키우는 데 집중하거나, 아예 나처럼 S&P500 혹은 나스닥 ETF 위주로 투자하는 것을 추천한다. 뒤에서 조금 더 자세히 설명하겠지만 재미없는 시장지수 ETF만으로도 충분히 상위 10% 투자자가 될 수 있기 때문이다.

절대 음감은 있지만 절대 타이밍은 없다

4

투자에서 타이밍보다
중요한 것

바로 앞에서 투자 타이밍에 집중할 필요가 없다고 이야기했다. 사실 필요가 없다기보다는 타이밍에 집중하는 투자의 난도가 매우 높아 개인이 쉽게 접근할 수 없다는 게 정확하다. 그렇다면 평범한 투자자가 투자할 때 집중해야 할 요소는 무엇일까? 투자 계산 공식을 보면 쉽게 알 수 있다. 3가지 지표가 중요하다.

$$\text{투자 총자산} = \underbrace{\text{투자금}}_{규모} \times \underbrace{(1+\text{수익률})}_{효율}{}^{\underbrace{\text{투자 기간}}_{시간}}$$

즉, 핵심은 투자할 돈(규모), 투자한 종목의 수익률(효율), 투자 기간(시간)이다. 당연히 투자할 돈이 커질수록, 수익률이 높을수록,

투자 기간이 늘어날수록 내 자산은 늘어난다. 여기서 투자 타이밍은 수익률 변수를 끌어올릴 수 있는 하나의 방법이다. 3가지 변수를 단순 비교하면 시간 〉 수익률 〉 투자금 순서로 효율이 좋다. 복리를 제8의 불가사의라고 하거나 많은 투자의 대가들이 장기투자의 중요성을 언급한 것도 이 때문이다. 3가지 변수 증가폭에 따라 최종 자산이 얼마나 늘어나는지 직접 비교해 보았다.

우선 투자금인 규모다. 다른 2가지 변수가 동일하다고 가정했을 때, 투자금인 규모가 늘어날수록 총자산 역시 같은 비율로 늘어난다는 것을 아래 표에서 확인할 수 있다.

규모(원)	연수익률	투자기간(년)	계좌수익(원)	변수 증감률	총자산 증감률
100,000,000	10%	30	1,744,940,227		
150,000,000	10%	30	2,617,410,340	50%	50%
200,000,000	10%	30	3,489,880,454	100%	100%
250,000,000	10%	30	4,362,350,567	150%	150%

두 번째 변수인 수익률, 즉 효율은 늘어날 때마다 수익이 기하급수적으로 증가한다. 연평균 수익률이 10%에서 15%로 5%p 올랐는데 총자산은 무려 279%나 오르기 때문이다(변수증감률 50%). 즉, 수익률이 극대화될수록 내가 버는 돈이 폭발적으로 늘어난다. 물론 투자를 직접 해 본 분들은 연평균 수익률 5%p는커녕, 1~2%p 올리기도 쉽지 않다는 사실을 잘 알 것이다. 나도 연평균 수익률 목표는 최대 10%로 잡고 있다.

규모(원)	연수익률	투자기간(년)	계좌수익(원)	변수 증감률	총자산 증감률
100,000,000	10%	30	1,744,940,227		
100,000,000	15%	30	6,621,177,196	50%	279%
100,000,000	20%	30	23,737,631,380	100%	1260%
100,000,000	25%	30	80,779,356,695	150%	4529%

마지막으로 가장 효율이 좋은 시간 변수다. 투자금과 연평균 수익률이 동일할 때 투자 기간을 30년에서 45년으로 증가시키면 총자산은 318%로 늘어난다. 앞에서 계산한 수익률 변수보다 더 높다는 것을 알 수 있다. 그래서 효율적인 투자를 계획한다면 3가지 변수 중 시간 〉 수익률 〉 규모 순으로 집중해야 한다. 들이는 노력 대비 총자산이 커지는 효과가 더 크기 때문이다.

규모(원)	연수익률	투자기간(년)	계좌수익(원)	변수 증감률	총자산 증감률
100,000,000	10%	30	1,744,940,227		
100,000,000	10%	45	7,289,048,369	50%	318%
100,000,000	10%	60	30,448,163,954	100%	1645%
100,000,000	10%	75	127,189,537,140	150%	7189%

여기까지 읽고 나면 1가지 의문이 생길 것이다. 각각의 변수를 늘리기 위한 노력이 같지 않기 때문이다. 예를 들어 같은 50% 변수 증가율이라고 해도 한 달 투자금을 100만 원에서 150만 원으로 늘리는 노력과 연평균 투자수익률을 10%에서 15%로 늘리기 위한 노력이 다르기에 1:1로 단순 비교하기 어렵다. 아무리 좋은 주식에

투자했더라도 2020년 3월처럼 코로나19 팬데믹이 정점이었거나 2022년 급격한 금리 인상 시기를 만나면 종목 상관없이 시장이 하락하고 수익률이 낮아질 수 있기 때문이다. 물론 하락에 베팅하는 숏 상품에 투자해 수익률을 끌어올릴 수 있지만, 그 타이밍을 맞추기 위한 시간과 노력 역시 상당할 것이다.

투자 기간 또한 10년에서 15년으로 늘리는 것이 말은 쉽지만, 시간은 돈으로도 바꿀 수 없는 소중한 자원이다. 5년 동안 주가 변동성을 견뎌내야 하고 무엇보다 그 시간 동안 계좌를 건드리지 않고 계속 투자하기란 절대 쉽지 않다. 단순히 주가의 오르내림으로 스트레스받아 매도할 수도 있지만, 목돈이 필요한 인생의 이벤트 때문에 주식을 팔아 계좌에서 현금을 빼야 할 때도 있다. 예를 들어, 20대 후반 직장인이 되어 독립한다면 전세보증금이 필요할 것이다. 사람마다 다르겠지만 결혼을 하게 된다면, 준비 비용으로 상당히 많은 돈이 필요하다. 또한 결혼 후 배우자와 함께 살 집을 전·월세나 매매로 구하게 될 텐데 이때도 돈이 많이 든다. 여기서 끝이 아니다. 자동차를 구입할 수도 있고 자녀가 태어나면 생활비나 교육비 등도 자연스럽게 늘어난다. 2인 가족에서 3인, 4인 가족으로 늘어나면 지금보다 더욱 넓은 평수의 거주지로 이사해야 할 수도 있다. 50대가 되면 자녀 대학교 등록비나 결혼 지원 등에도 큰돈이 필요하다. 이와 같은 큼직큼직한 대형 이벤트들 외에 또 다른 일이 발생했을 때, 현금을 많이 보유한 사람이 아니라면 주식계좌를 깨지 않고 계속 유지하는 것은 어려운 일이다.

이처럼 각각의 변수를 끌어올리기 위해 드는 에너지와 노력, 난이도는 전부 다르다. 세상에 정답이 없다는 말처럼 투자에도 당연히 정답이 없다. 숫자만 보면 투자 수익을 극대화할 최고의 방법인 시간, 수익률, 투자금을 늘리는 식으로 계획하고 행동해야 하지만 이는 말 그대로 교과서적인 이야기이다. 나의 투자 성향과 현재 처한 상황에 맞게 우선순위를 선정해야 한다.

내 경험을 예시로 들어보겠다. 나는 사회초년생 때 3가지 변수 중 수익률이 성공적인 투자를 위한 가장 중요하고 결정적인 변수라 확신했고 수익률을 높이는 방법을 집중적으로 고민했다. 그렇게 생각했던 이유는 단순했다. 일단 전문직이 아닌 평범한 20대 직장인이 받는 월급은 한정적이니 규모를 늘릴 수 없다고 생각했기 때문이다. 지금 돌이켜보면 잘못된 생각이지만, 일단 계속 이야기해보겠다.

그리고 시간 변수 역시 늘릴 수 없다고 생각했다. 30대에 결혼하고 내 집을 마련하려면 7~8억 원이 넘는 돈이 필요한데, 그 시기가 대략 7~8년 후였으니, 나의 남은 시간도 이게 전부인 줄 알았다. 즉, 부자가 되기 위해 내게 남은 방법은 수익률을 올리는 것밖에 없었다. 나뿐만 아니라 재테크/투자에 관심 있던 주변 지인들을 보면 의식의 흐름이 전부 비슷했다. 처음에는 전부 수익률에 목숨을 건다. 누구나 돈은 빨리 벌고 싶지만 투자할 수 있는 돈은 정해져 있기 때문이다. 상대방은 장기 말이 전부 다 있는데 나만 '차 떼고 포 떼고' 장기를 두는 느낌이었다.

생각이 정리되었으니 해야 할 일은 간단했다. 수익률을 높이는 방법을 공부하고 투자해서 자산을 빠르게 불려 나가는 것이다. 매일 아침 출근길에는 경제 신문을 정독하고, 한 달에 최소 4권 이상 투자 관련 책을 읽었다. 주식 투자 수익률을 높일 수 있는 공식도 알아보고 공부했다. 주식 투자 외에도 돈을 불릴 방법이라면 관심 가지고 전부 알아봤다(참고로 그때 주식 외에 투자했던 것들엔 부동산 P2P, 암호화폐 등이 있다).

그렇게 몇 개월 정도 공부하고 본격적인 투자를 시작했다. 100만~200만 원씩 나눠서 여러 투자 대가들의 공식대로 투자해보기도 하고 나만의 투자 공식을 만들어서 투자하기도 했다. EPS, PER, ROE, 매출성장률, 영업현금흐름 등등 투자자마다 중요하게 생각하는 지표가 다르다 보니 실제 투자는 하지 않더라도 과거 수익률로 시뮬레이션하면서 궁극의 투자 공식을 찾아봤다.

그렇게 약 5년의 시간이 흘렀다. 내 총자산은 어떻게 되었을까? 일단 좋은 소식은 자산이 0원에서 1억 원이 되었다는 것이다. 돈의 가치가 예전만 못하다지만, 그래도 평범한 직장인이 1억을 모았다는 사실만으로 그 당시에는 매우 기뻤다. 하지만 안 좋은 소식은 최종 투자수익률이 -10%였다는 사실이다. 돈 버는 속도를 높이기 위해 투자를 했지만, 오히려 1억 모으는 기간이 더 걸린 것이다. 심지어 그 당시 주식 시장이 나쁘지도 않았다. 그런데도 나는 투자로 몇 달 치 월급을 잃었다. 고수들의 투자 방법을 답습했는데도 말이다. 물론 투자 고수들에겐 공개한 방법 말고 비밀 노하우가 있었을 수도 있다. 맛집 소개 방송에서도 대략적인 음식 재료나 조리 방법은 알려주지만, 진짜 레시피는 공개하지 않는 것처럼 말이다.

5년간 수십 가지 방법으로 투자하면서 내린 결론은 '투자에 완벽한 공식은 없다'라는 사실이다. 수학이나 물리 공식처럼 어떤 상황에 대입해도 무조건 수익 나는 공식 말이다. 워런 버핏이나 피터 린치 같은 투자 레전드가 이미 수많은 명언과 인터뷰를 통해 주가를 맞출 수 없다고 이야기해 줬지만, "인간은 실패를 통해 배운다"라는 말처럼 나 역시 1,000만 원의 교육비를 내고 이 한 문장을 제대로 배웠다. 5년에 걸쳐 1,000만 원이니 1년이면 200만 원, 한 달 16만 원꼴이다. '주식 투자 교훈'이라는 주제로 월 16만 원짜리 유료 강의를 들었다고 생각하기로 했다.

무려 1,000만 원짜리 강의를 듣고 난 뒤, 자산을 키우기 위한 평범한 직장인의 우선순위는 바뀌었다. 전에는 수익률 〉 투자금 〉 투자기간 순이었다면(거의 수익률만 신경 썼지만) 지금은 '투자금 변수'를 가장 중요하게 생각한다. 원하는 목표수익률은 내 노력만으로 되는 것이 아니라 시장 분위기나 국제정세 등 우스갯소리로 '온 우주'가 도와주어야 이루어지는 것이기 때문이다. 압도적인 경쟁력과 실적, 비즈니스 모델을 가진 기업 주식에 투자한다고 해서 무조건 수익이 나지 않는 이유다. 그래서 작전을 바꿔 효율은 조금 떨어지지만 투입한 시간이나 노력만큼 아웃풋이 나오는 '투자금 규모'에 집중하기로 했다. 규모는 우주까지 도와줄 필요 없이 내가 버는 만큼 늘릴 수 있다. 월급 외 수입을 늘리기 위해 단기적으로는 배달

저축은 답답하지만 투자는 무서운 당신에게

알바를 할 수 있고, 전공 분야를 살려 숨고 같은 사이트에서 의뢰를 받아 돈을 벌 수 있다. 내 시간을 돈으로 바꾼다는 점 그리고 투자수익을 결정하는 3가지 변수 중 가장 효율이 떨어지는 규모에 집중한다는 점에서 분명 아쉬움은 존재한다. 하지만 살면서 항상 베스트만 선택할 수는 없다. '주어진 환경이나 나의 능력 안에서' 최선의 선택을 하는 것만으로도 충분히 어제보다 더 나은 내일을 만들 수 있다.

그래서 투자수익률이라는 변수를 시대의 흐름에 맡겼다. 변수를 상수화시켰다. 변수가 줄어들수록 리스크가 줄어들고 내가 해야 할 일은 명확해진다. 그동안 투자할 수 있는 돈이 한 달에 100만 원이었다면, 이제는 한 달 투자금을 150만 원으로 늘리기 위해 내 시간을 사용하는 것이다. 자연스럽게 마인드도 바뀌었다. 예전에는 자산을 많이 가지고 있는 사람이 마냥 부러웠다. 10억 가지고 있는 사람이 연수익률 4%를 달성하면 1년 수익이 4,000만 원이지만 5,000만 원 자산을 가진 직장인이 1년에 4,000만 원 수익을 내려면 1년 수익률이 80%가 되어야 하기 때문이다. 하지만 일부 금수저나 주식 투자에 동물적인 감각이 있는 상위 1%가 아니면 결국 투자수익률은 평균에 수렴할 것이다. 그렇다면 내가 투자로 돈을 더 버는 방법은 역설적이지만 투자할 돈을 더 늘리는 것뿐이다. 그리고 수익률에 관심을 내려놓고 투자금 확보에 집중하게 되면 오히려 투자도 잘 되고 돈도 더 빨리 모이는 신기한 경험을 하게 된다.

✱ 그렇다면 어디에 투자해야 할까?

결론부터 이야기하면 나는 S&P500 ETF를 메인으로 투자한다. 당연히 이 종목이 가장 효율적인 선택지라고 생각하지 않는다. 하지만 나를 포함한 대부분의 평범한 직장인 투자자에게 S&P500 ETF만큼 안정적인 종목도 찾기 어렵다. 특히 금융권에서 일하는 분들이 아니라면 더욱 그렇다. 아마 금융권에 일하는 분들도 장기적으로 보면 S&P500 ETF가 좋을지도 모른다. 일단 그들은 연봉이 높아서 수익률이 5%만 되도 투자수익이 웬만한 직장인의 수익을 웃돌 것이다. 그리고 뉴스나 유튜브에 나오는 수많은 금융업계 전문가들의 예측도 자주 틀리는 것을 보면 S&P500 ETF가 더 나은 성과를 낼 확률이 높기 때문이다.

그래서 나는 일반계좌의 50% 이상을 미국 주식 시장에 상장된 S&P500 ETF인 VOO로 채웠다. 그리고 연금저축펀드와 퇴직연금 DC형처럼 절세형 계좌에서도 50% 이상을 국내 상장 S&P500 ETF로 유지하고 있다. 비중 2위 역시 투자에 관심 있는 사람이라면 누구나 잘 아는 나스닥 ETF다. 참고로 직접 운영하는 유튜브나 네이버 블로그에서 매월 적립식 매수 종목들과 계좌 현황을 전부 공개하고 있다.

이 책에서는 평범한 직장인이 왜 S&P500 ETF 투자로 기본토대를 잡았는지를 중점으로 이야기하다 보니, 주식 시장에 상장되어 있는 수많은 S&P500 ETF 중 어떤 종목에 투자해야 하는지는 별도로 언급하지 않는다. 대신 이 역시 유튜브에 업로드된 영상이 있으니 아래 QR코드를 참고하여 자신에게 가장 잘 맞는 S&P500 ETF를 선택하면 된다. 참고로 어떤 ETF에 투자할지가 중요한 이유는 상황에 따라서 2,500만 원 수익 차이로 벌어질 수 있기 때문이다.

투자가 처음이거나 어떤 종목에 투자해야 할지 고민이라면 S&P500 ETF로 시작하는 것을 추천한다. 물론 투자 재능이 상위 0.1%이거나 투자할 종목에 확신이 있다면 자신만의 방법으로 쭉 투자하면 된다. 하지만 선뜻 투자하기 무섭거나 걱정이 많고 회사에서 업무를 할 때나 밤에 잠들 때 주식 투자 때문에 신경 쓰이는 분들이라면 S&P500 ETF 투자로 시작하면 어떨까?

국내 상장 S&P500 선택할 때 중요한 기준

핵심: ETF 운용보수뿐만 아니라 숨어 있는 비용인 기타 비용과 매매/중개수수료를 꼭 비교하고 투자를 결정하자.

어떤 국내 상장 S&P500 ETF를 골라야 할까? 나에게 맞는 ETF 고르는 방법

핵심: 똑같이 S&P500을 추종하는 ETF라도 배당금 지급 여부나 환노출/환헤지 여부, 현물/선물 등에 따라 조금씩 수익률에 차이가 있다. 투자하기 전 이 부분을 꼭 확인하자.

★ 왜 직장인은 S&P500이어야 하는가?

직장인에게 S&P500을 추천하는 이유에는 크게 3가지가 있다. 가장 큰 이유는 개별종목 분석에 시간 쏟을 필요가 없다는 점이다. ETF는 정말 다양한 종류가 있지만 보통 하나의 기업이 아니라 한 국가의 주식 시장 전체 혹은 한 산업의 전체에 투자할 수 있는 상품이기 때문에 개별종목 투자와 접근 방법이 다르다. 흔히 주식 투자 관련 자료를 보면 '그 기업의 PER, PBR이 얼마인지'와 같은 내용이 많다. 또한 '영업이익이 꾸준히 성장 중이다' '회사 이익성장률이 줄어들고 있다' 등등 경제신문이나 뉴스로 흔히 접하는 내용도 많다. 그리고 실제로 많은 투자자가 증권사 리포트나 각종 온라인 콘텐츠를 토대로 개별종목을 선정하고 투자한다.

하지만 문제는 이 숫자들을 기준으로 투자한다고 해서 무조건 수익이 보장되지 않는다는 점에 있다. 앞에서도 이야기했듯이 그 당시 성공한 투자자들의 공식을 그대로 적용해도 이번에는 손실 볼 수 있는 곳이 주식 시장이다.

꿈보다 해몽이라고, 그때그때 주식 시장에 대한 해석이 손바닥 뒤집듯 바뀐다. 증권업계 종사자마다 같은 현상을 바라보는 시각이 다르고, 예측도 자주 틀린다. 이처럼 하루 1/3 이상을 주식 관련 자료만 보는 전문가들도 개별종목 분석과 투자에 어려움을 겪는데, 일반 직장인들이 퇴근하고 나서 해당 기업을 공부하고 분석하여 투자하는 게 쉬울까? 일단 시간 자체도 아주 부족하고 관련 정보들을 얻더라도 이를 정확하게 판단하기도 어렵다. 워런 버핏이 아래와 같은 이야기를 괜히 한 것이 아니다.

"돈은 S&P500에 묻어두고 일터에 돌아가 자기 일을 열심히 하라. 노동생산성을 높이고 그 임금을 S&P500에 투자하면 어렵지 않게 부자가 될 수 있다"

이 관점에서 ETF를 매수하면 시간에서 자유로워질 수 있다. 개별종목 투자처럼 하나하나 알아볼 필요가 없기 때문이다. 미국 S&P500 ETF를 매수하면 미국의 핵심 500개 기업을 한번에 투자하는 꼴이다. 근데 S&P500 내에서 좋은 기업은 자동으로 더 투자해 주고 나쁜 기업은 아예 빼버리기 때문에 별도의 기업 분석 작업역시 거치지 않아도 된다.

주식 시장이 한창 타오르던 시절, '테슬라가 S&P500에 편입될 것인가'라는 주제가 언론에 자주 오르내렸고, 관심도 뜨거웠다. 이처럼 좋은 기업이 나오면 알아서 S&P500 지수에 들어가고 경쟁력이 떨어진 기업은 퇴출된다. ETF를 투자한 순간 개별종목에 신경쓸 필요가 없어지는 것이다.

즉, 바쁜 직장인들이라면 월급날 증권사 앱에 접속해서 5분 정도만 시간 내어 꾸준히 S&P500 ETF만 매수해도 충분하다.

두 번째 이유는 S&P500 ETF가 투자수익률도 생각보다 좋기 때문이다. 역사적으로 S&P500 ETF 투자가 정답이라는 에피소드와 데이터는 너무나도 많다. 워런 버핏의 유언장에 "내가 죽거든 전 재산의 90%를 S&P500 ETF에 투자하라"라고 적혀 있다는 이야기는 이미 널리 알려졌다.

거기다가 워런 버핏과 헤지펀드의 수익률 내기 에피소드도, 왜 바쁜 직장인에게 S&P500 ETF만 있어도 충분한지 잘 설명해 준다. 이 흥미로운 내기는 이렇다. 2007년 워런 버핏은 뉴욕 헤지펀드 운용사인 프로테제파트너스와 10년 간 수익률 내기를 했다. 버핏은 S&P500 인덱스 펀드를 선택했고, 프로테제는 5개 헤지펀드 묶음을 선택했다. 결과는 어떻게 되었을까? 2008년 1월 시작된 내기는 2017년 12월 29일 버핏의 압도적 승리로 마무리되었다. 간발의 차이로 이긴 게 아니고 거의 3배 넘는 연평균 수익률 차이로 승리했다. 헤지펀드 연평균 수익률은 2.2%, 워런 버핏이 투자한 ETF의 연평균 수익률은 7.1%였다.

월스트리트의 날고 긴다는 펀드 매니저들이 자존심을 걸고 10년 동안 투자했지만, S&P500에 졌다는 사실은 시사하는 바가 크다. 돈과 명예를 모두 얻을 기회였던 만큼 헤지펀드도 매우 진심으로 임했을 텐데, 수익률 차이가 상당했다. 일반인은 거의 보기 힘든 데이터나 자료들을 활용했을 텐데도, 시장지수를 이기지 못했는데 일반 직장인이 이기는 것이 가능할까? 물론 이론상 가능은 하겠지만 솔직히 확률은 매우 낮다. 사원으로 시작해서 임원으로 승진하는 난이도 정도 되지 않을까 싶다.

S&P500 ETF에 투자해야 하는 이유는 이뿐만이 아니다. S&P500 지수를 운용하는 S&P글로벌의 'SPIVA'라는 사이트에서는 기간별로 일반 펀드가 S&P500 수익률을 이길 확률을 시각화해

저축은 답답하지만 투자는 무서운 당신에게

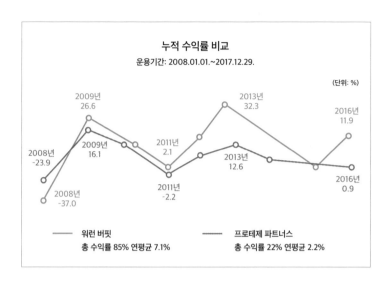

누적 수익률 비교

운용기간: 2008.01.01.~2017.12.29.

(단위: %)

2009년
26.6

2013년
32.3

2016년
11.9

2008년
-23.9

2009년
16.1

2011년
2.1

2013년
12.6

2008년
-37.0

2011년
-2.2

2016년
0.9

워런 버핏
총 수익률 85% 연평균 7.1%

프로테제 파트너스
총 수익률 22% 연평균 2.2%

서 정기적으로 알려준다. 2022년 6월 말 기준, 1년 동안 펀드 수익률을 조사해 보면 45% 정도만 같은 기간 S&P500 수익률을 이긴다. 일단 1년만 놓고 비교해도 동전 던지기 정도 확률로 크지 않다. 하지만 비교 기간을 늘릴수록 그 확률은 팍팍 낮아진다. 비교 기간을 15년으로 늘리면 오직 10%의 펀드만이 S&P500을 이긴다. 이 사이트에서는 미국뿐만 아니라 전 세계 주요 주식 시장지수와 국가별 펀드의 수익률 비교도 할 수 있는데, 신기한 사실은 대부분 시장지수 수익률이 펀드매니저들이 열심히 운용하는 펀드 수익률을 압도한다는 점이다. 이것만 봐도 시장지수 투자의 강력함을 충분히 확인할 수 있다.

펀드 하나하나를 직장인 투자자라고 생각했을 때, 4명 중의

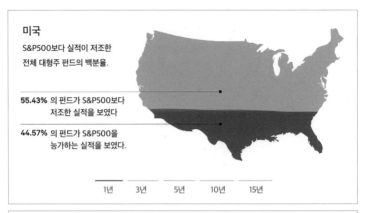

3명은 밤잠 설치고 열심히 공부하면서 투자했지만, 그냥 S&P500에 투자하는 것보다 성과가 좋지 않다는 의미다. 물론 이렇게 생각할 수도 있다. '시장지수를 이기는 펀드가 10%나 있다'라고 말이다. 긍정적인 관점이지만 여기에도 1가지 문제가 있다. 바로 무수히 많은 펀드 중에서 시장지수를 이길 펀드를 어떻게 고를 수 있는가? 하는 문제다. 그 펀드를 고를 확률까지 고려한다면 내가 시장지수보다 훌

저축은 답답하지만 투자는 무서운 당신에게

룡한 펀드를 선택할 경우의 수는 더더욱 작아질 것이다.

　　마지막으로 S&P500 ETF 투자는 세계 최고의 기업들에 투자한다는 의미다. '천조국' 미국답게 S&P500에는 이름만 들어도 알수 있는 세계적인 기업들이 전부 들어 있다. 애플, 마이크로소프트, 아마존, 페이스북, 알파벳(구글), 버크셔해서웨이, 테슬라, 존슨앤드존슨, JP모건 등 상위 10개 기업 리스트만 봐도 세상에서 돈을 가장 잘 버는 기업들이다. 상위 10개 기업 외에 비자, 코스트코, 스타벅스, 월트디즈니, 코카콜라 등 전 세계를 무대로 돈 버는 글로벌 기업들 투성이다.

　　즉, 미국 S&P500 ETF에 투자한다는 것은 세계 최고의 기업들과 미국이라는 나라 그 자체에 투자하는 것이다. 그리고 미국이 전세계 자본시장에서 차지하는 비중이 워낙 막강하다 보니 만에 하나미국이 무너진다면 다른 투자자산들은 그 이상으로 박살 나 있는 상황이 펼쳐질 테니, 어떻게 보면 제일 안전하다고 할 수 있다.

　　참고로 S&P500에 포함된 기업들을 1주씩 매수하려면 엄청나게 많은 돈이 필요하지만 요즘은 세상이 좋아져서 1만 원대인 S&P500 ETF 1주로 한 번에 투자할 수 있다. 단돈 1만 원이라는 저렴한 가격에 미국의 대표 500개 기업을 살 수 있다는 것이다. 스타벅스 커피 2잔을 참으면 투자할 수 있다.

　　지금까지 이야기한 근거들을 바탕으로 나는 주식 투자 계좌의 절반 이상을 S&P500 ETF로 맞춰 놓았다. 평범한 직장인 투자자로서 S&P500 ETF를 매달 꾸준히 투자하는 것이 보험이라 생각하기 때문이다. 그래서 일반계좌뿐만 아니라 연금저축펀드와 중개형 ISA, 퇴직연금 DC형 등 다양한 계좌에서 계좌별 특성에 맞게 S&P500 ETF를 모아가고 있다. 내가 계좌별로 모아가는 S&P500 ETF를 아래 표로 정리했다. 계좌별로 종목이 다른데, ACE(한국투자) / TIGER(미래에셋) / SOL(신한)은 ETF를 운용하는 자산운용사 브랜드명일 뿐 S&P500에 투자한다는 것은 동일하다.

계좌	상장시장	종목명
일반계좌	미국	VOO
연금저축펀드	한국	ACE 미국S&P500
퇴직연금 DC	한국	TIGER 미국S&P500
중개형 ISA	한국	SOL 미국S&P500

나는 S&P500 ETF 중심으로 투자를 시작한 이후부터는 테이퍼링이 어떻고, 금리 인상이 어떻고, 경기민감주가 어떻고 등등의 이슈에 전혀 신경 쓰지 않는다. 매달 1일, 약 5분 정도만 투자해서 S&P500 ETF를 기계적으로 매수할 뿐이다. 실제로 일반계좌에서는 미국 시장에 상장된 S&P500 ETF인 VOO를, 연금계좌에서는 국내 상장 S&P500 ETF들을 매월 꾸준히 매수하기만 하는데도 계좌 수익률은 점점 좋아진다. 2022년 모든 주식이 박살 나면서 투자 수익률이 마이너스였던 분들이 주변에 많았는데, 한 달 5분 정도면

충분한 S&P500 ETF 월 적립 매수만 했어도 시간과 돈 모두 벌 수 있었다.

특히 연금저축펀드나 개인형 IRP 계좌에 입금하고 ETF에 투자하면 연말정산 세액공제도 받을 수 있다. 일반계좌라면 국내 상장 해외 ETF 수익과 분배금(ETF 배당금은 분배금이라고 한다)의 15.4%가 원천징수 되는데, 연금계좌에서는 세금을 내지 않는다. 원래라면 내야 할 세금마저 끌어모아 재투자할 수 있다는 장점도 있기 때문에 시장지수 ETF 투자를 고려하는 직장인이라면 연금계좌는 필수다. 주택청약통장만큼 중요하다.

주변 지인들이 어떤 주식에 투자할지 물어보면 나는 항상 S&P500 ETF를 추천한다. 하지만 돌아오는 대답은 한결같다.

"지수 추종 ETF 투자가 정답인 것은 알겠는데 기대수익률이 낮고 재미도 없어서 주식 투자하는 것 같지 않아…"

정말 신기하게도 10명 중 8명은 이렇게 대답한다. 내 생각을 담아 이에 관해 하나씩 반박해 보겠다. 우선 앞에서 설명한 것처럼 수익률이 절대 낮지 않다. 투자 기간이 길어질수록 웬만한 펀드 매니저들보다 수익률이 좋을 것이다. 거기다가 달러를 환전하여 미국 시장에 상장된 S&P500 ETF를 매수했거나(VOO, SPY, IVV 등) 달러 환율에 ETF 가격이 연동된 국내 상장 S&P500 ETF를 투자한 분들이라면(TIGER 미국S&P500, ACE 미국S&P500 등) 2022년 하락장에서도 손실이 크지 않았을 것이다. 달러 환율이 오른 덕분이다.

그리고 애초에 투자는 '재미'로 하는 것이 아님을 기억하자. 오히려 꾸준함과 인내심이 주식 투자로 좋은 수익을 내기 위한 필수 조건이다. 어떤 일이든 원하는 목표를 달성하는 방법은 심플하다. 체중을 줄이고 싶다면 덜 먹고 운동을 많이 해야 한다. 수학을 잘하고 싶으면 수학 공부 시간을 늘려야 한다. 이처럼 누구나 다 아는 사실이지만 실제로 그렇게 실행하는 사람은 많이 없다. 일단 귀찮고 시간이 오래 걸린다. 무엇보다 소위 '재미'가 없다. 피겨 여왕 김연아 선수의 유명한 명언이 있다. 한 방송에서 PD가 "무슨 생각 하면서 스트레칭 하세요?"라고 물어보니 그녀는 이렇게 말한다.

"무슨 생각을 해… 그냥 하는 거지"

주식 투자도 마찬가지다. 주식 투자로 많은 수익을 얻고 싶다면 S&P500 ETF를 그냥 사고 잘 숙성시키는 것이다. 나는 이 결론을 얻고 확신하기까지 많은 시간과 돈을 허비했다. 아직 주식 투자를 어떻게 해야 할지 망설여지거나 투자를 하고 있지만 계속 손해만 보고 있다면 포트폴리오를 S&P500 ETF 중심으로 세팅하는 것을 추천한다. 특히, 바쁜 직장인 투자자라면 기업 분석하고 매수·매도 타이밍 고민할 것 없는 미국 S&P500 ETF 투자가 최고의 수익률을 보장하지는 않지만 가성비 최고의 주식 투자방법이 될 것이다.

직장인이라면 기승전 'S&P500 ETF'

저축은 답답하지만 투자는 무서운 당신에게

5
최고의 매도 타이밍은
언제인가

포털의 종목 토론방을 비롯한 재테크 관련 커뮤니티 단골 질문 중 하나는 바로 "언제 팔아야 할까?"이다. 매수는 기술, 매도는 예술이라는 말이 있다. 매도라는 행위를 통해 그동안의 투자 성과가 결정되기 때문이다. 하지만 투자하면 할수록 불패의 투자법은 없다는 사실을 깨닫게 된다. 보통 인간은 경험을 통해 직접 익힌 일을 점점 잘하게 된다. 직장 업무나 운동을 생각해 보자. 신입사원으로 처음 출근하면 모든 것이 낯설고 어색하다. 하지만 몇 년이 지나면 자신의 업무는 눈 감고도 할 수 있게 되는 경지에 오른다. 마찬가지로 팔굽혀펴기를 하나도 못 하던 사람이 매일 연습한다면 1년 후에는 한 번에 30~40개씩 할 수 있다.

다른 일도 마찬가지다. 누구나 꾸준히 한다면 일정 수준에 도달할 것을 예상하고 실제로 그렇게 된다. 하지만 주식 투자는 다르다. 오히려 하면 할수록 겸손해지는 신기한 영역이다. 만약 공부와 분석만으로 투자 수익률이 올라간다면 세계 유명 대학교 경제학 교수들이나 업계 종사자들이 세계 부자 순위에 전부 들어가 있어야 한다. 하지만 그렇지 않다. 세계 부자 순위를 보면 대부분 기업 지분을 많이 가지고 있는 기업가 혹은 창업주가 즐비하다. 주식 투자 절대 공식이 완성된다면, 혹은 존재한다면 전 세계 1등 부자가 되는 것은 어려운 일이 아니다. 2023년 3월 기준 세계 1위 부호는 LVMH 그룹의 베르나르 아르노 회장이다. 그의 자산은 1,870억 달러라고 한다. 원화로 247조 원이 넘는 돈이다. 근데 만약 주식 투자 절대 공식이 만들어져서 매년 40%대 수익률을 기록할 수 있다면 어떻게 될까? 펀딩을 통해 1,000만 달러를 확보해서 30년 투자하면 2,420억 달러가 된다. 로또 1등 당첨처럼 행복한 상상이다. 하지만 안타깝게도 투자수익률 40%가 보장된 투자 방법은 존재하지 않는다. 노벨 경제학상을 받은 사람들도 못 하는데 개인 투자자라고 별수 있을까? 투자가 어려운 이유다.

주식 투자 절대 공식이 만들어질 확률이 낮은 이유에는 여러 가지가 있다. 일단 주식 투자는 사람 심리가 크게 작용한다. 주가가 떨어지면 사람들은 더 떨어질 것이라는 공포에 사로잡혀 주식을 내다 판다. 그러다 보면 적정 가치보다 낮은 가격에 거래된다. 반대로 시장이 계속 상승할 때는 욕심으로 돈이 더 몰린다. 당연히 적정

저축은 답답하지만 투자는 무서운 당신에게

가치보다 더 비싸게 거래된다. 그 과정에서 누군가는 손실을 보고 누군가는 이익을 본다. 만유인력의 법칙을 발견한 아이작 뉴턴 역시 이런 과정에서 주식 투자로 큰 손실을 봤다.

그는 1720년 영국 남해회사South Sea 주식에 투자해 전 재산의 약 90%를 날렸다고 한다. 현재 가치로 환산하면 원화 44억 원 정도다. 뉴턴이 돈을 잃었던 과정을 보면 전형적인 투자 실패의 패턴을 따라간다. 처음에 그는 약간의 수익을 보고 남해회사의 주식을 모두 매도했다. 근데 주식은 그 이후에도 계속 올랐다. 그래서 뉴턴은 해당 종목에 재투자했고 이번엔 상당히 큰돈을 벌었다고 한다. 여기까지는 좋았다.

그러나 이후에 천재 과학자 뉴턴도 어리석은 판단으로 돈을 잃게 된다. 그가 주식을 전량 매도한 뒤에도 남해회사 주가는 계속 올랐다. 이미 돈을 충분히 벌었지만 계속 오르는 주가를 보며 오히려 손실이라 생각하고 괴로워했던 뉴턴은 결국 고민 끝에 다시 투자한다. 확신에 찬 그는 이번에 거의 전 재산을 올인했다. 빚까지 내서 투자했다고 하니 그 시대의 '영끌 투자자'였던 것이다. 하지만 뒷 내용은 누구나 예상할 수 있듯이 역사상 최악의 투자 중 하나가 되었다. 뉴턴이 올인했던 시점이 바로 고점이었다. 결국 인류 최고의 과학자 중 하나인 뉴턴은 주식 투자로 전 재산의 90%를 잃었다.

뉴턴의 이야기를 요즘 시대와 비교하자면 기술주 광풍 정도 아닐까 생각한다. 나스닥 지수를 추종하는 QQQ나 3배 레버리지 ETF, 그리고 2020년~2021년 최고의 스타였던 ARKK가 잘나갔던

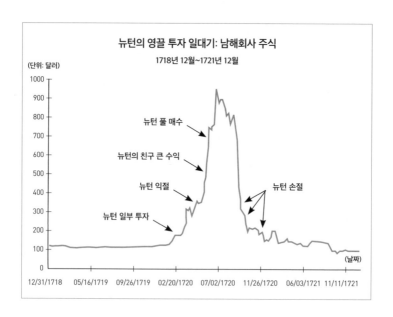

뉴턴의 영끌 투자 일대기: 남해회사 주식

1718년 12월~1721년 12월

(단위: 달러)

뉴턴 풀 매수

뉴턴의 친구 큰 수익

뉴턴 익절

뉴턴 손절

뉴턴 일부 투자

(날짜)

12/31/1718　05/16/1719　09/26/1719　02/20/1720　07/02/1720　11/26/1720　06/03/1721　11/11/1721

상황 말이다. '하이먼 민스키 모델'이라는 차트가 있다. 미국의 경제학자 하이먼 민스키가 제시한 이론으로, 금융시장에서 자산에 거품이 끼는 과정과 거품이 꺼져 폭락하는 과정을 4개 구간으로 정리했다. 인간의 심리가 금융자산 가격에 어떤 영향을 끼치는지 잘 나와 있다. 다만 구간마다 언제, 어떤 방식으로 다음 구간으로 넘어가는지는 정확히 알 수 없기 때문에 투자에 직접 활용하기는 쉽지 않다. '자산 가격이 이런 흐름을 타는구나' 정도로 참고하면 좋다. 그리고 한 사람의 감정만 수치화하는 것이 아니라 불특정 다수의 감정을 전부 수치화해야 하는 문제도 있다. 주식 투자 절대 공식이 존재하지 않는 이유다.

저축은 답답하지만 투자는 무서운 당신에게

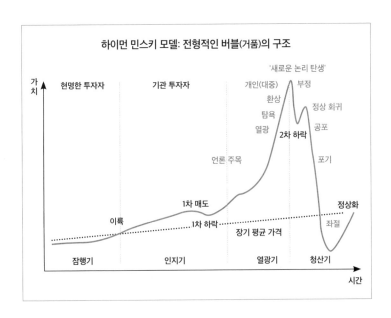

하이먼 민스키 모델: 전형적인 버블(거품)의 구조

두 번째 이유는 '글로벌화'이다. 기술 발전으로 세계가 단일 생활권으로 묶이면서 온갖 사건이 투자 시장에 영향을 주기 시작했다. 아무래도 가장 영향이 큰 나라는 당연히 미국일 테지만 이제는 중국, 인도뿐만 아니라 각 나라의 금리 상황까지 시장에 영향을 준다. 기본적인 경제 지표인 GDP, 금리, 실업률 등도 여전히 중요하다. 시간이 지날수록 주식 시장에 영향을 주는 항목들이 늘어나고 복잡해지면서 하나의 공식으로 만드는 것이 불가능해지고 있다.

실제로 투자를 공부할수록 참고할 지표들은 계속 생긴다. 하지만 그렇다고 해서 기존 지표들이 주식 시장에 미치는 영향력이 항상 같지도 않다. 어떨 때는 주가 상승의 이유가 되기도 하고 어떨 때는 주가 하락의 이유가 된다. 검증된 방법이었던 60/40 포트폴리오도 최근 좋지 않은 수익률 덕분에 일부 전문가들 사이에서 이제 주식/채권 투자방식도 바뀌어야 한다는 의견이 나온다. 이런 식으로 예외가 계속 생긴다.

하지만 이런 다양한 변수에도 확실한 사실이 하나 있다. 결국 인류와 경제는 발전하고 이 과정에서 주식 시장도 결국 상승한다는 것이다. 중간에 대형 금융위기가 터지더라도 결국 시간이 지나면 언제 그랬냐는 듯이 시장은 상승해 있다. 그래서 나는 주식 투자 매도 시점에 관한 질문을 이렇게 바꿔서 생각했다. 언제 팔아야 할지 고민할 게 아니라 아예 '안 팔고 영원히 가져갈 자산은 무엇인가'로 말이다. 돌이켜보면 주식 투자를 처음 시작할 때부터 이렇게 생각했으면 어땠을까 하는 아쉬움이 항상 남는다.

내가 '매도 타이밍 무용론'으로 생각이 바뀐 이유는 단순하다. 주식을 언제 팔아야 하는지 고민하면서 투자할 때와 매도 타이밍을 생각하지 않고 계속 보유하는 데 집중했을 때의 투자수익률을 비교해 봤다. 신기하게도 오히려 후자였을 때 자산이 늘어나는 경우가 더 많았다. 주식 투자를 시작한 것은 2016년부터였지만, 투자 원금과 월별 계좌 총자산, 포트폴리오 등을 자세히 기록한 것은 2017년 11월부터다. 그리고 약 2년간은 여러 방법으로 투자했다. 이 시기에 내 인생에서 가장 많은 매도가 이루어졌다. 물론 괜찮은 수익을 얻었다. 가끔 내가 산 주식이 상한가를 기록해 기분 좋게 매

저축은 답답하지만 투자는 무서운 당신에게

도했다. 대신 그만큼 잃기도 했다. 그리고 주로 한국 주식에 투자했기 때문에 업무 시간에 온전히 집중하기도 어려웠다. 내가 생각하는 좋은 타이밍에 주식을 매도하려면 계속 증권 앱을 지켜봐야 했기 때문이다. 잘 먹고 잘살기 위해 주식 투자를 시작했는데 오히려 또 하나의 직업과 노동이 추가된 기분이었다.

결정적으로 회사 일은 결과가 좋든 나쁘든 한 달이 지나면 내 계좌에 월급이 들어오지만, 주식 투자는 그렇지 않았다. 어떤 달은 많이 벌기도 했지만 어떤 달은 최저 시급도 안 되는 수입이었고, 심지어 어떤 달은 마이너스였다. 그리고 2년 넘은 시간 동안 실제 수익률을 따져보니 오히려 손실이었다. 그때 확실히 깨달았다. 나에게는 이런 방식의 투자가 맞지 않는다는 것을. 66페이지의 차트는 일반계좌와 중개형 ISA 계좌 총자산을 월별로 정리한 것이다. 투자 금액이 커지면서 투자 초반이 일직선처럼 보이지만, 저 기간만 잘라서 보면 위아래로 엄청 출렁거렸고 실제로 손실이었다.

그래서 이번에는 책이나 여러 투자 전설들이 이야기했던 방법인 월 적립 매수와 장기투자를 시도해 보았다. 그중에서 가장 인상 깊었던 명언은 워런 버핏의 스승, 벤자민 그레이엄의 것이었다.

"동일 금액 적립식 매수처럼 주가에 상관없이 성공을 강하게 확신할 수 있는 투자기법은 아직 발견되지 않았다."

그래서 나는 적립식 매수를 바로 실행에 옮겼다. 2019년에 시작하여 지금까지 꾸준히 적립식 매수로 투자 중이다. 2020년 코로나19 팬데믹과 2022년 1년 내내 이어졌던 하락장을 정통으로 맞았

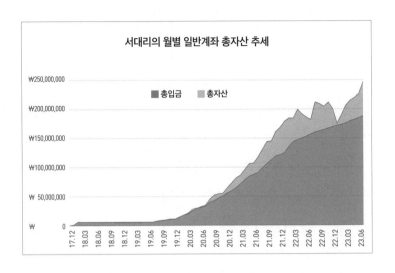

서대리의 월별 일반계좌 총자산 추세

■ 총입금 ■ 총자산

지만 적절한 수익을 계속 얻고 있다. 결정적으로 이 기간에 2020년 3월을 제외하면 한 번도 원금손실을 본 적이 없다. 물론 저점매수와 고점매도를 기가 막히게 하는 투자자와 비교하면 내 계좌 수익률은 아쉬울 수 있다. 하지만 일단 마음이 편하다. 아무리 부정적인 뉴스가 나와도 크게 동요하지 않게 된다. 떨어지면 더 저렴한 가격에 매수할 수 있고 언제인지 모르지만 결국 다시 오를 것이라는 믿음이 있기 때문이다. 실제로 2023년 기준 4년 넘게 이어온 월 적립 매수로 수익이 나면서, 더더욱 투자 타이밍보다 마음 편하게 영원히 투자할 수 있는 종목을 찾는 데 집중하게 되었다. 그리고 나에게 그 종목이 바로 'S&P500 ETF'다. 지금 아무리 잘나가는 기업이라도 언제 갑자기 무너질지 알 수 없기 때문에 시장 전체에 통째로 투자하는 것이다. 연도별 미국 시가총액 순위를 살펴보면 확실히

저축은 답답하지만 투자는 무서운 당신에게

체감할 수 있다. 만약 2001년 당시 시가총액 4위였던 씨티은행c에 투자하고 계속 기다렸으면 지금도 손실 중이었을 것이다. 2001년에 씨티은행 주가는 500달러가 넘었는데, 2023년에는 48달러다. 이런 사례는 너무 많다. 미국뿐만 아니라 한국 주식에서도 시가총액 상위 기업 중 삼성전자를 제외하면 오랜 기간 순위를 유지한 기업이 거의 없다.

시장지수 투자의 새로운 방향을 제시한 뱅가드 자산운용 창업주 존 보글(인덱스펀드 창시자)은 이렇게 말했다.

"건초 더미에서 바늘을 찾지 마라. 건초 더미를 통째로 사라"

개인 투자자가 영원히 보유할 만큼 좋은 종목 찾기란 매우 어렵기 때문이다. 카지노에서 결국 돈을 버는 사람은 카지노를 운영하는 사업주다. 주식 투자를 도박에 비유하기 좀 그렇지만, 주식 투자에서도 상위 0.01%를 제외하면 개인 투자자는 유의미한 수익을 거두지 못한다. JP모건이 발표한 자료에 따르면 개인 투자자의 20년 간 연평균 수익률은 고작 2.9%라고 한다. 만약 매년 물가 상승률을 2%라고 가정하면 개인 투자자의 실질 연평균 수익률은 1%도 안 된다는 의미다. 만약 2022~2023년처럼 물가 상승률이 5%가 넘는 기간에는 자산이 오히려 줄어든다. 그래서 카지노 운영주처럼 주식 시장을 소유하는 방식으로 투자한다. 그 투자 방법이 바로 S&P500 ETF 월 적립 매수이다. 연평균 수익률 2.9% 정도로는 평범한 직장인이 험난한 자본주의 세상에서 살아남기 힘들기 때문이다.

'언제 팔아야 할까?'라는 마켓타이밍에서 '영원히 안 팔아도

연도별 시가총액 기준 기업 순위

"석유 부호들은 실리콘 밸리의 젊은 수재들로 대체되었다"

상장기업 상위 5개사(시가총액 기준)   ● 기술   ● 기타

	#1	#2	#3	#4	#5
2001	GE $406B	Microsoft $365B	EXXON $272B	citi $261B	Walmart $260B
2006	EXXON $446B	GE $383B	TOTAL $327B	Microsoft $293B	citi $273B
2011	EXXON $406B	Apple $376B	PetroChina $277B	Shell $237B	ICBC $228B
2016	Apple $582B	Alphabet $556B	Microsoft $452B	amazon $364B	facebook $359B

될 종목은 무엇인가?' 그리고 '어떻게 하면 장기 투자할 수 있을까'
로 관점이 바뀌면 자연스럽게 투자방식과 참고하는 지표도 달라진
다. 다음 장에서는 내가 가장 중요하게 생각하고 관찰하는 지표를
소개하겠다.

--- 서대리의 SUMMARY

 최고의 매도 기법은 '안 파는 것'이다
덮어놓고 사다 보면 부자 꼴을 못 면한다

저축은 답답하지만 투자는 무서운 당신에게

6
투자할 때 중요한 것은
금리가 아니다

바로 앞에서 내가 타이밍 대신 '영원히 보유할 종목이 무엇인가'로 투자 관점이 바뀐 이유를 이야기했다. 그렇다면 당연히 투자할 때 보는 지표도 달라져야 한다. 요리를 잘하고 싶으면 요리책이나 요리 유튜브 채널을 보고, 축구를 잘하고 싶으면 축구 유튜브를 봐야 하는 것처럼 말이다. 흔히 주식 투자를 시작하면 기업의 매출, 이익 실적을 분석하고 관련 뉴스 기사를 읽는다. 이때 주로 보는 지표가 PER(주가수익비율), PBR(주당순자산비율), EPS(주당순이익), 매출성장률 등이다. PER이 평소보다 높은지, EPS는 매년 꾸준히 늘어났는지 확인하는 식이다. 이 과정에 어느 정도 익숙해지면 한 단계 더 나아가 거시적인 내용도 공부하고 투자에 적용한다. 향후 국가별 경제 성장률부터 금리 전망, 물가상승률 등 다양한 지표를 확인한다. 요즘은 투자가 선택이 아닌 필수가 되기도 했고, 기술 발전으로 워낙 정보가 빠르게 퍼지면서 이전에 비해 관련 정보를 얻기 쉬워졌다. 일단 국내 각종 경제 지표는 물론이고, 미국의 실업률, 소비자물가지수까지 다 챙겨보는 분들이 늘어났다. 미국 연준 의장과 미국 대통령 등 주요 인사들의 연설 일정도 전부 확인해서 대응한다.

물론 이렇게 다양한 자료를 보고 투자에 적용하는 방식이 절대 나쁘다고 생각하지 않는다. 이 데이터들을 잘 활용하여 분명 누군가는 하락장이 시작하기 전에 주식을 팔았을 것이다. 혹은 하락에 베팅하는 숏 상품에 투자해 큰돈을 벌었을 것이다. 그리고 다시 저점에 투자하여 남부럽지 않은 수익을 얻었을 것이다. 하지만 이는 말처럼 쉬운 일이 아니다. 돈을 잃기 위해 투자를 시작하는 사람은 없다. 투자자 모두 나름의 계획과 전망을 가지고 투자를 하지만 상당수가 돈을 잃는 것이다.

그렇다면 개인의 판단이 아니라 전문가들의 조언을 들으면 가능할까? 아쉽지만 이것도 쉽지 않다. 2022년 하반기와 2023년 초 언론 기사들을 찾아보면 그 확률을 체감할 수 있다. 이번에 맞춘 사람이더라도, 그 이전의 예상을 보면 틀린 경우가 정말 많다. 최근 투자가 대세가 되면서 투자 관련 유튜브 채널이 많아졌고, 업계 전문가들이 해당 채널에 자주 출연한다. 그리고 그들이 생각하는 미래 주가 지수와 근거를 이야기한다. 이 과정에서 큰 상승이나 하락을 한 번이라도 맞추면 스타가 된다. 근데 그 사람이 계속해서 연속으로 맞춘 것을 본 적 있는가? 고장 난 시계도 하루 2번은 맞는 것처럼, 말 그대로 얻어걸린 경우도 많다. 집값이 엄청나게 오른 지난 몇 년간 부동산 하락을 계속 주장했다가 2022년 하락장이 오니 드디어 맞춘 것과 같은 이치다.

물론 잘 찾아보면 그 와중에도 앞으로의 흐름을 꾸준히 맞추는 사람 혹은 전문가가 있을 것이다. 하지만 그 사람이 누군지 내가 알아낼 확률부터 극도로 낮다는 문제가 있다. 나 역시 대한민국의 주입식 교육과정을 거친 사람으로서, 투자 역시 공식과 답이 있다고 생각했다. 하여 투자를 처음 시작할 당시에는 EPS/ROE/영업이익률은 기본이고 다양한 경제지표들을 엑셀 파일에 적어두고 그것을 활용해서 투자에 적용했다. 2년 정도 이것저것 시도해 본 끝에 내린 결론은, 역시 '투자에 정답은 없다'였다.

실제로 주식 투자에서 회전율이 높을수록 수익률은 떨어진다는 사실을 모르는 사람은 없다. 회전율이 높은 이유는 '인생 한 방 주의'도 있겠지만 수많은 경제 지표나 전문가들의 의견을 그때그때 듣고 포지션을 변경하기 때문이기도 하다. 전문가들의 이야기는 대개 굉장히 합리적으로 들리니 쉽게 설득당한다. 특히 요즘에는 이런 정보들을 정말 쉽게 누구나 접할 수 있는 환경이라 현혹되기 쉽고 이는 자연스럽게 주식 매매로 이어진다.

여기까지 보았다면 '투자는 정녕 운인가?'라고 생각할 수 있다. 운이라는 요소를 배제할 수 없지만 그렇다고 투자가 100% 운이라고 할 수 없다. 예측할 수 없는 미래라는 점에서 운이 맞지만, 그럼에도 주식 투자로 돈 버는 방법이 있기 때문이다. 그 방법이 바로 장기투자다. 단기간에 엄청난 부자가 될 수는 없어도 이론상 장기투자를 한다면 매우 높은 확률로 노후에 알찬 삶을 살 수 있다. 물론 어떤 종목이냐에 따라 노후 자산이 달라지기는 하지만 말이다.

확률 높은 게임에 참가하는 것을 좋아하는 내 특성상, 장기투자야말로 핵심 전략이다. 그래서 경제 시황이나 예측보다는 '생존'에 초점을 맞추고 있다. "강한 사람이 살아남는 것이 아니라 살아남은 사람이 강한 것이다"라는 말처럼 투자 기간을 최대한 늘리기 위해서다. 그래서 세상에는 수많은 경제 지표가 있지만 나는 그 어떤 것도 투자에 참고하지 않는다. 이미 나온 지표들은 과거에 유의미했던 데이터이고 세상이 워낙 빠르게 변하기 때문이다.

대신 내가 보는 지표가 딱 하나 있다. 그건 바로 'MCF INDEX'이다. 이게 어디서 발표되는 지표인가 싶겠지만, 사실 내가 혼자 만든 단어다. MCF는 'My Cash Flow'의 약자로, 나의 현금흐름 혹은 현금 창출 지표다. 기업처럼 나만의 현금흐름표를 만들어 관리하는 것이다. 이 아이디어는 내가 개별종목 투자를 더욱 잘하고 싶어 재무제표를 자세히 보다가 영감을 얻어 구체화한 결과물이다. 기업의 재무제표에는 기업의 매출과 비용, 영업이익, 당기순이익뿐만 아니라 부채도 확인할 수 있다. 그리고 현금흐름표도 있는데, 기업이 실제로 벌어들인 현금과 지출한 현금이 기록된 것이다. 당연히 벌어들인 현금이 지출한 현금보다 많은 것이 좋다. 현금이 많다면 일시적으로 사업이 조금 안되더라도 버티는 힘이 되고 투자를 통해 새로운 성장동력을 확보할 수도 있기 때문이다.

그러나 만약 기업의 현금흐름이 계속 마이너스라면 어떻게 될까? 재무제표상 이익이 많이 나는 기업이라도 가끔 망하는 경우가 있다. 이를 '흑자 도산'이라고 하는데, 말 그대로 돈을 벌고 있는데 회사가 망하는 것이다. 돈을 벌고 있는데 어떻게 망할 수 있을까? (이유는 다양하지만) 재무제표상으로는 문제가 없지만, 실제 현금흐름이 원활하지 않기 때문이다. 매월 부채를 갚아야 하고 직원들 월급도 줘야 하고 사무실 임대료도 내야 하고, 업체에 대금 지급도 해야 하는데 당장 줄 현금이 없는 것이다. 다른 대출을 받아 현금을 확보할 수도 있겠지만, 이 역시 또 다른 비용을 불러오고 만약 대출이 안 된다면 가지고 있는 자산을 팔아서 현금을 지급해야 한다. 여기서도 자산을 팔아 현금을 확보할 수 있다면 다행이지만, 그렇지 않을 수도 있다. 그리고 자산을 제값 주고 못 팔 수도 있다. 급매가 나오는 원리를 생각하면 이해하기 쉽다. 이런 악순환이 반복되다가 버티지 못하면 기업이 망하는 것이다. 좋은 비즈니스 모델을 가지고 있는데도 망하는 안타까운 사례다.

이 관점에서 특히 배당주 투자자라면 그 기업의 현금흐름표를 자주 확인해야 한다. 켈리 라이트가 쓴 《절대로! 배당은 거짓말하지 않는다》라는 책 제목처럼, 배당금은 실제 기업이 벌어들인 현금 중 일부가 주주의 계좌로 들어오는 구조다. 당연히 돈 못 버는 기업은 배당금을 꾸준히 지급할 수 없고 버는 돈이 안정적이지 못하다면 배당금 역시 흔들릴 수밖에 없다. 미국 기업 중에서도 간혹 배당금을 작년보다 줄이거나 아예 배당지급중지를 발표하는 경우가 있다. 이는 배당금을 지급할 만큼 충분한 현금이 기업에 돌지 않는다는 의미다. 물론 새로운 성장동력을 만들기 위해 투자개념으로 배당금을 지급하지 않는 경우도 종종 있지만, 배당금 삭감이나 중지는 대부분 전자에 해당한다.

현금흐름이 원활하지 못하면 기업이 망하는 것처럼 개인 투자자의 장기투자도 현금흐름이 아주 중요한 변수다. 이 MCF INDEX를 활용하면 내가 성공적으로 투자할 수 있는지 점검할 수 있다. 투자로 단기간에 벼락부자가 될 수는 없어도 천천히 부자가 되는 방법은 '시간'에 투자하는 것이다. 그리고 투자 기간을 최대한 늘리기위해서는 주식이 성장할 만큼 기다릴 수 있는 생활비가 필요하다. 특히 숨만 쉬어도 나가는 고정생활비만큼은 무조건 있어야 한다. 거주 비용, 식비 등이 이에 해당한다. 만약 최소 고정생활비만큼의 현금이 없거나 월급처럼 매월 정기적으로 들어오지 않는다면 결국 자산을 팔아서 생존해야 한다. 근데 그때가 하필 하락장이라면 손해를 보고 팔게 된다. 팔았을 때 얻게 되는 현금도 줄어들 테니 생각했던 것보다 더 많이 팔아야 한다. 이런 생활이 반복되다 보면 나중에 상승장이 됐을 때 회복할 주식이 얼마 안 남아 노후가 흔들릴수 있다. 이처럼 악순환이 반복되기 때문에 최소한의 현금흐름을 반드시 확보해야 한다.

이런 이유로 나는 월급 외 모든 수입을 매일 기록한다. 그리고 수입별로 매월 관리하면서 나의 고정생활비를 커버할 수 있는지

저축은 답답하지만 투자는 무서운 당신에게

점검한다. MCF INDEX를 계산하는 방법은 간단하다. 우선 매달 부수입을 기록한다(76페이지 수입 정리 차트 1). 그리고 이를 월평균 수입으로 계산해 본다. 평균값이 고정생활비보다 크면 최소한의 장기투자 조건을 갖추게 된다. 갑자기 회사에서 잘려도 주식을 팔지 않고 버틸 수 있는 현금흐름이 확보되었기 때문이다. 즉, 나에겐 그어떤 경제 지표보다 MCF INDEX가 중요하다. 내 투자전략은 장기투자를 위한 생존이 핵심이기 때문이다. 참고로 내가 MCF INDEX를 입력하는 방법은 정말 간단하다. 우선 수입이 발생한 날짜와 금액을 적고, 수입 종류를 구분한다. 그리고 이 내용이 자동으로 월별 차트에 반영될 수 있도록 엑셀 수식을 설정하는 게 전부다. 나의 경우, 크게 노동 소득, 금융 소득, 콘텐츠 소득으로 구분하는데, 궁극적으로는 내가 따로 일하지 않더라도 돈이 들어오는 금융소득만으로 최소 생활비를 넘기는 것이 목표다.

수입 정리 차트1 밑의 바 차트처럼 MCF를 차트로 만들어보고 우상향하도록 노력하는 것이 투자를 위한 내 노력의 전부다. 어떻게 보면 내가 투자한 순간, 수익률은 하늘의 뜻에 달려있다. 투자한 기업의 임직원들이 기업을 얼마나 성장시킬지 모르고, 시장 환경에 따라 주식의 가치가 변하기 때문이다. 이 과정에서 내가 개입해서 주식의 가치를 바꿀 수 있을 만한 요소는 없다. 반면 수입 창출을 통한 MCF 우상향 만들기는 대개 내가 투입한 노력과 시간에 정비례한다. 그리고 현금흐름이 충분해져서 투자 기간이 길어질수록 수익률 역시 높아질 확률이 크기에 요새는 더더욱 부수입 만들기에 집

수입 발생	연도	월	일	대분류	구분	내역	원화	외화	환산총합
22.02.21	2022	2	21	노동 소득	배달	쿠팡이츠			
22.02.25	2022	2	25	노동 소득	배달	배민커넥트			
22.02.26	2022	2	26	금융 소득	카카오뱅크	세이프박스			
22.02.28	2022	2	28	금융 소득	배당금	달러 배당금 합산			
22.02.28	2022	2	28	금융 소득	배당금	원화 배당금 합산			
22.02.28	2022	2	28	콘텐츠 소득	유튜브	월수입 합산			
22.02.28	2022	2	28	콘텐츠 소득	티스토리	월수입 합산			
22.02.28	2022	2	28	콘텐츠 소득	애드포스트	월수입 합산			

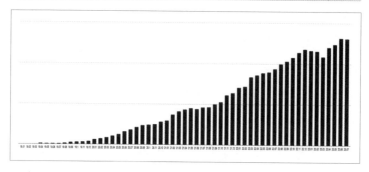

중한다. 어떻게 보면 이런 행동은 투자수익률과 전혀 상관없어 보인다. 하지만 《브라질에 비가 내리면 스타벅스 주식을 사라》라는 책 제목처럼 세상에는 의외의 포인트가 삶에 도움이 되는 경우가 많다.

참고로 부수입은 여러 가지 기준으로 분류할 수 있다. 일단 월급처럼 정해진 주기마다 들어오는 '고정수입'과 성과급처럼 시점과 금액이 계속 변하는 '변동수입'이 있다. 그리고 고정수입에서는 진짜 숨만 쉬어도 나오는 수입이 있고 나의 시간과 노동을 갈아 넣

저축은 답답하지만 투자는 무서운 당신에게

어 그 대가로 받는 수입이 있다. 숨만 쉬어도 나오는 수입이 바로 '패시브 인컴'이다. 대표적으로 주식 배당금, 부동산 월세, 지적재산권 수입 등이 있지만 현재 나의 패시브 인컴은 주식 배당금과 은행 예금으로 이뤄져 있다. 구분을 쉽게 할 수 있도록 아래 차트(수입 정리 차트 2)처럼 부수입 종류별로 색상을 다르게 기록하고 있다. 여기서 패시브 인컴은 검정색인데, 아직까지는 매우 미미한 수준이다. 패시브 인컴만으로 고정생활비를 대체하려면 갈 길이 멀다. 하지만 조급해하지 않고 천천히 검정색 차트 크기를 늘려나갈 계획이다. 시간이 지날수록 배당금은 늘어날 수밖에 없기 때문이다. 월급날마다 주식을 매수하면 배당금은 점점 더 늘어난다. 그리고 기업이 지급하는 배당금 자체도 매년 조금씩 늘어나기 때문에 주식을 오래 가지고만 있어도 내가 받게 될 배당금은 점점 많아질 것이다.

수입 정리 차트 2

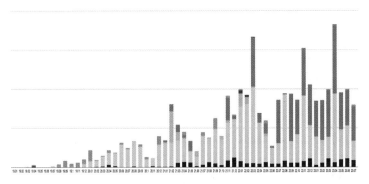

■ : 금융소득(배당금, 이자)

당연히 MCF에서 패시브 인컴 비중이 커질수록 좋다. 그리고 패시브 인컴이 나의 최소 생활비를 뛰어넘는 순간이 경제적 '여유'를 달성하는 날이다. 패시브 인컴이 최소 생활비의 2배 정도 된다면 '경제적 자유'라고 생각한다. 투자로 내 자산은 계속 늘어나는데 내 생활도 전혀 걱정 없는 경지이기 때문이다. 지금은 내 시간으로 돈을 사고 있지만, 돈으로 시간을 살 수 있을 날이 올 것이다. 그리고 그때가 된다면 나만의 경제 독립일을 선포하고 가족과 함께 버킷 리스트 중 하나인 오로라 여행을 떠날 것이다.

-- 서대리의 SUMMARY

 나에게 필요한 것은 시간인데
시간이 돈을 벌어주는 신기한 상황

저축은 답답하지만 투자는 무서운 당신에게

7
우리는 이미 매도 타이밍을
알고 있다

장기투자의 중요성을 이야기하면 대부분 공감한다. S&P500 ETF, 나스닥 ETF, 삼성전자, 애플처럼 성공적인 장기투자 사례로 언급되는 종목들의 과거 차트를 보면 누구나 고개를 끄덕일 수밖에 없다. 하지만 한편으로는 이렇게 이야기한다.

"무작정 장기투자하는 게 맞는 건가?"

"죽으면 모아둔 돈 가지고 갈 수도 없는데 적당히 팔아서 써야 하는 것 아닌가요? 그리고 주식은 중간중간 하락하기 때문에 익절할 수 있을 때 파는 게 좋을 것 같은데…."

"팔아야 내 돈이지."

맞는 말이다. 나도 그렇게 생각했다. 그래서 타이밍을 계속 신경 썼다. 언제 팔아야 가장 많은 수익을 챙길 수 있을지 고민하고 또 고민했다. 그 결과 내가 내린 결론은 간단하다. 돈이 필요할 때가 바로 주식을 매도할 때다. 주식뿐만 아니라 가지고 있는 모든 자산에 적용되는 이야기다. 이 사실을 깨닫고 나니 정말 간단하게 '매도 타이밍' 문제를 해결할 수 있었다. 투자하는 이유가 무엇인가? 지금보다 더 좋은 삶을 살기 위해서 하는 것 아닌가? 나뿐만 아니라 내가 사랑하는 가족들과 더 행복한 시간을 보내고, 더 좋은 곳에서 살고, 더 좋은 것을 먹기 위해서 아닌가? 단순히 돈을 모으는 것이 삶의 목적이라면 어쩔 수 없지만, 만약 그게 아니라면, 더 좋은 삶을 누릴 기회가 왔을 때 내가 가지고 있는 자산을 팔아 그 기회를 잡으면 된다. 이것저것 고민하다 보면 아무것도 할 수 없다. 그리고 기회는 생각보다 자주 오지 않는다. '두 달만 기다리면 주식이 더 올라 돈을 더 벌 것 같다' '두 달만 기다리면 아파트 가격이 더 떨어질 테니 조금만 더 기다릴까' 같은 고민을 다들 한 번쯤 해봤을 것이다. 그렇게 계속 시간이 흐를 뿐이다.

이 관점에서 나는 인생에서 목돈이 필요한 이벤트를 기준으로 주식을 매도하거나 투자 여부를 결정한다. 여기서 이벤트라 하면 결혼이나 내 집 마련, 자동차 구입처럼 1,000만 원 이상 큰돈을 써야 하는 경우를 의미한다. 예를 들어 여자친구 혹은 남자친구와 내년 5월에 결혼을 약속해 결혼식장을 예약했다면 필요한 금액도 얼추 정해졌을 것이다. 만약 내년 5월 결혼식 전까지 식대, 대관료, 스·드·메(스튜디오, 드레스, 메이크업), 예물 등 총 필요한 돈이 3,000만 원이라면 그만큼의 현금은 무조건 확보해 둔다. 당장 가지고 있는 현금이 1,000만 원이고 주식에 3,000만 원이 있으면 고민하지 않고 주식을 매도하여 현금으로 필요한 금액을 가지고 있는다. 이때 수익 중일 수도 있고 손실 중일 수도 있지만 상관하지 않는다.

이때 정말 중요한 포인트는 '필요한 현금을 지나칠 정도로 자세하게 정리해야 한다'는 점이다. '3,000만 원 정도면 충분하지'라는 생각으로 접근하면 실제 내야 할 현금은 그보다 더 많아서 당황하게 될 수도 있다. 인생은 계획대로 되지 않고 보통 돈은 생각보다 더 쓰게 되기 때문이다. 그래서 나는 결혼을 준비할 때, 최대한 모든 항목별로 나올 비용을 전부 정리했다. 예산을 딱 잡아놓고 그 이상을 쓰지는 않는지 점검했다. 처음에 목표 금액을 너무 낮게 잡아 중간에 예산 증액을 했지만, 이런 식으로 목표와 비용을 한 번에 볼 수 있게 점검한 것이 큰 도움이 되었다. 특히 돈 관련해서는 더욱 철저히 관리해야 한다. 최소 만 원 단위로 관리하는 것을 추천한다. 물론 이렇게 관리해도 예상치 못한 소비는 언제나 생긴다. 하지만 미리 마음의 준비를 하고 맞는 것과 그냥 무작정 맞는 것은 고통의 크기가 다르다.

또 다른 예시로, 나와 아내가 가진 순 자산이 총 3억 원인데 내 집 마련을 계획하고 있다고 가정해 보겠다. 이 때 마음에 드는 6억 원짜리 아파트를 대출 3억 원 끼고 구매할 기회가 생겼다면 바로 계약할 것이다. 그리고 계약과 동시에 필요한 현금 3억 원을 확보하기 위해 가지고 있는 주식이나 채권, 암호화폐 등 투자 자산은 전부 매도할 것이다. 투자 중인 자산의 수익 여부와 관계없이 말이다.

결혼 준비 시 사용한 전용가계부 양식

신랑 ♥ 신부
DASHBOARD

총 비용	₩15,000,000	
목표 비용	₩30,000,000	
달성률	50%	
예정 인원	300명	결제완료	미결제
객단가	₩50,000	0	₩15,000,000

항목	업체	세부 항목	총금액	결제금	잔금	비고
베뉴			₩15,000,000	0	₩15,000,000	
	XXXX	식대	₩15,000,000		₩15,000,000	
		홀 사용료			0	
		음료			0	인당 5,000원 (300명 기준)
		와인			0	30병 기준
		막컷 사진			0	
		VAT			0	
S.D.M			0	0	0	
스튜디오	XX스튜디오	촬영			0	
		헤어변형/이모			0	
드레스		신부			0	
		신랑			0	
		피팅비			0	추가 피팅 1번
메이크업	정XX	헤어/메이크업			0	
		얼리차지			0	

저축은 답답하지만 투자는 무서운 당신에게

물론 내 집 마련은 취등록세와 인테리어 등 보이지 않는 비용이 있기 때문에 집값보다 훨씬 많은 현금이 필요하지만, 여기서는 굳이 이야기하지 않겠다. 다만 앞에서 결혼 비용을 정리했던 것처럼 내 집 마련 비용 조달과 총비용 계획도 리스트를 만들어 관리하는 것을 추천한다. 현재 나는 30평대 아파트로 갈아타기 위해 돈을 모으고 있다. 만약 대출을 포함해서 아파트 매수에 필요한 현금만큼 자산이 쌓인다면 바로 주식을 팔아 현금을 확보할 것이다. 참고로 84페이지의 표는 임시로 만들어서 관리 중인 비용 계산기다.

시장 분위기와 상관없이 내야 할 현금이 결정된 순간 매도하는 것은 어떻게 생각하면 매우 비효율적이다. 투자금에 따라 다르지만 시장 분위기가 좋을 때는 하루 만에 월급만큼 계좌가 불어나기 때문이다. 하지만 내 경험상 지불해야 할 현금이 결정됐을 때 매도하는 것이 오히려 이득이었던 적이 더 많았다. 여기서 말하는 이득은 단순히 금전적인 이득이 아니라 심리적인 측면도 포함한다. 내야 할 비용과 날짜가 확정되었다는 의미는 어떻게 보면 갚아야 할 돈이 생긴 것이다. 그리고 그 돈을 정해진 날짜에 갚지 않으면 큰 문제가 생긴다. 결혼식 비용을 내지 못하면 결혼식을 올리고 나서 결혼식장으로부터 고소당할 수도 있다. 아파트 구매할 때 내는 중도금, 잔금을 제때 치르지 못하면 계약금을 잃고 주거 안정성도 흔들릴 것이다. 이런 일이 닥치면 인생이 매우 꼬일 수 있다. 단순히 친구한테 10만 원 빌리고 하루 이틀 늦게 갚는 것과는 차원이 다르다. 그래서 미리 주식을 팔아 충분히 확보할 수 있는 돈이라면

아파트를 위한 총 비용 계획

총비용	총합	
필수 비용	아파트 가격	
	취등록세	
	중개보수	
준필수 비용	이사비	미정
	가구	미정
	인테리어	미정
대출	특례보금자리	

	총합	
사람 1	주식	
	퇴직금	
	추가대출	
	현금	
사람 2	총합	
	주식	
	퇴직금	
	추가대출	
	현금	

최소 필요현금	최종 필요 현금

		필요현금	누적비용
페이즈1	계약금		
페이즈2	중도금		
페이즈3	잔금		
페이즈4	행정 비용		
페이즈5	생활비		

해결하는 것을 추천한다. 자본주의 세상에서 돈 문제는 중요하긴 하지만 이 외에도 세상은 신경 써야 할 일들로 가득하기 때문이다.

이러한 이유로 타이밍을 재기보다 필요할 때 매도하는 것이 더 낫다. 손실 중이었거나 만약 매도한 이후 주식이 상승해서 돈을 더 벌지 못했다고 해도 일종의 컨설팅 비용이나 심리상담(?) 비용 이었다고 생각한다. 실제로 가지고 있는 주식이나 투자용 자산을 상당히 많이 처분해야 할 만큼 큰돈이 필요한 상황이라면, 인생에 서 매우 중요한 이벤트일 것이다. 인생의 터닝포인트이자 새로운 출발점인데 만약 현금이 부족해 계획이 어그러지면 다음 스텝 역시 꼬일 수밖에 없다. 물론 주식이 더 상승할 것이라는 믿음으로 매도하지 않고 기다렸다가 결과적으로 더 많은 돈을 벌고 나올 수 있다. 하지만 반대의 경우도 언제든지 일어날 수 있다. 조금 더 벌겠다는 마음으로 기다렸는데, 예상과 다르게 주가가 계속 하락해서 내야 할 현금보다 총자산이 줄어들 수도 있다. 이때 신용대출이나 다른 대출로 부족한 돈을 채울 수 있겠지만, 이 경우 안 내도 될 이자가 비용으로 추가된다. 만약 이렇게 해도 돈이 부족하다면? 아파트 잔금일에 돈을 내지 못하는 사태가 벌어졌다고 상상해 보자. 생각만 해도 아찔하다. 아무리 대출받아도 필요한 돈을 채울 수 없다면, 이제 남은 방법은 몇 개 없다. 더 비싼 이자로 대출을 받거나 투자로 한 방 역전을 노리는 것이다. 마음이 조급해져 성공 경험도 없는 레버리지 ETF나 테마주, 급등주에 투자하게 된다. 하지만 결과는? 대부분 오히려 돈을 더 잃게 된다. 차라리 주말 아르바이트나 투잡을 뛰는 게 더 나을 수도 있다. 워런 버핏은 이런 말을 했다.

"가지고 있지도 않고 필요하지도 않은 돈을 벌기 위해서 그들은 자신이 가진 것, 필요한 것을 걸었다. 이는 바보 같은 짓이다. 당신에게 중요하지 않은 무언가를 위해 당신에게 중요한 무언가를 건다는 것은 그냥 말도 안 되는 짓이다."

이처럼 내 집 마련이나 전세보증금 마련, 결혼 등 내 인생에서 정말 중요한 것을 담보로 당장 없어도 되는 돈을 벌기 위해 베팅하면 안 된다. 돈이 조금 부족하면 부족한 대로 살 수 있지만, 사는 공간은 자가든 전·월세든 반드시 필요하기 때문이다. 그리고 베팅했

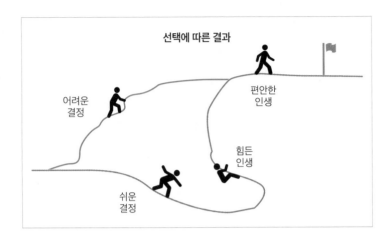

선택에 따른 결과

어려운
결정

편안한
인생

힘든
인생

쉬운
결정

다가 한번 스텝이 꼬이면 보통 상황은 점점 더 안 좋아진다. 다시 원래 위치로 돌아오려면 평소보다 몇 배의 노력이 필요하고, 이렇게 해도 회복한다고 장담할 수 없다. 이는 돈 문제뿐만 아니라 인생 전반에 적용할 수 있는 진리다. 이를 잘 표현한 게 위의 그림이다.

인생에 관해 조언하는 책에서는 '최악의 순간을 생각해 보고 그것을 감당할 수 있다면 선택하라'라고 한다. 나는 거기에 한발 더 나아가 내가 상상할 수도 없는 최악의 순간도 존재한다고 생각한다. 그래서 내가 주도적으로 관리할 수 있는 부분만큼은 정말 철저하게 준비한다. 만기가 있는 돈을 미리 확보하는 것이 그중 하나다. 회사 업무 중에 정말 일이 끊임없이 쏟아지거나 당연히 처리된 일인 줄 알았는데 말도 안 되는 이유로 계속 완료되지 않는 경험을 해봤을 것이다. 이런 문제가 돈과 관련해서도 언제든 발생할 수 있다.

그리고 앞에서 돈이 필요한 시점에 매도하는 것이 유리한 이유

저축은 답답하지만 투자는 무서운 당신에게

중 하나로 심리적인 부분을 언급했다. 이렇게 말할 수 있는 이유는 이런 불안감을 직접 겪어 봤기 때문이다. 내 집 마련을 할 당시, 나역시 약간의 욕심이 생겨 매도해야 할 주식 중 일부는 계속 투자했다. 시장 분위기가 나쁘지 않으니 기다리면 수익이 더 늘어날 것 같았기 때문이다. 하지만 주가가 1%만 떨어져도 엄청난 스트레스를 받았다. 1%는 주식 시장에서 정말 흔한 변동성이고 금액도 그리크지 않았음에도 불구하고 30분마다 증권 앱을 쳐다보게 되었다.

인간은 기본적으로 이익보다 손실에 더 민감하다. 내가 투자한돈을 그냥 매도하면 원금보장이 되지만 만약 주가가 하락하면 1차적으로 손실을 보고 빠진 만큼 추가로 돈을 채워 넣어야 하기 때문에 2차 비용이 발생하여 스트레스 역시 배로 증가한다. 그래서 1주일도 안 돼서 현금이 필요한 만큼 매도했다. 그제서야 마음의 평화를 되찾았다. 이때 100만 원 정도 손해를 봤고 내가 팔고 나서 주가가 다시 오르긴 했지만, 전혀 후회되지 않았다. 낮에는 업무에 집중할 수 있게 되었고, 밤에는 잠을 잘 수 있었기 때문이다. 이 경험 덕분에 만기가 정해진 돈이 생기면 더더욱 타이밍 상관하지 않고 필요한 만큼 무조건 주식을 매도한다. 참고로 현재는 결혼과 자동차구입, 내 집 마련 등 굵직한 인생 이벤트들을 모두 끝마친 상태라더욱 마음 편하게 주식 매수에 집중하고 있다.

-- 서대리의 SUMMARY

 데드라인 있는 돈은 건들지 말자
진짜 죽을 수 있다

8

투자만이
살길은 아니다

토마 피케티는 자신의 저서 《21세기 자본》에서 자본수익률이 경제 성장률보다 대부분 더 크기 때문에 시간이 지날수록 자본주의는 불평등이 심화될 수밖에 없다고 한다. 직장 월급만으로 부자가 될 가능성이 거의 없는 이유가 바로 이 때문이다. 그래서 자본주의 세상에서 투자는 선택이 아닌 필수다. 이 관점에서 몇몇 사람들은 월급뿐만 아니라 다양한 소득으로 투자금을 키워 자본수익을 극대화하는 N잡러나, 극단적인 절약과 투자로 조기 은퇴를 꿈꾸는 파이어족으로 진화하기도 한다. 찾아보면 이런 사람들이 주변에 1~2명씩 있다. 그리고 몇 명은 주식이나 부동산, 코인 등으로 남들이 부러워할 만한 성과를 내기도 한다. 그러다 보면 '역시 자본주의에서는 투자가 필수야' '자산가가 돼야지'라는 생각과 함께 지금 당장 투자를 시작해야 한다는 조급함이 몰려온다. 열심히 공부해서 투자 수익률을 높여야겠다고 다짐한다. 물론 나도 이 험난한 자본주의 세상에서 살아남기 위해 직장인이자 N잡러로 살면서 주식 투자도 병행하고 있지만 '모든 사람이 무조건 투자해야 한다'고 생각하지는 않는다. 병원에 가면 환자의 증상에 따라 약을 다르게 처방해 주는 것처럼 투자자마다 자금 상황이나 목표, 앞으로의 인생 계획에 맞게 투자 여부를 결정해야 한다. 이 세상에 무조건이란 없다. 특히 아래 2가지에 해당하면 투자 욕심을 줄이거나 안 해도 될지 모른다.

첫 번째는 사용해야 할 돈의 마감일이 정해져 있는 경우이다. 앞에서 이야기했던 '언제 팔아야 할까'와 이어지는 내용이다. 1~2년 정도 가까운 미래에 돈을 내야 하는데 아직 그 돈이 현금으로 전부 확보되지 않은 상황이라면 투자가 아니라 원금 보장되는 예·적금을 해야 한다. 혹은 하루만 계좌에 돈을 넣어놔도 이자가 지급되는 파킹 통장에 돈을 넣어둬야 한다.

예를 들어, 1년 후 결혼 자금이나 아파트 전세/매매 계약금, 잔금 등 큰돈 나갈 날짜가 확정되었다면 투자는 머릿속에서 제외하자. 주식뿐만 아니라 '투자'라 불리는 모든 활동을 멈추고 필요한 만큼 현금을 모으는 데 집중하자. 특히 투자 경험이 적은 사람일수록 가장 간단한 대전제를 잊는 경우가 있는데, 그건 바로 '투자는

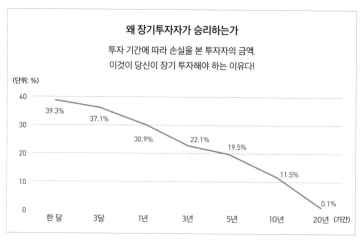

왜 장기투자자가 승리하는가

투자 기간에 따라 손실을 본 투자자의 금액.
이것이 당신이 장기 투자해야 하는 이유다!

(단위: %)

39.3%
37.1%
30.9%
22.1%
19.5%
11.5%
0.1%

한 달   3달   1년   3년   5년   10년   20년 (기간)

출처: Moneylens Robert Shiller, Schroders, data 1871~2020 for S&P500

원금을 보장하지 않는다'는 사실이다. 대신 원금손실 위험을 짊어지는 만큼 장기적으로 보면 예·적금이나 물가상승률보다 높은 수익을 기대할 수 있다. 역사적으로 그랬다. 투자 기간이 길어질수록 원금손실 확률은 0으로 수렴한다. 위의 표처럼 임의의 시점에 S&P500에 투자했다가 한 달 만에 팔고 나오면 돈 벌 확률은 60%다. 만약 1년 투자했다면 그 확률은 70%가 되고 10년이 되면 그 확률은 무려 89%가 된다. 만약 20년 투자했다면 돈을 잃고 싶어도 잃을 수 없는 경지에 도달한다.

이 통계자료는 장기투자의 장점과 중요성을 잘 보여주지만, 반대로 투자 기간이 1, 2년 정도로 짧다면 손실을 볼 확률이 높다는 것을 보여주는 증거이기도 하다. 잘 예측해서 투자하면 된다고 생각할 수 있지만 투자 커뮤니티에 나오는 수많은 손실 사례를 보면

저축은 답답하지만 투자는 무서운 당신에게

예측실패로 인한 결과가 대부분이다. 앞으로 주식이 상승할 수밖에 없다고 생각해 큰돈을 투입했거나 3배 레버리지 투자, 혹은 대출받아 투자했다가 예상과 반대로 주식이 하락해서 돈을 잃었다는 사연이 너무나도 많다. 주식뿐만 아니라 암호화폐나 부동산에서도 마찬가지다. 결국 투자 자산의 가격 방향을 정확하게 예측할 수 없기 때문에 단기투자는 투자 시점에 따라 수익률이 천차만별로 달라진다. 어떻게 보면 운의 영역이다.

운 좋게 2020년, 2021년에 투자에 관심이 생겼거나 그때 사회초년생이 되어 투자를 시작했다면 누구나 쉽게 돈 벌 수 있었다. 아무거나 매수해도 대부분 올랐던 투자 황금기였기 때문이다. 자고 일어나면 월급만큼 투자수익이 생기던 시절이었다. 하지만 2022년처럼 모든 자산이 떨어지기 시작할 때 투자를 시작했다면 1년을 투자했어도 손실이었을 것이다. 그 상황에서 대금 지급일이 다가온다면 절망적인 상황이다. 특히 주거와 관련된 돈은 생존과 직결되는 문제인 만큼 정해진 기간까지 필요한 돈을 모으지 못한다면 정말 큰일이다. 밖에서 잠들 수 없지 않은가. 그래서 대략 1~3년 이내 납부 기한이 확정되어 있지만 그 돈을 전부 모으지 못했다면 투자로 돈을 불린다는 생각 대신, 확실하게 돈을 쌓아나갈 수 있는 저축 활용을 추천한다. 예·적금만으로 기간 내 필요한 돈을 전부 모으기 어려운 상황이라도 말이다. 그때는 투자를 통해 돈을 불리는 것이 아니라 수입을 늘릴 방법이나 조금이라도 낮은 이자로 대출받을 방법을 알아보는 것이 여러모로 마음 편하다. 조금이라도 돈을 더 벌어보겠다고 투자의 영역에 들어갔다가 변동성에 휘말려 오히려 돈을 더 많이 구해야 하는 상황을 주변에서 너무 자주 봤기 때문이다. 돈이 필요하다면 단기 아르바이트나 배달 등의 일을 찾아보자. 솔직히 요즘은 마음만 먹으면 돈 벌 방법이 정말 다양하다. 관련 플랫폼이 너무 잘 운영되고 있기 때문이다. 돈이 부족하다면 '왜 나는 돈이 없을까?' 자책만 하지 말고 몸을 움직여보자. 혹시 아는가? 단순히 돈을 벌려고 시작했던 일이 잘 맞아 또다른 월급을 주게 될지. 돈은 무조건 투자로 벌어야 한다는 생각을 버려야 한다. 돈이 돈을 버는 규모가 의미 있으려면 투자금이 커야 한다. 결국 내가 더 많이 벌고 아껴서 시드머니를 모아야 한다는 의미다.

투자를 안 해도 되는 두 번째 경우는 나의 연평균 목표수익률보다 현재 예·적금 이자가 더 높을 때다. 예를 들어, 현재 1년 예금 이자가 4.5% 정도인데 나의 연평균 목표수익률이 4%라면 굳이 원금손실 위험을 감수하며 투자할 필요가 없다. 특히 2022년 이후 유례없는 고금리 시대가 되면서 파이어족의 국룰인 4%의 법칙을 예금으로만 달성할 수 있는 환경이기 때문에 이를 잘 활용해도 충분하다. 물론 개인 투자자 대부분에게는 예금이자보다 높은 수익률이 필요할 것이다. 나 역시 연평균 목표수익률이 11%인 만큼 투자를 계속 하고 있다. 하지만 이 관점에서 본인의 투자 로드맵을 꼭 한번 점검하길 바란다(투자 로드맵: 2장10 참고). 또한 예·적금 이율은 금리가 다시 예전으로 돌아간다면 다시 2% 미만이 될 수 있다. 영원히 유지하기 힘든 구조다. 그렇기 때문에 조기 은퇴나 파이어족을 꿈꾼다면 단순 저축만으로는 쉽지 않은 것이 현실이다.

 자본주의에서 투자는 중요하다
하지만 투자만이 정답은 아니다

9

투자 실력보다
더 중요한 것

패션에 관심 없는 사람도 '에루샤'라는 단어를 한 번쯤 들어봤을 것
이다. 명품 브랜드 3대장인 에르메스, 루이뷔통, 샤넬의 앞 글자를
딴 단어다. 이 브랜드들은 내가 초등학생일 때도 지금처럼 1등 브
랜드였다. 그보다 더 과거부터 계속 그랬다. 왜 에르메스나 루이뷔
통, 샤넬을 이길 명품 브랜드가 더 나오지 못하는 것일까?

　일단 명품 가방과 동일한 가죽이나 그걸 만들 장인을 구하기
쉽지 않다. 어떻게든 가죽과 장인을 구해서 가방을 만든다고 해도
절대 에르메스 버킨백과 같은 취급을 받을 수 없다. 가방을 만들 때
사용하는 가죽과 제작하는 장인을 에르메스와 동일하게 한 다음,
가격을 100만 원 정도로 팔면 팔리긴 하겠지만, 결정적으로 에르메

스 가방을 사려는 사람들에게는 이 새로운 제품이 전혀 고려 대상이 아닐 것이다. 그들은 '에르메스'를 가지고 싶은 것일 뿐 '가성비 좋은 가죽가방'을 가지고 싶은 것이 아니기 때문이다. 그렇다면 무엇이 에르메스와 일반 브랜드를 가르는 것일까? 그것은 바로 대체 불가능한 헤리티지(전통)다. 1837년부터 이어져 온 에르메스의 헤리티지는 신규 브랜드들이 가질 수 없는 요소이며 이는 시간이 지날수록 더욱 가치가 올라간다. 마치 투자의 복리 효과와 비슷하다.

다시 투자 이야기로 돌아와서 주식 투자로 가장 성공한 사람, 혹은 가장 유명한 사람이 누구인지 물으면 대부분은 워런 버핏을 제일 먼저 떠올린다(개인적으로 워런 버핏을 존경하기에 유튜브나 책 내용에서 그의 이름과 어록이 굉장히 많이 등장한다). 버핏보다 더 높은 연평균 수익률을 기록한 사람이 있는데도 말이다. 실제 버핏의 연평균 수익률은 22%이고 짐 사이먼스라는 헤지펀드 수장은 연평균 수익률 66%로 돈을 불렸다. 근데 왜 짐 사이먼스 대신 워런 버핏을 더 많이 기억할까? 그 까닭은 버핏의 연평균 수익률이 22%로 다소 떨어지지만, 75년 동안 투자하고 자산을 유지했기 때문이다. 만약 워런 버핏이 65세에 은퇴했다면 그의 자산은 현재의 10%밖에 되지 않았을 것이고 "주식 투자 하면 가장 먼저 떠오르는 사람이 누군가요?"라는 질문에 워런 버핏이라는 대답이 나오지 않았을 수 있다. 《돈의 심리학》에서 이야기한 것처럼 워런 버핏의 능력은 투자였지만 그의 비밀은 시간이었다. 엑셀 계산으로만 보던 복리의 마법을 현실로 만든 마법사인 것이다.

이처럼 '시간'은 성공적인 투자의 핵심이다. 내가 투자하고 있는 종목 중 현재 수익이 좋은 것들은 대부분 3년 이상 꾸준히 투자한 것들이다. 어떤 투자 기법 없이 팔지 않고 꾸준히 모았을 뿐인데 개인 투자자 평균 수익률을 상회하고 있다. 그리고 아마 시간이 지날수록 수익은 점점 더 늘어날 것이다. 물론 긴 시간 투자했어도 수익률은 여전히 마이너스일 수 있다. 우상향의 대명사인 S&P500과 나스닥 지수도 10년 넘게 횡보했던 적이 있다. 그리고 더 긴 시간 고점을 회복하지 못하는 종목들도 엄청 많다. 어떤 종목에 투자할지 결정하는 것이 정말 중요하지만 어려운 이유다. 그래서 나는 가급적이면 개별종목보다는 ETF 투자를 선호한다.

누구나 주식 투자로 많은 돈을 벌고 싶어한다. 하지만 실제로 돈을 버는 사람은 항상 극소수다. 《돈의 심리학》의 표현을 빌리자면, 주가 변동성을 수익에 붙는 세금, 혹은 수수료로 생각하는 것이 아니라 벌금이라고 생각하기 때문이다. 수수료는 당연히 내야 하는 비용으로 생각해서 별 감흥이 없지만, 벌금은 내가 잘못해서 내는 돈이니 본능적으로 피하게 된다. 그러다 보니 변동성을 버티지 못하고 시장을 떠나버리는 것이다. 아래 문장은 내가 하락장일 때마다 《돈의 심리학》 책을 펴고 한 번씩 소리 내서 읽는 구절이다.

"하지만 성공적인 투자의 대가는 달러나 센트가 아니다. 변동성, 공포, 의심, 불확실성, 후회의 형태로 지불하는 것이다."

하락장일 때 충분히 그 대가를 지불했다면 이제 남은 것은 대가를 얻기 위한 기다림이다. 실제로 애플이나 마이크로소프트 같은

서대리의 종목별 투자 기간과 주가 수익률

(수익률, %)

테슬라 / 애플 / SCHD / VOO / 리얼티인컴 / 삼성전자우

투자 기간(일)

엄청난 기업들도 과거에 주가가 50% 이상 하락했던 적이 많다. 하지만 결국에는 세계 1, 2위 시가총액을 자랑하는 기업이 되었다. 그리고 그 과정에서 샀다 팔았다 했던 사람보다 묵묵히 시간에 투자했던 사람이 훨씬 큰 수익을 얻었을 것이다. 어마어마한 결과를 가져오기 위해 반드시 어마어마한 힘이 필요한 것은 아니다. 일상을 즐기면서 기다리다 보면 목표에 도달하게 된다.

투자에도 헤리티지를 만들어주자

10

돈 벌 방법은 없지 않다
다만 귀찮을 뿐이다

월급은 항상 부족하게 느껴진다. 물론 내가 연봉 1억 받는 직장인이 아니기 때문에 그 정도가 되면 월급이 부족하지 않을 수도 있겠지만, 자기 월급에 만족하는 직장인은 드물 것이다. 그리고 항상 이런 말을 덧붙인다.

"한 달에 10만 원, 20만 원만 더 벌었으면 좋겠다."

물론 월급 외 추가로 돈을 벌고 있다 가정했을 때, 이 돈이 한 달 100만 원, 200만 원, 1,000만 원이면 좋겠지만 누가 봐도 이 정도 규모를 만드는 건 쉽지 않다. 월급 외 한 달 100만 원을 추가로 버는 것이 쉬웠다면 벌써 다들 하고 있을 것이다. 그렇다면 월급 외 소득으로 한 달 10만 원 벌기는 어떨까? 이 정도는 나름 현실적이다. 말로 설명하기 애매하지만 하다 보면 될 것 같은 느낌이다. 간단한 아르바이트만 해도 가능하다. 그리고 내가 쓸 수 있는 돈이 달에 10만 원만 더 늘어도 삶의 질이 올라간다. 고정생활비 일부를 대체할 수 있기 때문이다. 예를 들어, 현대인의 필수품인 스마트폰 통신비와 기곗값 할부로 한 달 10만 원이 든다면 이 돈은 무조건 나가는 돈이다. 통신비를 내지 않으면 세상과 단절되고 결국 아무것도 할 수 없는 상황에 이르기 때문이다. 근데 만약 그 금액만큼 매월 추가금이 들어온다면 이 돈으로 통신비를 내고 월급 전부를 온전히 나를 위해 쓸 수 있다. 상상만 해도 행복하다. 매월 10만 원씩 1년이면 120만 원이나 된다. 이 정도면 매년 모은 돈으로 일본이나 동남아 여행을 다녀올 수도 있다. 여담이지만 통신비는 최대한 줄이는 것을 추천한다. 얼마 안 되는 것처럼 보이지만 비용이 클수록 은퇴 가능한 날짜는 조금씩 뒤로 밀려나기 때문이다. 나는 현재 집 인터넷 요금과 IPTV, 스마트폰 통신비 전부 합쳐 월 5만 원대로 이용 중인데 더 줄일 방법을 찾아보고 있다.

사실 한 달 10만 원은 누구나 의지만 있다면 벌 수 있다. 나도 월급 외 돈을 더 모으고 싶다는 열망에 사로잡혔을 때, 2가지 방법으로 돈을 추가로 확보했다. 그 방법은 중고 거래와 배달 아르바이트다. "고작 그거야?"라고 생각할 수 있지만, 사람들은 고작 그걸 안 해서 돈이 항상 부족하다. 우선 나는 2019년부터 본격적으로 중고 거래에 뛰어들어 2년도 안 되는 기간 동안 300만 원 넘는 현금을 벌었다. 한 달에 대략 12만 5천 원을 중고 거래로 번 셈이다. 물론 중고 거래는 귀찮음의 연속이다. 사진을 찍고 제품 설명을 입력해야 하고, 수많은 네고왕들과 소통하며 약속 장소를 잡거나 택배를 보내야 하는 등 할 일이 정말 많기 때문이다. 그리고 결정적으로 들이는 노력에 비해 거래 성사로 버는 돈이 그렇게 크지 않다. 나는 10만 원 이상 되는 나름 고가의 물건을 팔기도 했지만, 몇천 원에도 물건을 여러 번 팔았다. 이런 과정을 몇십 번 반복한 덕분에 내 손에 월급 외 수입이 생겼다. 내 돈을 주고 샀던 물건인 만큼 엄밀히 말하면 수입이라고 할 수 없지만, 집에서 방치된 물건을 팔아 돈으로 교환한 것이니 나는 수입이라 생각한다. 그리고 중고 거래를 정말 열심히 하다 보면 덤으로 집 정리도 된다. 1년 이상 한 번도 사용하지 않은 상품들을 하나씩 팔다 보면 어느새 '우리 집이 이렇게 넓었나?'라는 생각이 드는 순간이 온다. 내 계좌에 돈이 들어오고 집 정리도 되다 보면 신나서 계속 중고 거래 앱을 켜는 자신을 발견하게 된다. 물론 이 방법에는 한계가 있다. 더는 팔 물건이 없어지기 때문이다. 이에 대해서는 뒤에서 다시 설명하기로 하고 월급 외 수입을 벌 수 있는 두 번째 방법인 배달 이야기를 해보자.

배달 역시 누구나 스마트폰만 있으면 할 수 있다. 오토바이가 있어야 한다고 생각할 수 있지만, 나는 그냥 도보로 했다. 스마트폰과 보냉 가방만 챙겨서 퇴근 후나 주말에 동네 산책 겸 배달 알바를 했다. 코로나로 인해 배달 성수기였다 보니 대략 15분마다 4~5천 원 정도 벌 수 있었다. 지금도 가끔 산책 겸 해보곤 하는데, 확실히 금액이 줄긴 했지만 그래도 당장 돈을 벌고 싶다면 배달 알바 만한 것이 없다. 정산도 1주일 단위로 빠른 편이고 내가 하는 만큼 돈을 벌기 때문이다. 나는 당시 주말마다 한 덕분에 매월 주식 투자할 돈 일부를 배달 알바비로 충당할 수 있었다.

주변에서 돈이 부족하다고 이야기하면 나는 앞에서 소개한 중고 거래와 배달 알바를 제안한다. 하지만 대부분 이런 답변이 돌아온다.

"그렇게 해봐야 얼마 벌지도 못 하잖아. 그리고 시간도 없어."

근데 이렇게 이야기하는 사람들은 대부분 매년 해외여행을 갔다. 인스타그램이나 카카오톡 프로필 사진에는 여러 취미를 즐기는 사진이 계속 업데이트된다. 그리고 다음에 만나면 돈이 없다는 이야기를 반복한다. 물론 이런 생활이 잘못됐다는 말을 하려는 것이 아니다. 사람마다 가치관이 다르기 때문에 옳고 그름을 판단할 필요가 없다. 다만 돈이 없다는 문제를 인지했다면 돈을 벌면 된다는 뜻이다. 그리고 그 시작은 누구나 할 수 있는 것부터다. 1,000만 원을 모아야 5,000만 원이 되고 1억 원이 되는 것처럼, 하루아침에 10만 원이 생기는 마법 같은 일은 일어나지 않는다. 돈을 쓰는 행동으로만 내 하루를 채우면 당연히 돈을 못 번다. 그렇다면 돈 버는 행동은 무엇일까? 핵심은 상대방이 원하는 물건이나 서비스를 제공하는 것이다. 그리고 제공할 수 있는 것은 물건뿐만 아니라 내 시간도 있다. 물론 시간이 돈보다 소중하긴 하지만, 원하는 만큼 돈이 모이지 않았다면 내 시간을 팔아 계속 돈을 벌어야 한다. 이 관점에서 원하는 시간에 할 수 있는 배달 알바가 직장인에게 잘 맞는다.

하지만 언제까지 중고 거래와 배달 알바에만 의존할 수는 없다. 그래서 나는 이렇게 번 돈을 배당주를 사는 데 사용했다. 월마다 배당금을 주는 '리얼티인컴'이라는 미국 상장 리츠 주식과 우량 배당주를 모아 놓은 SCHD ETF(국내 상장 ETF로는 ACE/SOL/TIGER 미국배당 다우존스)가 대표적이다. 리얼티인컴 1주(약 7만 원)를 사면 매월 배당금으로 세후 약 300원이 들어온다. 고작 300원이라고 허탈해할 수도 있지만, 요새는 다들 화폐를 사용하지 않다 보니 땅을 파도 100원이 안 나오는 세상이다.

그리고 적은 돈이라고 무시하면 안 되는 결정적인 이유가 있다. 내가 아무것도 하지 않아도 때가 되면 자연스레 돈이 들어오는 경험을 하게 된다는 점이다. 특히 직장 생활을 열심히 한 직장인이라면 이런 경험을 자주 접할 기회가 없을 것이다. 나도 그랬다. 주식은 단순히 시세 차익으로만 돈을 버는 것이라 생각했고, 그러기 위해서는 운이 중요하다 생각했다. 하지만 우연한 기회에 배당주 투자를 알게 되었는데, 그야말로 신세계였다. 내가 일하지 않아도 매월 혹은 분기마다 배당금이 나왔기 때문이다. 나처럼 이 경험에 매력을 느낀다면 나중에는 일하지 않아도 월급이 들어오는 구조를 만드는 데 집중하고 있는 자신을 발견하게 될 것이다. 좋은 의미의 중독이라고 생각한다.

처음 배당금이라는 존재를 알게 된 이후 지금까지 꾸준히 모은 덕분에 한 달에 300원 들어오던 리얼티인컴 배당금은 어느덧 매월 9만 원(2023년 6월 기준) 넘게 들어오고 있다. 또한 월배당 ETF

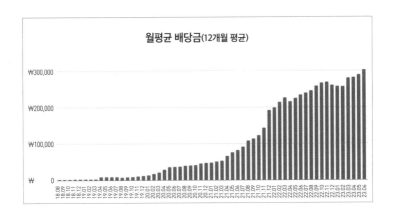

월평균 배당금(12개월 평균)

₩300,000

₩200,000

₩100,000

₩0

인 SOL 미국배당 다우존스는 1주당 가격이 1만 원 정도로 부담 없어, 돈 생길 때마다 모으고 있다. 그리고 여기서 나오는 배당금도 한 달에 3만 원이 넘었다. 리얼티인컴이나 SOL 미국배당 다우존스 외에 투자 중인 다른 주식까지 전부 합치면 오직 배당금만으로 매월 약 30만 원씩 계좌로 들어온다. 앞으로도 이렇게 모아간다면 결국 월급보다 많은 돈이 배당금만으로 들어올 것이다. 그래서 나는 시간이 허락하는 대로 중고 거래와 배달 알바, 여러 가지 부업을 꾸준히 하면서 이 배당금을 더 많이 쌓아갈 것이다. 그리고 결국에는 자본 수입만으로도 생활비를 전부 커버하여 진정한 경제적 자유를 얻게 될 것이라 확신한다.

서대리의 SUMMARY

시작은 미약하나 끝은 창대하리라

11

재테크, 부동산과 주식 중
무엇이 정답일까?

살면서 마주하는 질문 중 몇 개는 정말 대답하기 어렵다. 그리고 나이가 들어가면서 만나게 되는 난제의 주제도 조금씩 달라진다. 어린 시절 "엄마가 좋아? 아빠가 좋아?" 질문이 대표적이다. 물론 이 질문을 받고 고민 없이 대답했던 어린이도 있겠지만 이는 커서도 바로 대답하기 어려운 질문이다. 이처럼 우리는 살면서 2개 중에 하나를 골라야 하는 상황이나 질문을 자주 만난다. 짜장면 vs. 짬뽕, 탕수육 찍먹 vs. 부먹 같이 일상적인 선택부터 공무원 vs. 사기업, 취업 vs. 사업 처럼 인생 방향에 대한 중요한 선택도 마주하게 된다. 그리고 금수저가 아닌 평범한 대한민국 국민이라면 재테크는 필수인 만큼 곧 이 문제를 맞닥뜨린다. 바로 "부동산 투자가 좋은가? 아니면 주식 투자가 좋은가?"이다. 이미 만난 분도 있을 것이고 앞으로 만날 질문을 미리 고민하는 분도 있을 것이다.

일단 주변 사람들의 생각을 물어보면, "엄마가 좋아? 아빠가 좋아?" 질문처럼 쉽게 대답하지 못한다. 아무래도 우리나라는 부동산 불패의 역사가 있고 지금도 그 기록이 진행되고 있어 부동산 투자가 정답이라는 의견이 조금 더 많다. 하지만 부동산은 대출이 거의 필수고, 워낙 큰돈이 들어가기 때문에 접근성 좋은 주식으로 시작하는 것이 좋다는 의견도 많다. 실제로 누구나 사고Buy 싶고, 살고Live 싶은 서울 강남이나 서초, 한강 뷰 아파트는 투자하고 싶어도 못 한다. 대출을 영혼까지 끌어올려도 기본 투자금 자체가 상당하기 때문이다. 반면 주식은 10만 원, 100만 원만 있으면 누구나 인정하는 기업 지분을 소유할 수 있다. 삼성전자나 애플, 마이크로소프트, 루이뷔통, 나이키 등 원하는 주식을 매수할 수 있다.

이렇게 보면 주식 투자로 시작해야겠다는 생각이 든다. 하지만 주식 투자자 10명 중 9명은 돈만 잃는다는 얘기를 듣다 보면 주식 투자도 답이 아닌 것 같다는 회의감이 든다. 그렇다고 예·적금만으로는 미래가 안 보인다. "역시 한국은 부동산이지!"라며 부동산 투자를 다시 고민하지만, 종잣돈이 많이 필요하다는 현실을 깨닫고 다시 주식을 알아본다. 이런 의식의 흐름이 계속 반복된다. 물론 확신의 찍먹파와 부먹파처럼 명확한 취향이나 현재 상황을 기준으로 투자를 결정하고 쭉 이어가는 사람도 있지만, 투자가 처음이라면 쉽게 결정하지 못한다.

나도 그랬다. 열심히 일하고 받는 월급만으로는 답이 없다는 사실을 깨달았지만, 부동산과 주식 중 어떤 투자에 집중해야 할지 막막했다. 최대한 빠르게 아파트를 매수하고 쭉 기다려 나름 유의미한 자산을 형성한 사람은 주변에 종종 있었는데, 주식으로 그 정도 수익을 낸 사람은 전혀 없었다(물론 말하지 않고 숨긴 사람도 있었을 것이다). 하지만 서울이나 경기도 아파트는 아무리 대출을 낀대도 억 단위 자본금이 필요한 만큼, 사회초년생은 당장 투자하고 싶어도 할 수 없었다. 현실의 벽을 느끼고 나도 일단 주식 투자부터 시작했다.

그렇게 몇 년의 시간이 지나자 그간의 고민이 정말 부질없었다는 사실을 깨달았다. 투자에 재능이 있는 극소수의 사람을 제외하면 결국 투자는 평생 하는 것이고, 이 과정에서 본인의 라이프 사이클이나 현재 자금 현황, 투자 성향에 맞춰 그때그때 맞는 방법을 선택하면 되기 때문이다. 무조건 둘 중 하나를 선택해서 쭉 밀고 나가는 것이 아니라 '둘 다 할 수 있다'라고 생각하는 게 중요하다. 누구나 단돈 1,000만 원의 주식 투자로 단기간에 10억 원을 만들고 싶고, 부동산 갭투자나 경매로 2년 만에 10억 자산가가 되고 싶어 한다. 이런 장밋빛 미래를 꿈꾸며 사람들이 1가지 투자에 모든 것을 걸지만 당연히 성공 확률은 지극히 낮다. 그래서 처음부터 무리하게 하나의 투자 섹터를 선정하고 달려가지 말고 지금 당장 내가 할 수 있는 재테크부터 조금씩 시작하면서 나만의 기술과 시야를 넓혀 나가자.

저축은 답답하지만 투자는 무서운 당신에게

사회초년생이라면 당연히 시드머니가 적기에 부동산보다는 주식 투자가 접근성이 좋을 것이다. 이때 적은 돈으로 최대한 다양한 방식의 주식 투자를 시도하며 나에게 잘 맞는 투자법을 찾아야 한다. 나도 이때 매월 꾸준한 손실로 수업료를 내면서 나에게 잘 맞는 투자 방법을 찾을 수 있었다. 유튜브나 블로그를 통해 S&P500 ETF 월 적립 매수 현황을 매월 공유하는 것처럼 말이다. 물론 처음 투자를 시작할 때부터 S&P500 ETF 월 적립 매수가 평범한 직장인에게 잘 맞고 실제로 성과도 나쁘지 않다는 사실을 알고 있었다. 하지만 인간의 욕심은 끝이 없다는 말처럼, 나는 그 정도 성과에는 만족할 수 없었다. 투자금이 크지 않으니 수익률이라도 높아야 한다고 생각했기 때문이다. 그리고 초반에 주식 투자로 돈을 좀 벌기도 했기에 나에게 재능이 있는 줄 알았다. 이런 자기합리화 과정을 거쳐 수없이 많은 투자 방법을 적용해 봤지만 결국 나와 잘 맞지 않았는지 손실만 보게 되었다. 돌고 돌아 S&P500 ETF 월 적립으로 돌아왔다.

실제로 나는 주식 투자가 잘 맞았다. 특히 적립식으로 꾸준히 모아가는 데 재능(?)이 있었다. 그렇게 평범한 직장인에게는 '주식 투자뿐이다'라고 생각하여 투자 비중을 계속 높였다. 그러다가 2019년 말 결혼 준비를 시작했다. 자연스럽게 신혼집에 대한 고민이 생기자 그동안 나와 맞지 않는다고 생각했던 부동산에 관심이 갔다. 그렇게 부동산 투자를 알아보기 시작했다. 이왕 신혼집을 구할 거라면 내 집 마련과 투자를 함께 하면 좋겠다고 생각했기 때문이다. 물론 공부할수록 서울 강남구와 서초구 아파트가 정답처럼 보였다. 하지만 그 당시 나와 아내가 가진 돈을 합치고 영혼까지 끌어 대출받아도 현실적으로 강남 3구 아파트 매수는 무리였다. 그 후 현실적으로 매수 가능한 금액대의 서울 아파트를 30곳 넘게 방문했고 그중 하나를 구매했다. 그동안 나에게는 주식 투자가 정답이자 가장 잘 맞는 투자라 확신했지만, 결혼이라는 인생 이벤트를 기점으로 부동산 투자에 입문했다. 전 재산보다 많은 대출을 받았으니 살면서 가장 큰 소비를 한 셈이다. 이제는 부동산에도 관심이 생겨 2주택이나 30평대 갈아타기, 부동산 관련 세금도 열심히 알아보는 중이다. 당연히 주식 투자도 병행하면서 말이다. 만약 내가 사회초년생 때부터 '하나의 투자 방법만이 정답이다'라고 생각해서 밀고 나갔다면 상황은 지금과 많이 달라졌을 것이다. 물론 장인정신으로 하나의 투자에 집중하여 누구도 넘볼 수 없는 투자수익률을 거둘 가능성도 분명 있겠지만 그 확률은 매우 희박하다.

내가 지난 투자 과정을 돌아보면서 깨달은 사실은 크게 2가지다. 우선 지금 당장 할 수 없는 일은 과감하게 접고 할 수 있는 일에 집중하는 게 우선이라는 것. 지금 할 수 있는 일을 하다 보면 성과가 쌓여 나도 모르게 다음 단계로 갈 수 있는 발판이 완성되기 때문이다. 두 번째 포인트는 굳이 여러 선택지 중에 하나만 고를 필요가 없다는 사실이다. 정말 자고 일어나면 모든 게 바뀌어 있을 정도로 빠르게 변하는 시대다. 챗GPT가 몰고온 AI 기술만 봐도 앞으로는 또 어떤 기술로 일상이 바뀔지 짐작도 가지 않는다. 오늘의 정답이 내일은 오답이 될 수 있는 만큼 투자뿐만 아니라 내 삶의 모든 부분에서 다양한 선택지를 항상 염두에 두자. 총알이 빗발치는 전쟁터에서 살아남기란 쉽지 않지만, 아무것도 없이 칼 한 자루만 가지고 가면 99% 죽는다. 하지만 방탄조끼, 헬멧, 총, 군화, 전투식량 등 다양한 아이템을 가지고 있으면 생존 확률이 커진다. 자본주의라는 냉혹한 전쟁터에서 굳이 나의 생존 아이템을 줄일 필요가 없다.

엄마가 좋아? 아빠가 좋아?
정답은 언제나 "둘 다"

12

내가 잘 아는 것에만
투자해도 충분하다

FOMO라는 단어를 들어본 적이 있는가? 'Fear Of Missing Out'의 머리글자를 딴 단어로, 자신만 뒤처지거나 소외된 것 같다는 두려움을 가지는 현상을 이른다. 인간의 심리와 관련된 현상답게 우리 주변에서 FOMO를 쉽게 발견할 수 있다. 특히 마케팅에서 이를 많이 이용하는데, 제품을 소개할 때 '마지막 세일' '품절 임박' '한정 판매'를 강조하여 제품을 보고 있는 소비자들을 조급하게 만들어 구매로 이끈다. 평소 고정비용 말고 개인적으로 사용하는 생활비가 한 달 30만 원 수준인 나조차도 '1+1', '타임 세일'에 넘어가 구매를 결심한 적이 많다(특히 먹을 것). 대형 마트에 장 보러 가면 항상 저 문구가 적힌 제품 앞에서 고민하게 되는데, 그때마다 아내가 내 정신을 잘 잡아주지 않았다면 이것저것 많이 사고 돌아오는 길에 후회했을 것이다.

FOMO는 마트 장 보기뿐만 아니라 자본주의 꽃인 주식 투자에서도 만연한 현상이다. 특히 나에게 없는 주식이 끝없이 상승하는 모습을 보고 있으면 FOMO가 극에 달한다. 지금이라도 상승하는 주식에 올라타야 할 것 같다는 조바심이 든다. 다들 돈을 쓸어 담고 있는데, 나만 벼락 거지가 되는 기분이다. 그래서 뒤늦게 이 주식에 투자하기 위해 알아보면, 정확히는 모르지만 다가올 4차 산업 시대에 꼭 필요한 기업이고, 이 기업이 보유한 기술이 독보적이라고 한다. '역시 주가가 상승하는 이유가 있었네'라고 생각하면서 일단 소액으로 진입한다. 근데 주가는 멈추지 않고 계속 오른다. 결국 큰돈을 추가로 투자한다. 하지만 이 책을 읽고 있는 독자라면 뒷이야기를 쉽게 예상할 수 있듯이 이 주식은 곧 폭락하고 뒤늦게 뛰어든 투자자들은 큰 손실을 본다. 이런 에피소드는 주식 투자에서만 나오는 게 아니다. 암호화폐나 부동산에서도 쉽게 볼 수 있는 사례다. 끝없이 오르는 집값에 FOMO를 느끼다 보니 '부동산은 오늘이 저점이다'라는 생각으로 영끌 매수했다가, 2022년 하락장과 급격한 금리 인상으로 어려움을 겪는 사람이 많다는 뉴스를 보았을 것이다.

나도 사회초년생 시절, 급등주와 테마주의 미친 주가 상승률을 보면서 FOMO를 느꼈고 여러 번 추격 매수했다. 어떤 기업에 투자했는지 지금은 대부분 기억나지 않지만, '빛으로 암을 치료하는 기술이 곧 개발된다'라는 호재를 듣고 추격 매수했던 기억은 어렴풋이 난다. 처음에는 벌었지만, 마지막에는 손실만 보고 끝났다. 새드 엔딩이었다.

이처럼 FOMO에 의한 투자 결정은 대부분 나쁜 결과로 이어진다. 문제는 FOMO가 인간의 본능인 만큼 억제하기 쉽지 않다는 점이다. 거기다가 아무리 시장이 어려운 시기라도 급등하는 종목은 항상 존재한다. 대표적으로 하락장에서 시장 하락에 베팅할 수 있는 인버스 레버리지 ETF가 있다. 상승장에서는 섹터별로 돌아가며 폭등하고 주식이 오르지 않더라도 금이나 채권처럼 다른 자산이 폭등하기도 한다. 이런 내용이 유튜브나 각종 SNS를 통해 순식간에 전 세계로 퍼지기 때문에 우리는 언제나 FOMO에 고통받기 좋은 환경에 노출되어 있다. 거기다가 FOMO는 투자자의 판단을 흐리게 만들기도 하지만 스스로를 책망하게 만든다. 특정 주식이 FOMO가 올 만큼 폭등한 이유를 찾아보면 생각보다 굉장히 합리적이기 때문에 "왜 나는 이런 간단한 투자 아이디어를 미리 생각하지 못했지?" 자책하게 된다. 아래는 근 몇 년간 사람들에게 FOMO를 선물했던 주식들의 표면적인 주가 상승 이유다.

'메타버스 필수 기술을 가지고 있다.'

'전기차 시대가 올 것이기 때문에 2차전지 기업의 실적은 좋아진다.'

'AI가 보편화되면 반도체 수요는 급증한다.'

'금리가 오르면 금융주에 좋다.'

저축은 답답하지만 투자는 무서운 당신에게

'인플레이션 시대에는 생필품 기업 실적이 좋아진다.'

이처럼 이론상, 사람들의 FOMO 심리를 자극할 만큼 폭등하는 주식은 간단한 투자 아이디어만으로 찾을 수 있다. 나는 왜 이런 투자 아이디어를 미리 떠올리지 못했을까 자책했다. 처음에는 내 능력이 부족하기 때문이라 생각했다. 다가올 세상의 변화와 주도기업/산업 분석을 더욱 열심히 해야겠다고 다짐했다. 그래서 매일 아침 출근길마다 경제신문을 더 집중해서 읽고, 퇴근 후에도 관련 기업정보와 재무제표를 열심히 분석했다. 하지만 내가 놓치고 있는 상승 종목은 여전히 차고 넘치게 많았다. 이런 종목을 놓쳤다는 사실에 매일 스트레스받았다. 그 원인이 무엇일지 머리를 싸매고 고민했지만, 그 끝은 언제나 '내가 더 공부해야 한다' '내가 부족했다'로 마무리되었다.

그렇게 계속 시간이 흘렀다. 여느 날과 다름없이 출근길에 경제신문을 읽고 있었다. 기사에는 프랑스 명품 브랜드 주식들이 훨훨 날고 있다고 적혀 있었다. 그 기사를 보고 불현듯 깨달음을 얻었다. 나는 이미 명품 브랜드 주식들이 신문 기사로 날 만큼 상승하기 이전부터 투자하고 있었는데, 그 이유는 정말 간단하다. 내가 패션업계에서 일하고 있기 때문이다. 그래서 명품 브랜드 매출 성장이 정말 엄청나다는 데이터를 예전부터 계속 접했고, 실제로 주변에서도 명품을 사기 위해 오픈런을 불사하는 사람들이 아주 많았다. 백화점에서도 명품 매장을 확장하기 위해 다른 일반 브랜드 매장을 축소하고 있었다. 참고로 대표적인 명품 브랜드 주식은 프랑스 주식 시장에 상장된 에르메스, LVMH그룹(루이뷔통), 케링그룹(구찌)이 있다.

'몸이 멀어지면 마음도 멀어진다'라는 말처럼 수많은 주식이 상승할 동안 내가 미리 눈치채지 못했던 이유는 내 삶과 접점이 없었기 때문이다. 아무리 훌륭한 첨단 기술을 가지고 있는 기업이라도 투자자의 전공이나 직업, 혹은 관심사가 아니라면 제대로 알 수가 없다. 평범한 문과 직장인이 인공지능 관련 기술이나 반도체, 우주산업 기술을 평가하기 어려운 것처럼 말이다. 애초에 접할 일이 없으니 그런 기술이 있는지도 모르고 앞으로 사회에 어떤 영향을 미칠지 생각할 수도 없다. 물론 GPU= 엔비디아, 파운드리= TSMC, 반도체 장비= ASML처럼 기본 지식은 조금만 찾아봐도 쉽게 알 수 있지만, 그 이상은 어렵다.

그래서 나는 전략을 바꾸기로 했다. 내가 일하고 있는 업계나 실제 이용하고 있는 물건, 서비스를 제공하는 기업, 혹은 주변에서 자주 이용하고 있는 기업만 확실히 관찰하면서 기회를 보는 전략이다. 실제로 투자 전설 중 한 명인 피터 린치는 이런 말을 했다.

"당신이 약간의 신경만 쓰면 직장이나 동네 쇼핑상가 등에서 월스트리트 전문가들보다 훨씬 앞서 굉장한 종목들을 골라 가질 수 있다."

세상에 존재하는 다양한 주식들이 오를 타이밍을 미리 알아내고 선점하기 위해 노력하는 것도 중요하지만, 내가 쉽게 확인할 수

저축은 답답하지만 투자는 무서운 당신에게

일상에서 이용하는 대표 기업들의 5년 주가수익률

(단위: %)

종목명	주가	주가 상승	5년 주가 수익률	
▌스타벅스	$96.20	+$44.58	↑86.36%	
▌애플	$191.81	+$143.98	↑301.02%	✕
▌마이크로소프트	$341.27	+$235.84	↑223.69%	✕
▌Nike	$105.10	+$27.72	↑35.82%	✕
▌비자	$238.88	+$99.46	↑71.34%	✕

있는 주식들만 꾸준히 관찰해도 충분하다. 이렇게만 투자해도 경제적 자유를 얻을 수 있다. 아이폰을 사용한다면 애플, 직장에서 엑셀이나 파워포인트를 사용한다면 마이크로소프트, 운동할 때 나이키, 해외여행 가서 쇼핑할 때 비자 신용카드, 주말에 넷플릭스, 출퇴근 길에 유튜브(구글), 주말에 커피 한잔하러 스타벅스 등등 나와 주변 사람들 삶에 깊숙이 자리 잡은 주식만 해도 수없이 많다. 사실 이 주식들만 사서 몇 년 가지고만 있었어도 엄청난 수익을 낼 수 있었다. 상상도 할 수 없을 정도의 첨단 기술을 가진 기업의 주식만 상승하지 않는다. 주가는 기업의 가치를 나타내는 숫자이기 때문에

기업이 돈을 계속 잘 번다면 주가 역시 장기적으로 상승하게 되어 있다.

보통 남자아이들이 본격적으로 키 크는 시기는 초등학교 고학년부터 중학교 때라고 한다. 하지만 모든 남자아이 키가 그때 크는 것은 아니다. 어린 시절부터 일찍 크는 친구가 있고, 중학생까지는 키가 작았지만, 고등학교 들어가 확 크는 친구도 있다. 그래서 어린 시절 너무 키가 작다고 걱정할 필요가 없다. 잘 먹고 잘 자면 자연스럽게 키가 큰다. 주식도 마찬가지다. 좋은 주식을 골랐다면 다른 주식 수익률에 FOMO를 느낄 필요가 없다. 결국 시간 차를 두고 내가 고른 주식도 상승할 것이기 때문이다. 물론 그러기 위해서는 기업이 잘 먹고(돈 잘 벌고) 잘 자는(미래를 위한 투자하는)지 꾸준히 체크해야 한다.

서대리의 SUMMARY

수익은 당신 생각보다 가까이에 있다

13

종목 수가 늘어난다고 계좌가 안전해지지 않는다

'계란을 한 바구니에 담지 마라'

분산투자를 강조하는 명언 중 하나다. 평범한 직장인이 어떤 한 주식에 전 재산을 투자했다가 망하면 다시 일어나기 어렵다. 예를 들어 직장인 투자자 A가 몇 년간 월급을 아껴서 2억을 모았다고 가정해 보자. 매월 200만 원씩 8년 3개월 동안 악착같이 모은 돈이다. 그리고 이 돈을 전부 B라는 주식에 투자했다. 지금도 돈 잘 벌고 있는 대형 우량주이고 앞으로도 기대되는 비즈니스 모델을 가지고 있기에 투자자 A는 전 재산을 B 주식에 걸었다. 하지만 A의 기대와는 달리 B 주식은 상승하지 못했다. 오히려 점점 실적이 나빠졌다. 결국 시가총액 상위권에서도 내려오는 수모를 겪었다. 당연히 A의 투자 수익률은 좋지 않았고 몇 년 간 이어지는 하락과 횡보를 버티지 못하고 결국 그는 눈물의 손절을 한다.

물론 가정과 반대로 B 주식이 계속 상승하여 투자자에게 큰 수익을 선사할 수도 있다. 하지만 개인 투자자 대부분이 주식으로 손해를 본다는 통계자료나 시가총액 상위권을 긴 시간 유지한 종목이 많지 않다는 점을 고려하면 한 종목에 올인해 성공할 확률은 지극히 낮다. 한국 주식 시장 시가총액 순위를 연도별로 살펴보면 2000년 상위 10개 기업 중 2023년까지 순위를 유지한 기업은 삼성 전자 1개뿐이다. 미국 주식도 마찬가지다. 2000년 시가총액 10위 기업 중 2023년에도 10위 안에 있는 기업은 마이크로소프트 1개 밖에 없다. 9개 기업은 전부 순위 밖으로 밀려났고 새로운 기업들 이 그 자리를 차지했다. 즉, 시가총액 순으로 10개 기업 중 우상향 하는 기업을 고를 확률이 10%였다는 뜻이다. 동전 던지기를 해서 앞뒷면 맞출 확률인 50%보다 훨씬 낮은 숫자다. 좋은 종목을 골랐 어도 중간중간 찾아오는 주가 변동성이란 파도에 휩쓸려 손절하고 떠나는 경우도 상당하므로 주식 투자로 성공할 확률은 더 낮아 진다.

이처럼 투자 공부를 할수록 집중투자의 단점을 너무 자주 접 하다 보니 나도 분산투자를 하기로 마음먹었다. 투자 성향 자체도 '중위험 중수익'을 추구했기 때문에 여러 종목에 분산 투자하여 안 정감을 높이는 것이 좋다고 생각했기 때문이다. 그래서 미국 주식 포트폴리오를 처음 짜기 시작했을 때 종목별, 섹터별 분산투자를

저축은 답답하지만 투자는 무서운 당신에게

기본 전략으로 삼았다. 기술주로 애플AAPL과 마이크로소프트MSFT가 있으니 경기방어주로 코카콜라KO도 추가하고 에너지 섹터인 엑손모빌XOM도 담았다. 소비 심리가 살아날수록 신용카드 사용도 많아질 것이니 결제 시장을 지배한 비자V에도 투자했다. 비자가 혹시 잘못될 수 있으니 2등인 마스터카드MA도 함께 투자했다. 배당금도 적절히 나오면 좋을 것 같아 월 배당주인 리얼티인컴O과 고배당주인 버라이즌VZ도 투자했다. 이런 식으로 하나씩 종목을 추가하다 보니 내 포트폴리오에는 무려 30개가 넘는 미국 주식이 들어 있었다. 한국 주식은 세지도 않았는데 말이다. 물론 그 당시에도 종목이 많다는 생각이 들긴 했지만 우선 안전하게 돈을 불리려면 분산투자가 필수라 생각했다. 다양한 종목들의 실적과 뉴스를 추적하고 포트폴리오 비중을 관리하다 보니, 펀드 매니저처럼 주식 투자를 전문적으로 하고 있다는 알 수 없는 뿌듯함도 느꼈다. 퇴근하고 밤마다 투자종목들을 분석하고 있으면 '남들과 다르게 내가 제대로 투자하고 있구나'라는 생각이 들었다. 수면 시간이 부족해져 피곤함을 달고 살았지만 상관없었다.

하지만 종목 분산투자는 나의 정신적 만족감은 채워줬지만, 내 계좌 수익률은 만족시키지 못했다. 나는 매월 계좌 총자산과 투자 수익률을 기록하고 S&P500과 나스닥, 코스피 지수 수익률과 비교하는데, 시간이 지날수록 S&P500 수익률을 이기지 못했기 때문이다. 이는 괜히 종목 분석한다고 수면시간을 줄일 필요 없이 S&P500 ETF인 VOO나 SPY만 샀을 때의 수익률이 더 높았다는 의미다. 수익률뿐만 아니라 안정감 역시 S&P500 ETF보다 떨어졌다. 하락장에서 S&P500보다 내 계좌가 더 떨어지는 경우가 많았다. 안정감을 위해 분산투자를 했지만, 안정감과 수익률 모두 떨어지는 비효율 투자를 하고 있던 것이다. 물론 내가 투자하는 종목과 비중을 다르게 했다면 내 계좌 수익률이 S&P500보다 좋아졌을 수도 있지만, 이는 결과론적인 이야기다.

이런 데이터가 쌓이자, 투자 기간이 늘어날수록 S&P500 수익률과 비슷해지거나 오히려 그보다 못할 확률이 높아 보였다. 결정적으로 투자에 너무 많은 시간을 할애하는 것은 연속성이 떨어졌다. 그래서 투자 방향을 바꿔보기로 했다. 정말 간단하게 S&P500 ETF 중심으로 포트폴리오를 압축했고 종목 분석했던 시간은 부업에 집중했다. 그 결과, 투자수익률은 전보다 더 높아졌고, 매월 투자할 수 있는 돈도 전보다 늘어나 자산 자체가 커졌다.

이전의 나처럼 다양한 종목에 분산투자하고 있다면, 계좌 수익률이 장기적으로 자신의 목표수익률이나 기준으로 생각하는 시장지수(S&P500, 코스피, 나스닥 등)를 이기고 있는지 꼭 비교해 보길 바란다. 만약 어떤 식으로 수익률 비교해야 할지 막막하다면 121페이지의 QR코드를 참고하라. 누구나 쉽게 계좌 수익률을 계산하고 주요 시장지수와의 수익률 비교할 수 있도록 구글 스프레드를 제작했다. QR코드 위의 이미지가 투자 기록 시트 일부인데, 수익률뿐만 아니라 포트폴리오 종목 비중, 배당금 등 다양한 관점에서 기록할 수 있다. 투자 현황을 기록하는 데 익숙하지 않거나 방법을 고민

저축은 답답하지만 투자는 무서운 당신에게

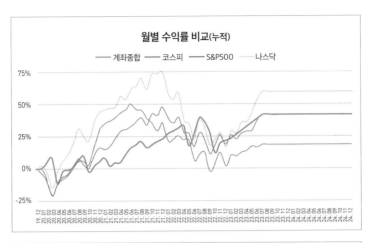

월별 수익률 비교(누적)

—— 계좌종합 —— 코스피 —— S&P500 ······ 나스닥

기간별 수익률 비교

	계좌	KOSPI	S&P500	NASDAQ		계좌	KOSPI	S&P500	NASDAQ
누적 수익률	41.8%	18.7%	41.8%	59.6%	누적 수익률		23.1%P	▼0.0%P	▼17.8%P
당월 수익률	2.2%	1.7%	3.0%	3.8%	당월 수익률		0.5%P	▼0.7%P	▼1.6%P
올해 수익률	16.5%	16.6%	19.3%	36.8%	올해 수익률		▼0.2%P	▼2.9%P	▼20.3%P
연평균 수익률	7.2%	3.5%	7.2%	9.8%	연평균 수익률		3.7%P	▼0.0%P	▼2.6%P

수익률 GAP

■ 올해 수익률　　■ 연평균 수익률

계좌	KOSPI	S&P500	NASDAQ
16.5% / 7.2%	16.6% / 3.5%	19.3% / 7.2%	36.8% / 9.8%

계좌, 종목, 배당 현황을 한눈에 확인하는 서대리의 투자 기록 시트

중이라면 꽤 도움이 될 것이다.

　수익률을 비교했는데 시장지수보다 내 계좌 수익률이 낮다면 진지하게 투자 방법을 점검할 필요가 있다. 제대로 투자하겠다고 종목 분석이나 리밸런싱 등으로 시간은 시간대로 쓰는데 수익은 시장지수보다 낮은 것만큼 비효율적인 게 없다. 반대로 내 계좌 수익률이 시장지수를 가볍게 이기고 있다면 현재 투자방식을 계속 이어가면 된다. 다만 개인 투자자 대부분이 주식 투자로 매년 물가 상승률보다 낮은 수익률을 기록하기 때문에 비효율적인 투자를 유지하면 오히려 자산가치는 매년 줄어든다. 수익률 자체는 마이너스가 아니라 해도 물가상승률만큼 실제 현금 가치는 떨어지기 때문이다. 워낙 물가 상승이 가파르다 보니 '월급 빼고 모든 것이 다 오르는 세상'이라는 말이 유행어가 됐지만, 내 경우에는 진짜 '월급마저' 오르지 않았던 적이 많다.

　실제로 나의 첫 회사는 나름 대기업이었는데 회사가 어렵다며 2년에 한 번꼴로 연봉동결을 했었다. 그때 내 월급 가치가 팍팍 떨어진다는 느낌을 확실하게 받았는데 만약 투자까지 물가상승률을 반영하지 못한다면, 이는 자본주의라는 도로에서 역주행하는 것과 같다. 지금보다 더 잘 먹고 잘살기 위해 돈을 벌고 투자도 하는데 실제 내가 가지고 있는 자산가치는 시간이 지날수록 점점 줄어드는 것이다. 그래서 안정적인 투자도 좋지만 내 투자방식이 '최소' 물가상승률은 이기고 있는지, 그리고 효율성 측면에서 주요 시장지수를 이기고 있는지 꼭 점검하길 바란다.

본인의 투자 수익률이 나쁘지 않다고 생각했던 주변 지인 10명에게 앞에서 소개했던 투자 기록 시트를 이용해서 본인의 수익률과 시장지수를 비교하게 했다. 그들은 모두 당당하게 S&P500과 코스피 수익률은 가볍게 이긴다며 큰소리쳤지만, 단 2명만 시장 지수를 이기고 있었다. 나머지 8명은 다행히 마이너스는 없었지만 결국 예금이자 정도의 연평균 수익률이었다. 생각보다 너무 낮은 수익률에 충격받은 친구 중 몇몇은 현재 나와 함께 S&P500 ETF 투자의 길을 걷고 있고, 나머지는 주식이 잘 안 맞는다며 부동산 투자로 업종을 바꿨다.

**투자에서 안전함이
자본주의 세상에서 생존을 보장하지 않는다**

14

내 집 마련을
꼭 해야 하는가?

사회초년생뿐만 아니라 대한민국 국민이라면 가진 고민 중 하나가
내 집 마련이다. '내 집 마련을 해야 할까 말까' 같은 1차적인 고민
부터, 내 집 마련을 한다면 어디에 해야 할지, 그리고 안 하면 어떤
주거 형태를 유지해야 할지 2차 세부적인 고민까지 필요한 복잡한
문제다. 앞으로 집값이 어떻게 될지 누구도 알 수 없고, 집을 처음
구매한다면 살면서 했던 소비 중 가장 규모가 큰 소비일 테니 고민
이 될 수밖에 없다. 몇억짜리 쇼핑이기 때문이다. 나도 내 집 마련
할 때 1억씩 연속으로 이체하기 위해 은행에 가서 이체 한도를 푸
는 절차를 처음 진행했었는데, 억 단위 이체 자체가 처음이다 보니
기분이 묘했다. 그리고 집을 매수하기로 결정하고 계약금을 보낸

이후로도 '정말 잘한 선택이었을까'라는 생각이 계속 머릿속에 맴돌았다.

물론 나는 현재 내 집 마련에 성공한 뒤 실거주 중이기 때문에 내 집 마련은 '해야 한다'라는 입장이지만, 그렇다고 무조건 이게 정답이라고 생각하지는 않는다. 예전과 달리 요즘은 정말 다양한 주거 방식과 삶의 형태가 존재하기 때문이다. 크리에이터로 전 세계를 돌아다니면서 살 수도 있고, 투자를 잘한다면 아파트 살 돈으로 주식이나 코인에 투자해 더 많은 돈을 벌 수도 있다. 새로운 경험을 중요하게 생각하는 사람이라면 주기적으로 사는 지역을 옮길 수도 있다. 실제로 내 주변에는 아파트 살 돈으로 배당주 투자하여 현재 월세를 배당금으로 대체하는 분도 있다.

이처럼 본인 성향이나 현재 직업 등에 따라 내 집 마련이 무조건 정답은 아니다. 하지만 '우리 가족이 편히 쉴 공간이 있으면 좋겠지만 앞으로 부동산을 사는 것이 맞는 건가' 고민된다면 내 집 마련에 도전하는 것을 추천한다. 한번 살아보면 기존에 가지고 있던 생각이 바뀔 수도 있기 때문이다. 나도 아파트를 매수한 뒤 초반에는 긴가민가했지만, 막상 살아보니 생각했던 것보다 훨씬 좋았다. 이미 내 집 마련에 성공하여 나에게 조언해줬던 인생 선배들이 '안정감'을 항상 강조했었는데 실제로 내 집이 주는 안정감은 말로 다 표현할 수 없을 만큼 좋았다. 아파트 가격 오르내림을 떠나서 내가 원하는 동안 언제든지 머무를 수 있고 이제 당분간 목돈이 나갈 일이 없으니 주식 투자도 더 여유롭게 할 수 있게 되었다. 실제로 주식을 급하게 매도할 일이 안 생기니 내 집 마련 후 주식 투자는 더 잘 되었다. 또한 어차피 내 집이 없다면 다른 사람의 집을 전세나 월세로 살아야 하는데 이때 발생하는 비용을 생각하면 매월 갚는 대출금이 훨씬 합리적이다. 어차피 월세나 전세금 대출이자로 돈을 내야 한다면 이왕이면 내 지분을 조금씩 가질 수 있는 대출이 훨씬 낫다는 생각이 들었기 때문이다. 그간 집 사기는 글렀다고 욜로로 산 시절이 너무나도 후회될 정도로 만족감이 좋았다. 그래서 만약 다음 생에 다시 태어난다면, 나는 돈을 벌기 시작할 때부터 내 집 마련을 목표로 더 열심히 할 것 같다.

물론 모든 사람이 무작정 자가를 목표로 할 필요는 없다. 그러나 단순히 집값이 너무 비싸다는 이유만으로 내 집 마련을 포기하지 말았으면 한다. 집값은 조선시대부터 지금까지 계속 비쌌기 때문이다. 쉽게 구매할 수 있었던 적이 없다. 집값이 너무 비싸서 문제라는 신문 기사를 매년, 매월 찾을 수 있는데, 이는 조선시대 역사자료에도 나온다. 조선시대 집 거래 내역 사료를 살펴보면 한양(서울)의 어떤 양반집은 1777년 275냥이었지만 1821년 700냥, 1846년 1,000냥으로 거래되었다는 기록이 있다. 조선왕조실록과 학계에 따르면 당시 급여는 대략 은Sliver 1냥이었고 당시 상평통보(냥)로는 4냥의 가치였다. 조선시대에도 월급을 20년 동안 한 푼도 안 쓰고 모아야 집을 살 수 있었다.

조사기관마다 조금씩 차이가 있긴 하지만 2022년 서울 부동산은 직장인이 숨만 쉬고 18년 동안 월급을 모아야 살 수 있다고 하니 난이도는 얼추 비슷하다. 즉, 애초에 내 집 마련하기 좋았던 시절은 없었고 앞으로도 그럴 것이다. (참고로 이처럼 월급을 숨만 쉬고 몇 년 동안 모아야 내 집을 마련할 수 있는지 비교하는 지수가 있는데, 이를 PIR(소득대비 주택가격 배율)이라고 한다. 이 기준으로 1등은 중국 상하이, 2등 중국 베이징, 3등 홍콩이다.) 조선시대부터 지금까지 서울에 내 집 마련하는 것이 원래 힘들다는 사실을 알게 되니 오히려 마음 편하게 매수를 결정할 수 있었다. 조선 최고의 실학자 중 하나인 다산 정약용은 유배 갔을 때 자녀들에게 자주 편지를 남겼는데, 이때도 인서울_in Seoul_의 중요성을 강조했다고 하니 똑똑한 선조의 말을 들어보기로 했다.

'자가 마련'이라는 주제로 고민 중이라면 주변의 조언도 꼭 들어보자. 다만 이때 주의해야 할 점이 하나 있다. 내 집 마련해서 잘 살고 있는 사람이나, 내 집 마련을 했다가 판 사람, 혹은 내 집 마련을 할 수 있음에도 특별한 이유로 안 하는 사람에게 조언받길 바란다. 밑도 끝도 없이 "집값은 거품이다!"라고 외치면서 부정적인 이야기만 하는 사람 말은 듣지 마라. 안타깝지만 그들에게서는 내 삶이 발전될 수 있는 조언을 듣지 못한다. 그리고 그들의 마음가짐이 바뀌지 않는 한, 계속 그 자리에 머물 것이다. 예전에 내 주변에도 모든 일을 부정적으로 보는 사람이 있었다. "부동산 거품이 곧 꺼질 것이고 이 여파로 한국도 결국 망할 거다"라는 대사를 입에 달고 살았다. 비관론자 대부분이 그렇듯 나름의 근거도 있었기에 나도 옛날에는 영향을 받았던 것 같다. 하지만 만약 한국이 망한다고 확신한다면 지금 당장 이민 준비를 해서 하루라도 빨리 한국을 벗어나야 하지 않을까? 그리고 세상이 곧 망한다면 회사에 다닐 필요가 있을까? 돈도 굳이 모을 필요 없이 펑펑 다 쓰면 된다. 하지만 그 친구는 평소와 똑같이 회사를 다니고 일정 비율 적금도 한다. 그리고 세상 욕만 한다. 지금은 연락하지 않지만 다른 친구를 통해 근황을 들었는데 여전하다고 한다. 아마 내가 그 친구의 조언을 맹신했다면 함께 욕만 하다가 그 자리에 머물렀을 것이다.

이처럼 조언은 나의 목표를 이미 달성한 사람이나 최소 그 길로 걷고 있는 사람에게 받아야 한다. 그냥 주변 아무에게나 조언을 듣고 받아들이면 안 된다. 지금 상황에서 벗어나 더욱 멋진 미래를 꿈꾼다면 말이다. 이야기가 살짝 새긴 했지만, 결국 핵심은 내 집 마련 또한 '나 자신'을 기준으로 결정해야 한다는 것이다. 정답이 없는 일이기 때문에 좋은 사람들의 조언을 다양하게 들어보고 만족할 만한 결정을 하길 바란다. 참고로 월가의 영웅으로 불리는 피터 린치도 내 집 마련의 중요성을 언급했다.

"우리는 주식 투자보다 집 장만을 먼저 고려해야 한다. 집은 거의 모든 사람이 어떻게든 보유하는 훌륭한 투자이기 때문이다. 하수구 근처에 지은 집이나 호화 주택가의 주택처럼 가격이 폭락하는 예외도 있지만, 100채 중 99채의 집은 돈을 벌어준다."《전설로 떠나는 월가의 영웅》

집을 사기 전에 착각했던 포인트가 2개 있다. 첫 번째는 '금수저가 아닌 평범한 직장인은 절대 집을 살 수 없다'이다. 물론 부모로부터 아무것도 물려받지 않고 오직 내 힘만으로 내 집 마련하기의 난이도가 역대급인 것은 사실이다. 하지만 대출을 잘 활용하고 시작부터 너무 비싼 집을 목표로 하지 않는다면 불가능한 것도 아니다. 내가 직접 해봤기 때문이다. 물론 누구나 살고 싶은 신축, 한강 뷰, 교통요지에 있는 아파트는 월급만으로 어렵지만 말이다. 부동산 투자에 대한 첫 번째 착각은 이렇게 해소되었다.

두 번째 착각 포인트는 '1주택도 투자다'라는 것이다. 내 집 마련을 해본 분들이나 할 예정인 분들에게 부동산은 살면서 사본 가장 비싼 것일 테다. 그 이전까지 가장 비싼 쇼핑은 대부분 자동차일 텐데, 차종과 중고차, 신차 여부에 따라 가격이 다르겠지만 최소 1,000만 원에서 비싸면 1억 원 내외일 것이다. 하지만 아파트나 주택은 1억 원을 가볍게 상회하기 때문에 매우 신중하게 접근하게 된다. 그리고 이왕 내 영혼을 끌어서 구매하는 것이라면 이익을 얻을 수 있도록 가격이 낮아지지 않을까 계속 지켜보게 된다.

나도 그랬다. 내 인생에서 가장 비싼 쇼핑은 1,200만 원짜리 중고차였는데, 그다음이 바로 몇억짜리 아파트 매수였기 때문이다. 거기에 한 번도 해본 적 없는 대출까지 해야 했다. '신용카드를 써도 할부 없이 즉시 결제를 했었던 내가 대출이라니…' 걱정이 될 수밖에 없었다. 내 인생 최고가 쇼핑을 합리적으로 잘하고 싶어 매일 네이버 부동산에 들어가 관심 지역 호가를 확인했다. 또한 서울에 있는 웬만한 지역은 다 임장했었다. 군대 2년 빼고 30년 넘게 서울에서만 살았는데 서울이 이렇게 넓은지 임장하면서 처음 깨달았다.

2020년 몇 개월의 고민 끝에 당시 가지고 있는 돈과 대출로 서울 아파트를 매수했고 그 이후로 계속 잘 거주하고 있다. 매수 후 몇 달간은 아파트 시세를 매일 찾아봤었다. 주식 투자를 처음 시작한 사람이 증권 앱에 10분마다 들어가는 것처럼 말이다.

하지만 이제는 내가 사는 아파트 시세는 크게 신경 쓰지 않는다. 두어 달에 한 번씩 부동산 매물을 보긴 하는데, 같은 아파트 단지에서 큰 평수로 갈아탈 만한 매물이 나왔는지 찾아보기 위함이다. 혹은 내가 다음 목표 지역으로 찍은 아파트 매물이 업데이트되었나 확인하는 용도다. 예전과 다르게 실거주용 1주택은 투자가 아니기 때문에 시세를 신경 쓸 필요가 없다는 사실을 깨달았다. 자본주의 세상에서 1주택자는 중립 포지션이다. 시간이 지날수록 자연스러운 인플레이션에 따라 주거비용은 계속 커질 텐데, 1주택 실거주자라면 이 걱정에서 해방된다. 물론 금리에 따라 매달 갚아야 하는 대출 원리금이 달라질 수 있지만, 전·월세 상승 압박은 없다. 하지만 추가적인 이득도 없다. 나는 총자산을 월 단위로 꾸준히 기록하는데, 이때 부동산, 주식, 연금, 현금을 각각 나눠서 기록한다. 여기서 부동산은 최근 거래가 기준으로 기록하지만, 실제 내 자산이라고 생각하지 않는다. 지금 거주 중인 집은 소중한 보금자리이지만, 금전적인 가치를 추가로 만들어주지 못하기 때문이다.

집값이 오르면 좋은 것 아니냐고 되물을 수 있지만, 내 집이 오르면 다른 집도 오르고 특히 지금보다 좋은 동네 집값은 더 많이 오르기 때문에 집값이 오른다고 '마냥 좋다'고 할 수 없다. 오히려

저축은 답답하지만 투자는 무서운 당신에게

매년 재산세가 오를 뿐이다. 퇴직하면 건강보험료도 집값에 비례해서 매월 내야 한다. 대신 이 험난한 세상에서 인플레이션이라는, 보이지 않지만 매우 위험한 파도를 막아줄 방파제가 있다는 사실에 안도감을 느낄 뿐이다. 어차피 주거는 인간 삶에 꼭 필요한 '의식주' 중 하나다. 만약 지금 거주 중인 집 가격이 올라서 팔아도 결국에는 다른 주거공간이 필요하니 특별한 이유가 없다면 굳이 팔 이유도 없다.

그래서 나는 2주택부터 부동산 투자라고 생각한다. 집값 상승으로 인한 시세 차익이나 전·월세 수입이 2주택부터 발생하기 때문이다. 현재 내 자산 포트폴리오는 '1주택 + 주식' 조합이다. 하지만 따지고 보면 나는 부동산을 전혀 하지 않는 주식 집중투자자다. 주식 투자에 집중하는 것도 물론 좋지만, 부동산은 실제 주거가 가능하고 레버리지(대출)로 더욱 큰 투자를 할 수 있다는 장점도 있기에 앞으로는 부동산 투자도 늘릴 계획이다. 언제라도 계약금을 낼 수 있도록 현금을 열심히 모으고 한 달에 최소 1번씩 임장을 다니는 이유다. 물론 억 단위 돈이 필요한 투자인만큼 보수적으로 접근하겠지만, 내 자산을 주식과 부동산 모두에서 일하게 만드는 것이 목표다.

1주택은 자본주의 필수소비재
2주택은 자본주의 임의소비재

15
재테크도 조기 교육이
중요하다

'경제적 생애주기'라는 그래프가 있다. 통계청이 2020년 발표한 자료에 따르면 한국인은 평균 26세까지 적자라고 한다. 각종 소비만 있을 뿐 소득은 거의 없기 때문이다. 참고로 적자 정점은 16세인데 1인당 무려 연간 −3,370만 원이다. 그러다 27세부터 사회에 진출하면서 점차 흑자로 바뀐다. 보통 회사에서 연차가 쌓일수록 월급도 함께 늘어나기 때문에 시간이 지날수록 흑자 폭이 커진다. 흑자 정점이 약 43세인데 연간 1,700만 원 정도 흑자다. 이후에는 흑자 폭이 슬슬 하락하기 시작하면서 61세부터는 다시 적자 구간에 진입한다. 노동 소득이 대부분 사라지지만 생활비는 계속 나가기 때문이다. 즉, 33년의 흑자 기간 동안 얼마나 잘 준비하느냐에 따라

저축은 답답하지만 투자는 무서운 당신에게

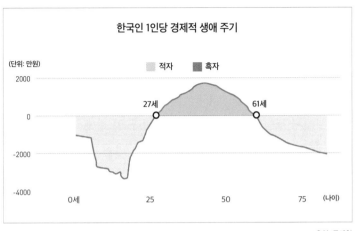

한국인 1인당 경제적 생애 주기

(단위: 만원)

적자 흑자

2000

27세 61세

0

-2000

-4000

0세 25 50 75 (나이)

출처: 통계청

61세 이후 삶이 바뀐다. 100세 시대에 돌입했으니 평균수명도 계속 늘어날 텐데 흑자 기간 동안 충분한 돈을 모아두지 못했다면, 오래 사는 것은 행복이 아니라 불행이 될 것이다.

하지만 문제는 그나마 희망인 흑자 구간도 시간이 지날수록 줄어드는 추세라는 것이다. 이제 사기업에서는 40세만 되도 회사에서 나가라는 압박을 받기 때문이다. 기술이 발전할수록 이런 트렌드는 점점 가속화될 것이다. 노동 소득이라는 가장 든든한 기둥이 흔들리면 노후 준비 할 시간과 돈, 모두 부족해진다. 소비 역시 이전보다 커질 확률이 높다. 나이가 들수록 의료비 등에 들어갈 지출이 많아지고, 떨어지는 신체 능력을 보강하기 위해 더 좋은 음식을 먹고, 더 좋은 물건을 사용하는 경우가 많아진다. 문제는 좋은 것들은 당연히 비싸다는 사실이다. 또한 요즘은 자녀 양육비도 상당하다. 자녀 1명이 대학 졸업 때까지 드는 비용이 평균 4억이라는 조사 결과가 나올 정도다. 최대한 일찍부터 돈을 아끼고 투자하며, 월급 외 수입을 만드는 데 집중해야 하는 이유다. 망설이거나 머뭇거릴 시간이 없다.

여기서 절약과 투자는 기본이고 월급 외 추가 수입을 만들기 위해 특별히 더 노력해야 한다. 할 수 있는 것은 다 시도해 봐야 한다. 한 달에 50만 원을 벌어들이는 수입원이 생긴다면 수익률 3% 기준 2억 원짜리 오피스텔에서 월세 받는 것과 같다. 투자금 2억 원이 없어도 오피스텔을 가지고 있는 효과다. 만약 한 달에 50만 원씩 주식 투자로 20년간 S&P500 ETF에 투자할 수 있다면, 연평균 수익률 8% 기준, 원금 1억 2천만 원에 수익금만 약 1억 8천만 원이라는 큰돈이 생긴다. 30년 동안 투자한다면 수익금은 무려 5억 7천만 원이 된다. 그리고 부업이 계속 잘 돼서 한 달 50만 원이 아니라 100만 원이 된다면, 주식 투자 수익도 2배로 늘어난다. 이 정도만 되도 충분히 100세 시대를 대비할 수 있다. 지금 계산은 부수입만 투자했을 때 수익일 뿐, 월급과 절약으로 투자한 돈과 노후에 받게 될 국민연금 등은 아직 까보지도 않았기 때문이다.

재테크를 일찍 시작할수록 좋은 이유는 또 있다. 20~30대부터 투자한 경험이나 방법, 절약 습관이 자본주의를 살아가는데 정말 큰 자산이 되기 때문이다. 투자나 절약을 한 번도 제대로 해보지 않았는데 40세가 되었다고 갑자기 생활 습관이나 마인드가 바뀔 수 있을까? 만약 바뀐다고 해도 절약과 투자를 잘할 수 있을까? 늦바

저축은 답답하지만 투자는 무서운 당신에게

람이 무섭다는 말처럼 오히려 조급한 마음을 가지고 뒤늦게 투자에 뛰어드는 것이 더 위험하다. 20대 때보다 버는 돈과 여유자금이 많다 보니 투자도 크게 시작하는 경향이 있기 때문이다. 실제 나이는 많지만, 투자 나이는 어린이인 주린이(주식+어린이), 부린이(부동산+어린이) 인 것이다. 그리고 이때 단 1번의 잘못된 투자가 돌이킬 수 없을 만큼 큰 피해로 돌아올 수 있다. 어릴 때부터 투자 경험을 최대한 많이 쌓아, 나에게 잘 맞는 투자 방법을 찾아야 하는 이유다.

물론 20대, 30대에 재테크를 시작하지 않았다고 해서 낙담할 필요는 없다. 늦게 시작해도 충분히 노후를 준비할 수 있다. 다만 늦게 시작한 만큼 남들보다 더 많이 알아보고 더 열심히 투자해야 할 것이다. 10년이면 강산도 변한다는데, 10년 치 경험과 복리의 힘을 따라잡으려면 평범한 노력으로는 쉽지 않을 것이다.

영어와 재테크는 일찍 시작할수록 좋다

16

돈 모으기,
핵심은 투자가 아니다

4년 5개월, 내가 1억 원을 처음 모으는 데 걸린 시간이다. 4년 5개월을 월로 환산하면 53개월이니 한 달에 189만 원씩 53번 모으면 계좌에 1억이 생긴다. 나는 운 좋게 대기업에서 직장 생활을 시작한 덕분에 열심히 생활비를 아끼면 달에 189만 원은 충분히 모을 수 있었다. 특히 1억 원을 모으기로 했을 때는 마침 욜로족에서 벗어나 재테크 열정이 엄청났던 시절이었다. 그래서 한 달 189만 원이 아니라, 230만 원까지 저축액을 늘리기로 했고 단순히 저축만 하는 것이 아니라 투자를 병행해서 계좌 1억원 고지를 4년 안에 점령하는 것을 목표로 했다.

　그 결과는 어떻게 되었을까? 앞에서 이미 결과를 스포했는데,

　　　　　　저축은 답답하지만 투자는 무서운 당신에게

나는 오히려 목표했던 4년보다 5개월 늦게 1억 원을 달성했다. 투자로 손실을 봤기 때문이다. 투자 손실을 메꾸기 위해 5번의 월급을 더 넣어야 했다. 지금처럼 S&P500 ETF나 배당주를 월 적립 매수했다면 4년 동안 꽤나 괜찮은 수익이 났겠지만, 재테크 첫걸음마를 뗀 '돈 모으기를 이제 시작한 사람'에게 투자란 적금처럼 월 적립 매수하는 것이 아니었다. 단타로 짧은 시간에 돈을 버는 것이었다. 실제로 돈 모으는 재미에 빠지다 보니 어느 순간부터 저축만으로는 계좌 늘어나는 속도가 너무 답답했다. 그래서 어떻게 하면 속도를 올릴 수 있을까 고민하다가 주식 투자를 시작했다.

처음이기 때문에 주식계좌에 100만 원만 입금해서 10만 원씩 여러 종목을 사고팔면서 어떤 방식으로 돈을 벌 수 있을지 공부했었다. 그렇게 한 달 정도 후에 나는 투자금을 과감하게 올렸는데, 내가 생각한 투자 아이디어가 적중해서 돈을 벌었기 때문이다. 어릴 때 꿈이 펀드매니저였는데 주식 투자로 돈을 버니까 잊었던 꿈이 살아난 기분이었다. 투자 중2병이 도진 것이다. 흔히 말하는 '초심자의 행운'인데 지금 생각해 보면 주식 시장이 나를 꼬시기 위해 던진 미끼였고 나는 그것을 확 물어버린 셈이다. 당시 정부에서 코스닥 시장을 키우기 위해 집중한다는 기사가 연일 나고 있었다. 그래서 나는 과감하게 TIGER 코스닥150과 코스닥 시장에 상장된 바이오 종목을 매수했다. 1주일도 안 돼 수익률이 최소 10%, 많게는 20%가 넘었다. '투자금이 더 컸다면 돈을 훨씬 많이 벌었겠다'라는 생각이 들자 통장에 있던 현금을 주식계좌로 계속 가져와서 내 감으로 종목을 사고팔고 했다. 그렇게 나는 시장에 돈과 멘탈 모두 털렸다. 소중한 시간도 뺏겼다. 나의 1억 달성 프로젝트가 5개월이나 연기된 배경이다.

의대 등록금보다 많은 돈을 자본주의 체험 수업료로 냈지만, 돌이켜보면 그때의 아픈 기억 덕분에 지금의 서대리가 탄생했다. 그리고 첫 1억 원을 도전하는 사람들에게 자신 있게 그 방법을 이야기해 줄 수 있게 되었다. '1억 원 모으기는 투자보다 저축으로 하는 것이다'라고 말이다. 그 이유를 먼저 숫자로 보여주겠다. 매년 1,000만 원을 투자할 수 있고 연평균 수익률이 7%라고 가정해 보자. 그럼 139페이지의 표처럼 1억을 모으는 데 총 7.84년이 걸린다. 그리고 1억을 구성하는 비중을 살펴보면 투자원금이 78%, 투자수익이 22%다. 저축이 중요한 이유다. 하지만 확실히 투자원금이 커질수록 투자수익이 차지하는 비중이 늘어난다. 계좌 총자산이 10억이라면 투자원금 비중 14%, 투자수익 비중 86%로 상황이 역전된다. 그리고 1억 모이는 데 걸리는 시간도 팍팍 줄어든다. 0원에서 1억 원 모을 때는 7.84년이 걸리지만, 1억 원에서 2억원 모을 때는 5.1년이 걸린다. 9억 원에서 10억원 모을 때는 1.35년밖에 걸리지 않는다. 이에 대한 조금 더 자세한 이야기는 뒤에서 마저 해보겠다.

코로나19 팬데믹 이후 투자가 필수가 된 세상이지만 재테크 초반에는 적극적인 투자를 추천하지 않는 이유는 또 있다. 투자로 시드머니를 잃을 확률이 높기 때문이다. 이제 막 재테크에 관심 가지고 1억 원 모으기에 도전한 사람이라면 아직 본인만의 투자 성향

저축은 답답하지만 투자는 무서운 당신에게

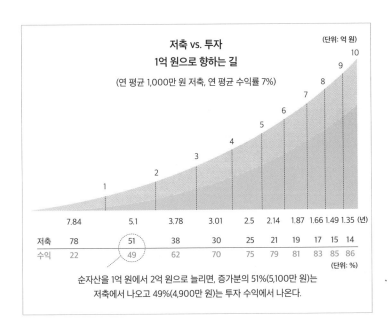

저축 vs. 투자
1억 원으로 향하는 길

(연 평균 1,000만 원 저축, 연 평균 수익률 7%)

(단위: 억 원)

	1	2	3	4	5	6	7	8	9	10
(년)	7.84	5.1	3.78	3.01	2.5	2.14	1.87	1.66	1.49	1.35
저축	78	51	38	30	25	21	19	17	15	14
수익	22	49	62	70	75	79	81	83	85	86

(단위: %)

순자산을 1억 원에서 2억 원으로 늘리면, 증가분의 51%(5,100만 원)는
저축에서 나오고 49%(4,900만 원)는 투자 수익에서 나온다.

이나 방법이 제대로 형성되어 있지 않을 것이다. 경험이 없다 보니 좋은 방법을 알아도 분별하기가 쉽지 않다. 다만 이 말이 투자를 아예 하지 말라는 뜻은 아니다. 소액으로 여러 가지 투자 방법을 시도하길 바란다. 10만 원, 20만 원 정도로 시도하며 나에게 맞는 방법을 찾아 나가는 것이다. 주식이 될 수도 있고 펀드가 될 수도 있고, 암호화폐가 될 수도 있다. 그리고 이때 수익이 날 수도 있지만, 손실도 볼 것이다. 주변 사례를 보면 손실의 비중이 더 높았다. 투자를 처음부터 잘하는 사람은 없기 때문이다. 두발자전거를 처음 배우던 순간과 똑같다. 처음에는 중심을 잡지 못하고 자주 넘어진다. 하지만 계속 시도하다 보면 나중에는 두 손 놓고 탈 수 있을 정도로 잘 타게 된다. 물론 처음부터 두발자전거를 잘 타는 사람도 있다. 하지만 그럴수록 조심해야 한다. 잘 탄다고 자만하다가 크게 다칠 수 있기 때문이다. 이런 식으로 다양한 투자 경험을 쌓아나간다면 1억 원이 모일 때쯤에는 나만의 투자 성향과 기준이 잡힐 것이다. 그리고 그때부터가 본격적으로 내 피, 땀, 눈물로 모은 돈을 냉혹한 자본주의 시장에 파견 보낼 시점이다.

재테크 초반에 적극적인 투자를 추천하지 않는 두 번째 이유는 운 좋게 투자로 많이 벌어도 수익 규모 자체가 별로 크지 않기 때문이다. 200만 원 투자해서 100% 수익이 나면 200만 원이다. 물론 200만 원 자체도 큰돈이지만, 1억 원으로 따지면 2%에 해당하는 작은 숫자다. 하지만 어떤 투자로 단기간에 100% 수익률을 얻으려면 상당한 운과 실력이 필요하고 200만 원이 0원이 될 정도의 리스크를 감수해야 한다. 200만 원을 잃고도 쿨할 수 있는 직장인은 드물 것이다. 한 달이라는 시간을 바쳐서 번 돈인데 만약 이 돈을 잃는다면 또다시 한 달이라는 시간을 회사에 제공하고 돈을 벌어야 한다. 그리고 고수익 투자를 계속 노리기 시작하면 나중에 한 번만 삐끗해도 여태까지 모았던 돈 대부분이 사라질 수 있다. 그러니 내가 투자에 천재적인 재능이 있다는 사실이 증명되지 않았다면 저축을 통한 돈 모으기에 조금 더 집중하는 것을 추천한다.

재테크 종류와 방법은 정말 다양하다. 하지만 근본적인 원리는 매우 간단하다. 덧셈(저축)과 곱셈(투자)이다. 이 2가지만 잘하면 된다. 1+1=2인 것처럼 내가 저축한 돈만큼 계좌 총자산이 늘어난다.

그리고 초반에는 덧셈이 곱셈보다 효율이 좋다. 원금 400만 원 기준, 200만 원을 저축하면 계좌 총자산은 600만 원이 된다. 저축만으로 원금이 50% 늘어난다. 반면 투자수익률은 20%나 되도 원금 400만 원 기준 계좌 총자산은 480만 원 밖에 안된다. 저축의 영향력이 더 큰 덧셈의 영역이다. 하지만 어느 순간부터는 곱셈이 덧셈을 압도한다. 보통 사람들이 1억 원 모으기에 도전하는 이유가 1억 원부터 곱셈의 힘이 특히 강력해지기 때문이다. 1억 원에서 200만 원 저축하면 전체 계좌는 2% 늘어나지만 1억 원에서 투자수익률이 2%만 되도 400만 원이다. 월 저축액의 2배다. 수익률 2%는 정기예금만으로도 원금손실 없이 얻을 수 있는 만큼 쉽다.

즉, 1억 원부터는 곱셈의 영역이다. 1억을 모을 때까지는 열심히 저축해서 계좌 총자산을 계속 더해가고, 돈 모으는 동안 익힌 투자 경험으로 1억 이후에는 나와 잘 맞는 투자법으로 자산을 곱해나가는 것이다. 내가 깨달은 자본주의라는 게임의 룰은 이게 전부다. 그리고 당연한 이야기지만 곱셈의 영역이 길어질수록 자산 불어나는 속도에 가속이 붙는다. 0원에서 1억원 모으는 데는 4년 5개월이 걸렸지만, 1억 원에서 2억 원을 모으는 데는 2년 조금 넘게 걸렸다. 저축도 전보다 더 많이 하게 되었지만 1억 원에서 발생하는 투자수익이 더 크기 때문에 가능했다. 물론 주식 시장이 좋았던 탓도 있지만, 그 시장에 올라타기 위한 절약과 투자결정은 오롯이 나의 노력이다.

이처럼 최대한 빨리 덧셈의 영역에서 곱셈의 영역으로 넘어가는 것이 핵심인데, 덧셈의 영역이 고비다. 여기를 벗어나는 것이 생각보다 시간이 오래 걸리고 괴롭기 때문이다. 몇 년 이상 최대한 안 쓰고 저축하는 생활이 필수라 많은 사람이 견디지 못하고 덧셈의 영역이 아닌 뺄셈(소비)의 영역으로 떠나버린다. 하지만 어떻게든 곱셈의 영역으로 가고 싶다면 조금이나마 시간을 단축할 방법이 있다. 저축을 더 많이 할 수 있도록 부업으로 월급 외 소득을 버는 것이다. 소비를 줄여 돈을 아낀다면 보통 시간이 남는다. 이때 다양한 부업도 함께 시도하여 나에게 잘 맞는 수입 창출원을 확보한다면 곱셈의 영역으로 조금이나마 빨리 갈 수 있다. 나도 열심히 돈을 모으면서 다양한 부업을 시도했고 그중에서 티스토리 블로그 수입이 덧셈의 영역을 탈출하게 해준 2등 공신이었다(1등 공신은 당연히 월급).

투자 잘하는 방법:
더하기(+) 곱하기(×)를 잘하면 된다

17
소비를 결정하는 기준은
가격이 아니다

2022년부터 본격적으로 찾아온 미친 인플레이션 때문에 MZ 세대를 중심으로 '무지출 챌린지'가 하나의 트렌드가 되었다. 원래도 내 월급 빼고 다 오르는 세상이었지만 최근 그 오름세가 워낙 무지막지하다 보니 '하루에 1원도 쓰지 않는 소비 운동'인 무지출 챌린지가 유행을 넘어 하나의 생존 전략이 되었다. 하지만 무지출 챌린지만큼 중요한 것이 있다. 바로 '무매도 챌린지'다.

평범한 사람이 부자가 되거나 경제적 자유를 얻는 방법은 정말 다양하다. 가장 먼저 떠오르는 것은 당연 사업이다. 사업 대신 유튜브나 인스타그램, 틱톡 등 인플루언서가 되어 부자가 될 수도 있다. 혹은 스마트 스토어나 전자책을 판매할 수도 있고 주식이나 부동산, 코인 투자로도 부자가 될 수 있다. 다양한 방법 중 나에게 가장 잘 맞는 방법을 실행하고 성공하면 된다. 이처럼 부자가 되거나 경제적 자유를 얻는 방법은 수없이 많지만, 핵심 원리는 동일하다. 쓰는 돈은 줄이고, 버는 돈은 늘리고, 가지고 있는 돈은 잘 불리고, 이렇게 3가지만 잘하면 시간이 지날수록 점점 부자가 되어 경제적 자유를 누리게 된다. 그리고 당연히 이 3가지를 한꺼번에 하면 원하는 목표에 더욱 빨리 도착한다.

하지만 이것들 전부를 동시에 다 잘하기란 절대 쉬운 일이 아니다. 그래서 내 자산 현황을 기준으로 가장 효율적이라고 생각한 '가지고 있는 돈 불리기'를 최우선순위로 정했고, 이에 대한 구체적인 실행 방법이 '주식을 팔지 않는 것'이란 결론을 내렸다. 돈이 돈을 버는 속도와 규모, 효율이 내가 노동으로 버는 돈이나 생활비 아껴서 모으는 돈보다 월등히 높기 때문이다. 실제로 배달음식을 1주일에 2번만 참아도 한 달에 약 24만 원 정도 절약된다. 주말에 1~2시간씩 직접 배달을 하면 약 20만 원 정도 벌 수 있다. 하지만 주식을 2억 가지고 있다면 주가가 1%만 올라도 자산이 200만 원 늘어난다. 내 몸과 시간을 사용하지 않고도 말이다. 워런 버핏의 말대로 잠자는 동안에도 돈이 들어오는 방법을 찾아내지 못한다면 죽을 때까지 일 해야 할 텐데 주식 투자는 잠자는 동안에도 돈을 벌 수 있는 1가지 방법을 손에 넣는 것이다.

게다가 쓰는 돈을 줄이는 것은 결국 한계가 있다. 아무리 줄인다고 해도 주거비나 교통비 등의 고정비용을 줄이기 어렵다. 또한

저축은 답답하지만 투자는 무서운 당신에게

월급도 고만고만하기 때문에 소비를 아무리 줄여도 결국 벽을 만나게 된다. 물론 투자 시장이 무조건 상승만 하지 않는다. 2022년처럼 쭉쭉 하락하기도 한다. 그 시기 미국 주식은 잠자는 동안에 돈이 아이스크림처럼 녹는 색다른 경험을 선사했다. 하지만 역사가 증명했듯이 자본주의가 계속된다면 주식 시장은 장기적으로 우상향할 것이다. 물론 세상에 공짜는 없기 때문에 주가상승에 대한 대가가 붙는다. 《돈의 심리학》의 명대사처럼, 대신 그 비용은 돈으로 내는 것이 아니라 공포나 의심, 불확실성, 후회의 형태로 지불하는 만큼, 나의 지불 능력에 맞게 투자해야 한다.

또한 토마 피케티라는 프랑스 경제학자는 부동산이나 주식/채권과 같은 자본이익률이 경제성장률보다 더 높다는 것을 증명했다. 그래서 월급이 많은 사람보다 월급은 적더라도 자본이 많은 사람이 자본주의 세상에서 훨씬 유리하다. 나도 일하고 내 돈도 일하기 때문에 자산 증식속도는 더 빨라진다. 이 때문에 자본주의에서 생존하려면 자산을 팔지 않고 쭉 들고 가는 게 정말 중요하다. 물론 기가 막힌 타이밍으로 고점에 매도하고 저점에 매수하여 더 높은 수익률을 기록할 수 있지만, 그게 쉽게 가능했다면 부자가 아닌 사람이 없을 것이다. 결정적으로 주식 투자는 현실판 '어벤저스'인 세계 최고 인재들이 내 자산을 불려주기 위해 일하는 것이다. 테슬라의 일론 머스크, 애플의 팀 쿡, 마이크로소프트의 사티아 나델라뿐만 아니라 그들과 함께 하는 수많은 인재들이 기업을 운영한다. 그리고 그 결실을 주주에게 나눠준다. 그래서 나는 좋은 주식을 최대한 팔지 않고 보유하는 '무매도 챌린지'를 몇 년째 이어오는 중이다. 그들의 결실을 오래 누리기 위해서.

물론 불필요한 소비 줄이기는 기본이다. 그렇지만 각종 경조사나 휴가 등 나름 돈을 써야 할 때는 쓰는 편이다. 1년에 한 번씩은 해외여행도 가고 가끔 유명한 레스토랑에서 식사도 한다. 대신 주식은 건드리지 않고 최대한 있는 돈에서만 해결한다. 즉, 나의 소비 기준은 "내가 이걸 살 때 주식을 팔지 않아도 되는지" 계산해 보는 것이다. 주식계좌에 영향을 미치지 않고 나한테도 필요한 소비라면 시원하게 쓰고 월 적립 매수와 주식계좌에 악영향을 미치면(주식을 팔아야 하면) 소비를 하지 않는다.

물론 주식을 팔지 않고 가능한 길게 보유하는 것뿐만 아니라 무지출 챌린지로 아낀 돈도 열심히 투자해 규모를 늘린다면 자본주의 세상에서 생존 확률이 더 높아질 것이다. 다만 어떤 일이든 결국 중요한 것은 '꾸준히 지속할 수 있는가'이다. 복리의 핵심도 꾸준히 긴 시간 유지해야 마법이 발동된다. 냉장고 파먹기로 1주일은 버틸 수 있겠지만 결국 냉장고를 다시 채우기 위한 소비가 필요하다. 또한 무지출까지는 아니어도 돈을 아낀다고 매 끼니를 라면이나 삼각김밥만 먹는다면 어떨까? 영양부족 같은 이유로 건강이 나빠져 병원비가 더 많이 나올 수 있다. 그렇기 때문에 돈을 아끼고 싶다면 단순히 돈을 안 쓰거나 줄이기 위한 극단적인 행동보다는 나의 소비를 최적화하는 것부터 시작해야 한다. 보험료 점검, 안 쓰는 구독서비스 찾아서 해지하기 등이 이에 해당한다.

몸을 만들겠다는 다짐 후에 첫날부터 무리하게 운동하면 다음 날 움직이기 힘들 정도로 아프다. 그리고 회복한다고 며칠 쉬다 보면 처음의 결심은 사라지고 헬스장에 발길을 끊게 된다. 이처럼 뭐든지 극단적이면 오랫동안 유지할 수 없으니, 쉬운 것부터 스텝 바이 스텝으로 실행하는 것이 중요하다. 이 관점에서 지금 내가 힘들이지 않아도 덜 쓰고, 더 벌고, 더 불리는 방법이 무엇일지 늘 고민하고 실행해야 한다.

무지출 챌린지는 기본,
무매도 챌린지는 필수

아무 데도 투자하지 않는 것도
투자다

재테크에 진심인 사람은 계좌에 현금이 놀고 있는 모습을 참지 못한다. '현금은 쓰레기다'라는 신념을 가지고 있으므로 현금이 생기면 지금 가장 좋다고 생각하는 자산에 가진 현금을 전부 투자해 버린다. 실제로 시간이 지날수록 이 세상에 풀리는 돈이 늘어나기 때문에 현금의 가치는 점점 낮아진다. 물가가 매년 조금씩 오르는 이유다. 물건 가치가 높아져서 가격이 오르는 것이 아니라, 물건과 교환하는 수단인 현금 가치가 낮아지는 것이다. 전문 가격 조사기관 '한국물가정보'에 따르면 1970년에는 짜장면 1그릇이 100원이었는데, 2020년에는 평균 5천 원이 되었다. 시내버스 요금도 1970년에는 10원이었는데 요즘은 1,250원이다. 이처럼 현금은 오래 가지고 있을수록 그 가치가 떨어지기 때문에 투자에 진심인 재테크 맥시멀리스트들은 현금이 생기는 대로 주식, 채권, 부동산, 암호화폐, 명품, 미술품 등 자산을 구매한다.

나도 그랬다. 재테크 공부를 하면 할수록 '현금의 가치는 계속 하락하므로 투자는 선택이 아닌 필수'라는 신념이 머릿속에 가득 찼었다. 현금을 보유하는 것이 잠재적으로 손실이라는 생각에 돈이 생길 때마다 지금 가장 괜찮아 보이는 주식에 투자했다. 목표 수익을 달성하거나 투자 아이디어가 훼손돼 주식을 매도했을 때도, 현금을 그대로 둘 수 없으니 바로 다음 투자처를 찾았다. 매력적인 투자처가 보이지 않아도 어떻게든 쥐어짜 투자했다. 금 ETF나 시장 하락에 베팅하는 인버스 ETF라도 매수했다. 그리고 현금으로 자산을 구매하지 않고 예·적금 위주로 하는 지인을 보면 자본주의의 무서움을 모르고 미래를 대비하지 않는 사람이라 단정지어 버렸다.

돌이켜 보면 투자라는 행위 자체에 단단히 중독되었던 것 같다. 투자수익률보다는 현금으로 자산을 매수한다는 행위 자체에 보람을 느꼈다. 차가운 자본주의 사회를 열심히 헤쳐 나가고 있다는 착각에 빠진 것이다. 실제로 돈이 생길 때마다 공격적으로 투자했지만, 오히려 수익률은 마이너스였다. 현금 가치가 하락하는 것을 막기 위해 투자했는데, 그냥 현금 자체를 날리고 있었다. 물론 수익이 날 때도 있었지만 온종일 투자 관련 자료를 보면서 얻은 수익이라 가성비는 매우 떨어졌다. 누군가에게는 자본주의에 깨어있는 시민처럼 보였을 수도 있지만, 실속은 전혀 없었다. 매월 수익률을 기록하다 보니 스스로도 깨닫게 되었다. 아무리 현금 가치가 시간이 지날수록 떨어지더라도 무조건 투자하는 것이 수익을 100% 장담하지 못한다는 사실을 투자에 관한 나의 판단이 틀릴 확률이 더 높기 때문이다. 이를 인지하고 난 뒤로 나는 관점을 바꿨다. 현금은 쓰레기가 아니라 '내가 투자하는 종목 중 하나'라고 생각했다. 현금이 생기면 무조건 투자하는 것이 아니라 여유를 가지고 시장이 하락할 때를 기다렸고 진짜 시장이 하락했을 때, 가지고 있는 현금으로 투자하니 확실히 전보다 총자산이 늘어나기 시작했다. "남들이 겁을 먹고 있을 때 욕심을 부려라"라는 워런 버핏의 명언이 이제야 확실하게 내 머리에 와닿았다. 2018년 미중갈등, 2020년 코로나19 팬데믹, 2022년 인플레이션 등 굵직굵직한 하락장마다 현금으로 주식을 대량매수한 덕분에 지금까지 수익을 내고 있다.

근육을 만들기 위해서는 운동을 열심히 하는 것도 중요하지만 잘 먹고 잘 쉬어야 한다. 쉬지 않고 계속 운동만 한다고 해서 근육이 더 빨리, 더 크게 생기지 않는다. 오히려 부상의 위험이 높아진다. 만약 부상 당해 긴 시간 쉰다면 몸은 그 전보다 더 나빠질 뿐이다. 대신 운동도 열심히 하고 잘 쉬는 사람은 근육도 더 빨리 성장하고 부상 위험도 훨씬 적다. 투자도 마찬가지다. 무조건 투자만 한다고 해서 더 빨리 더 많은 자산을 갖는다는 보장이 없다. 오히려 지나치게 공격적인 투자로 주가 변동성이라는 높은 파도에 휩쓸려 피 같은 내 돈을 잃을 확률이 더 올라간다. 하지만 투자도 중간중간 현금이라는 휴식을 취하면서 다음 운동을 준비한다면 자산의 크기는 점점 더 커질 것이다. 그리고 꿈에 그리던 경제적 자유도 달성하게 될 것이다.

가만히만 있으면 망한다
근데 가끔 가만히 있으면 부자된다

2장

서대리의 투자법

1
조기 은퇴의 핵심은
순자산이 아니다

자기 일에서 재미와 보람을 얻는 소수의 축복받은 직장인을 제외한 대부분은 자본주의 필수 생존템인 '돈'을 벌기 위해서 오늘도 힘든 몸을 이끌고 출근한다. 사람이 너무 많아 스마트폰조차 마음대로 볼 수 없는 지옥철에 몸을 싣거나 꽉 막힌 도로를 운전하면서 말이다. 나도 매일 서울 지하철 2호선으로 출근하는데, 인파에 깔리지 않기 위해 버티다 보면 회사에 도착도 하기 전에 체력이 반 이상 고갈된 기분이다. 무사히 출근했다고 안심하면 안 된다. 회사업무와 사회생활이 직장인들을 기다리고 있다. 하루 1/3 이상을 회사에서 보내고 지친 몸을 이끌고 집에 오면 에너지가 방전되어 아무것도 할 수 없다. 그대로 침대에 누워서 이런 생각을 해본다.

"얼마가 있으면 회사 안 다니고 살 수 있을까? 한 10억 정도 있으면 되려나?"

이론상, 10억이 있으면 연평균 수익률 4%만 되도 일 하지 않고 4,000만 원을 벌 수 있다. 그리고 연 4,000만 원이면 매월 333만 원씩 쓸 수 있는 큰돈이다. 물론 투자 방법이나 수익에 따라 각종 세금과 비용, 건강보험료 등을 내고 나면 실제 쓸 수 있는 돈은 다소 줄어든다. 그래도 최소 200만 원 중반은 될 테니, 혼자라면 충분히 살 수 있어 보였다. 떵떵거리면서 살지는 못해도 굶어 죽을 일은 없고 만약 돈이 더 필요하다면 단기 아르바이트나 배달 아르바이트로 충당할 수도 있기 때문이다. 그렇게 내 목표는 순자산 10억이 되었고 효율적으로 돈을 모으기 위해 주변에서 10억 이상 자산가들을 찾아보기 시작했다.

그리고 놀라운 사실을 알게 되었다. 생각보다 많은 사람이 10억 자산가였기 때문이다. 물론 금수저인 친구들을 제외하면 대부분 회사에서 찾을 수 있었다. 직장 동료들에게 재산이 얼마냐고 대놓고 물어볼 수는 없기에 이미 회사에 알려진 정보를 통해 대략적인 재산을 가늠해 봤다. 동료가 사는 곳이 어디인지, 그리고 자가인지 아닌지는 조금만 귀 기울이면 쉽게 얻을 수 있는 정보다. 그 결과, 최소 5명 중 1명은 10억 자산가였다. 물론 대부분 나보다 선배거나 팀장, 임원들이었다. 그리고 이들은 서울 중심지역에서 자가로 거주하는 비율이 높았다. 물론 이들이 받은 대출이 얼마인지까지는 알 수 없어서 '순' 자산 10억은 아닐 수 있다. 그래도 내 목

저축은 답답하지만 투자는 무서운 당신에게

표에 누구보다 가까운 사람들임에는 틀림없었다. 나는 그들 중에서 혼자 사는 10억 자산가 선배들을 특히 부러워했다. 마음만 먹으면 언제든 회사를 그만두고 자유롭게 살 수 있는 권리를 가지고 있다고 생각했기 때문이다. 회사 팀장이나 임원들은 보통 3~4인 가구여서 10억이 내 손에 있어도 회사를 그만두기 어렵다. 4인 가구 한 달 생활비는 1인 가구 생활비보다 훨씬 많기 때문에 누가 봐도 10억으로는 안정적인 생활이 어려워 보인다. 근데 내 예상과 다르게 1인 가구 10억 자산가 선배들도 마음대로 회사를 그만두지 못했다. 매일 회사가 싫다고 하소연하고 스트레스로 병까지 얻어 주기적으로 치료를 받는데도 말이다.

10억 선배는 왜 그만두지 못할까? 조기 은퇴의 핵심은 자산 크기가 아니라 '현금흐름'이기 때문이다. 살고 있는 집 가격이 오르면 내 자산 크기도 같이 늘어나지만 따지고 보면 쓸 수 없는 돈이다. 그 집에 살고 있기 때문이다. 물론 집을 팔면 돈이 생기지만, 그 돈을 전부 다 사용할 수 없다. 어딘가 살 집은 반드시 필요하고 그러기 위해서는 돈이 들기 때문이다. 즉, 매도해서 번 돈 일부를 쓰려면 지금보다 주거 환경이 떨어지는 곳으로 이사 가거나 매매가 아닌 전·월세로 계약해야 한다. 새로운 집을 구하고 남은 돈으로 생활비를 충당해야 한다. 이때 남은 돈이 10억 원 이상이라면 상관없지만, 그렇지 않다면 결국 생활비를 벌기 위해 일해야 한다. 재테크 바이블인 로버트 기요사키의 《부자 아빠 가난한 아빠》에서도 기본적으로 집을 자산이 아니라 부채라고 했다. 집을 사는 순간 취등록세, 재산세, 대출이자 등 지출이 지속적으로 발생하기 때문이다. 특히 내가 그 집에 살고 있다면 월세 수입도 만들 수 없으니 이 관점에서는 100% 부채다.

이처럼 주변 10억 자산가들의 문제점(?)을 알고 나니 내 목표는 자연스럽게 바뀌었다. 순자산 10억 자산가에서 '거주 문제가 해결된' 순자산 10억 자산가로 말이다. 서울 아파트 평균 가격이 10억이라고 하니 서울에서 쭉 살려면 '총 20억'이 필요한 셈이다. 10억 모으기도 미래가 안 보였는데 목표가 2배로 늘어나 버렸다.

20억이라는 숫자를 보면 이번 생에 경제적 자유는 물 건너간 것처럼 보인다. 그냥 다 포기하고 욜로로 살아야겠다는 생각이 먼저 들 수 있다. 나도 처음에 20억이 필요하다는 진짜 현실에 직면했을 때 포기하고 싶었다. 하지만 그렇다고 60세까지 직장에 다닐 수 있다는 보장도 없고 그러기도 싫었다. 그래서 나는 방법을 찾아보기 시작했고 관점을 규모(총자산)에서 현금흐름으로 바꿔보니 한가지 길이 보였다. 바로 '배당 성장주'에 투자하는 것이다. 배당금이 매년 늘어나는 주식을 꾸준히 모아가면 현금으로 20억을 가지고 있지 않아도 꽤나 괜찮은 현금흐름을 만들 수 있기 때문이다.

일단 20억을 월급으로만 모으려면 80년 동안 매월 200만 원씩 저축해야 한다(정확하게는 이렇게 모아도 8천만 원이 부족하다). 거의 3대에 걸쳐 일하며 월급을 받아야 가능한 기간이다. 그리고 물가상승으로 80년 후 20억은 지금의 가치보다 훨씬 낮을 것이다. 즉, 20억보다 더 많이 모아야 하고 그러기 위해서는 더 오랫동안, 매월

저축은 답답하지만 투자는 무서운 당신에게

더 많은 돈을 저축해야 한다. 다람쥐 쳇바퀴 도는 느낌이다. 하지만 저축하는 대신 '배당 성장주'를 모아간다면 저축보다 훨씬 짧은 시간에 현금흐름을 만들 수 있다. 매월 200만 원씩 대표적인 배당 성장 ETF인 SCHD에 투자한다면, 10년 뒤 월 배당금은 대략 108만 원이다. 참고로 연금저축펀드나 개인형 IRP, 중개형 ISA처럼 절세 혜택이 있는 계좌에서 투자한다면 미국시장에 상장된 SCHD에 투자할 수 없다. 대신 국내 상장 ETF를 투자할 수 있으므로 한국판 SCHD인 'SOL 미국배당 다우존스(446720)'를 모아가면 된다. ACE 미국배당 다우존스(402970)나 TIGER 미국배당 다우존스(458730)도 한국판 SCHD이니 투자를 계획 중이라면 3개 중 하나를 선택하면 된다.

이렇게 투자할 경우 20년 뒤에는 461만 원, 30년 뒤에는 1,592만 원이 된다. 말도 안 된다고 생각할 수 있지만, SCHD의 평균 시가배당률 3%와 연평균 배당성장률 10%가 앞으로도 유지된다면 충분히 가능한 숫자다. 이처럼 복리의 힘은 대단하다. 물론 이 계산에는 세금이 반영되지 않았다. 만약 금융소득 종합과세를 반영한다면 20년 후 월 배당금은 392만 원, 30년 후 월 배당금은 1,138만 원이 된다. 세금을 내도 생활에 전혀 지장 없는 수준의 현금흐름이다. 이 사실을 깨닫고 나는 저축하는 대신 월급날마다 SCHD ETF나 리얼티인컴 같은 배당주를 모아간다. 유튜브 채널에 매월 매수한 주식들을 업로드하고 있다. 2019년부터 월 적립 매수를 시작했고, 목표 현금흐름이 완성될 때까지 이 방식을 유지할 계

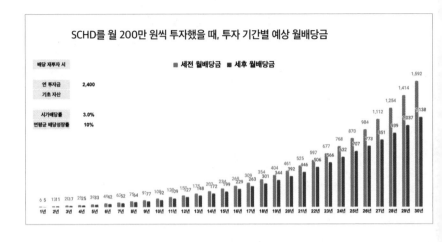

SCHD를 월 200만 원씩 투자했을 때, 투자 기간별 예상 월배당금

획이다. 꾸준히 모아가다 보면 경제적 자유를 얻을 수 있겠다는 희망이 보이기 때문이다.

하지만 이 방법에도 약점이 존재한다. 유의미한 배당금 현금흐름이 완성될 때까지 상당한 시간이 걸린다는 점이다. SCHD에 월 200만 원씩 '20년' 투자해야 세후 월 배당금이 392만 원 정도 되기 때문이다. 누구나 당연히 짧은 시간 안에 경제적 자유를 얻고 싶어하지만, 평범한 직장인이 그 경지에 오르려면 결국 충분한 시간이 필요한 셈이다. 일단 이 사실을 확실히 인정해야 한다. 만약 목표달성 시간을 줄이고 싶다면 사업이나 부업 등으로 큰돈을 버는 수밖에 없다. 아니면 억대 연봉을 받는 직장인이 되어 투자금을 늘리면 된다. 만약 월 투자금이 200만 원이 아니라 400만 원으로 2배 늘어난다고 가정해 보자. 당연히 5년 후, 10년 후 받게 될 월 배당금은 2배가 된다. 10년 후 예상 월 배당금(세전)은 216만 원, 20년 후는

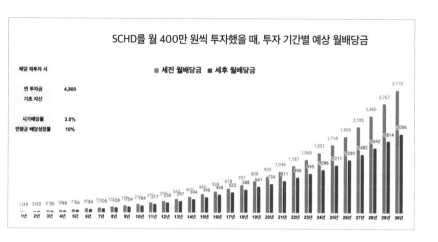

SCHD를 월 400만 원씩 투자했을 때, 투자 기간별 예상 월배당금

920만 원이 된다.

　하지만 사업으로 대박 나거나 억대 연봉 직장인이 되기까지 과정과 시간을 고려하면 이 역시 쉽지 않다. 즉, 로또 1등에 당첨돼 몇십억을 받거나 부모님께 엄청난 재산을 물려받는 경우가 아니라면 개인이 경제적 자유를 얻기 위해서는 충분한 시간과 노력, 꾸준한 투자가 필수다. 나는 경제적 자유에 도달하는 시간을 조금이라도 앞당기기 위해 매월 투자할 돈을 계속 늘릴 방안을 다양한 경로로 모색 중이다. 한 달에 50만 원씩만 더 투자할 수 있으면 미래 배당금이 달라지고 경제적 자유를 얻는 시점은 그만큼 앞당겨진다. 결정적으로 20억 원을 모으지 않아도 직장에서 해방될 수 있다. 일단 적어도 80년 동안 월급을 모을 필요가 없지 않은가?

서대리의 SUMMARY

중요한 것은 꺾이지 않는 현금흐름

2
연금계좌 수익률 상위 1%들의
투자 포트폴리오

연금계좌 중 하나인 개인형 IRP 계좌 수익률과 관련된 기사 하나가 2022년에 발표됐다. 총 6만 2,769명의 미래에셋 개인형 IRP 계좌를 보유한 고객들의 2021년 수익률을 기준으로 작성된 자료인데, 일단 모든 연령층의 2021년 수익률은 전부 5%가 넘었다고 한다. 2021년은 주식 시장이 좋았으니 누구나 수익률 5% 이상이 당연하다고 생각할 수 있다. 하지만 개인 투자자들의 2021년 일반계좌 수익률을 보면 그렇지도 않다. 2021년 주요 시장지수 수익률을 보면 S&P500 26.9%, 나스닥 21.4%, 코스피 3.6%였다. 근데 일반계좌 수익률 평균이 국내 주식은 0.43%, 해외 주식은 1.52%라고 한다. 이게 말이 되나 싶겠지만 현실이 그렇다. 이처럼 개인 투자자

2021년 연령대별 국내·해외 주식 수익률 (단위: %)

연령대	국내 주식	해외 주식
전체	0.43	1.52
10대	3.18	5.44
20대	0.21	0.52
30대	0.25	0.84
40대	0.3	2.07
50대	0.4	2.55
60대이상	0.91	3.22

가 시장지수를 이기기 정말 어렵다는 것을 알 수 있다. 근데 연금계좌인 IRP 수익률 평균은 일반계좌보다 무려 3배 넘게 좋다.

특히 인상적인 부분은 일반적인 통계와 다르게 IRP 계좌에서 20대, 30대 수익률이 가장 높았다는 점이다. 성별로 비교해도 남성의 IRP 수익률이 여성보다 높다고 한다. 일반적인 통계자료로 보면 젊을수록, 그리고 여성보다 남성이 더 공격적인 종목을 선호하고 매매를 자주 하기에 수익률이 떨어지는 경향이 있다. 우먼 버핏이라는 말이 나올 정도로 말이다.

그런데 만 55세부터 연금으로 수령해야 빛을 보는 IRP 계좌에서는 반대의 상황이 펼쳐지고 있다. 그 이유가 무엇일까? 기사에서는 젊은 투자자들이 미국 시장에 집중적으로 투자했기 때문이라고 한다. 실제로 30대 ETF 보유종목 상위 5개 중 4개가 미국 ETF이다. 1등이 나스닥 ETF이고 2등이 S&P500 ETF다. 40대와 50대도 나스닥 ETF 투자가 1등이긴 했지만, 계좌 내 비중이 30대보다 낮다 보니 수익률 차이가 발생했다는 것이 기사의 설명이다.

이 결과에 내 의견을 보태자면, 연금계좌의 특성이 제대로 한 몫했다. 일단 연금계좌에서는 2배, 3배 레버리지 ETF나 변동성이 큰 중소형 성장주 등 젊은 투자자들이 선호하는 종목들을 매수할 수 없다. 제도적으로 아예 막혀있다. 그래서 투자할 수 있는 종목 중 가장 공격적인 나스닥 ETF나 2차전지, 전기차 ETF에 집중 투자하게 된다.

거기다가 연금계좌 특성상, 계좌 자체를 잘 보지 않게 된다. 일반계좌에서는 아드레날린과 도파민이 솟구치는 투자를 할 수 있고 출금도 자유로운데, 연금계좌는 그렇지 않다. 거기다 20대, 30대에게는 '연금'이라는 단어 자체가 당장 크게 와닿지 않는다. 그래서 기본적으로 연말정산 세액공제 혜택을 위해 입금 및 투자하고 잊어버린 케이스가 주변에 정말 많다. 그리고 다음 해, 연말정산을 위해 또다시 연금계좌에 입금할 때 "연금계좌 수익률이 제일 좋네…" "일반계좌도 미국 ETF만 사고 그냥 둘까 봐" 같은 후회 섞인 말을 하기 일쑤다.

그렇다면 가장 궁금할 내용인 2021년 연금계좌 수익률 상위 1% 투자자들은 어떤 자산에 투자했는지 살펴보자. 참고로 투자수익률 상위 1% 기준은 32.44%라고 한다. 작년 상위 1% 연금투자자들의 핵심 보유종목도 크게 다르지 않다. 기본적으로 보유종목 상위 5개 중 4개가 미국 ETF이기 때문이다.

일단 1등은 누구나 예상할 수 있듯이 미국 핵심 기술주에 투자할 수 있는 'TIGER 미국나스닥100'이다. 2등은 중국 전기차 ETF,

저축은 답답하지만 투자는 무서운 당신에게

3등은 미국 대표 시장지수 ETF인 TIGER 미국S&P500, 4등은 미국 원유생산기업ETF, 5등은 자산운용사만 다른 국내 상장 나스닥 ETF이다. 2등과 4등이 일반적인 시장지수 ETF가 아니지만, 미국 대표시장지수 ETF가 메인이었다.

그렇다면 이 타이밍에 이런 의문이 들 수 있다. "보유종목 2등과 4등 ETF를 투자해서 수익률 상위 1%가 된 것 아닌가?" 물론 그것도 일부 맞는 말이다. 2개 ETF 모두 2021년에 엄청난 수익률을 기록했다. 하지만 하나 간과한 내용이 있다. 바로 S&P500과 나스닥 ETF 수익률도 2021년 한해에만 거의 40%에 육박한다는 점이다. 즉, 심플하게 연초에 S&P500과 나스닥 ETF만 사놓고 잊고 있었어도 상위 1% 투자자 타이틀을 얻을 수 있었다. 사람들은 흔히 시장지수 ETF에 투자하면 예금이자 정도, 혹은 그보다 약간 좋은 수익률을 생각하는 경향이 많다. 하지만 절대 그렇지 않다. 시장이 좋으면 지수 수익률도 상당히 좋다. 1928년부터 2022년까지 S&P500 연평균 수익률을 계산하면 약 7.8%나 된다. 참고로 2010년부터 2022년까지 S&P500 연평균 수익률은 무려 11.8% 가까이 된다. 이 정도면 예금이자보다는 확실히 좋지 않은가?

물론 글로벌 경제 트렌드 분석을 통해 '올해는 중국 전기차가 잘 나갈 것이다' '인플레이션으로 유가가 폭등할 것이니 원유생산기업들에 투자해야겠다'와 같은 결론을 얻고 실제 투자로도 이어져 좋은 수익률을 기록할 수 있다. 이처럼 돈의 흐름을 캐치하는 감각이 뛰어난 사람이 분명 존재하는데, 이들이 바로 투자에 재능이 있는 인재다. 하지만 문제는 그 실력을 갖춘 사람이 극소수라는 점이다. 나뿐만 아니라 전문가라고 하는 사람들의 예측도 자주 틀린다. 기술이 발전하고 세계가 연결될수록 시장 상황이 너무 빨리, 그리고 자주 바뀌기 때문에 조금만 방향을 잘못 잡아도 벌었던 수익을 다 토해낼 수도 있는 곳이 주식 시장이다.

또한 연도별로 S&P500 내 섹터 수익률 순위를 살펴보면 그 순위가 매번 바뀌는 것을 알 수 있다. 누구보다 높은 수익률을 얻기 위해서는 매년 가장 잘나가는 섹터를 미리 선점해야 하는데 이게 정말 쉽지 않다. 회사 일로도 정신이 없는데 이런 흐름까지 따라잡으면서 투자하기 힘들기 때문에 나는 심플하게 S&P500과 나스닥 ETF 위주로 투자한다. 그리고 역사적으로 증명됐듯이 중간만 가도(시장지수 수익률만 얻어도) 시간이 지나면 상위 1%가 될 것이기 때문이다.

능력이 없어도 상위 1%가 될 수 있다

연도별 S&P500 내 섹터 수익률

2008	2009	2010	2011	2012	2013	2014	2015	2016	2017	2018	2019	2020	2021	2022	YTD
CONS -15.4%	INFT 61.7%	REAL 32.3%	UTIL 19.9%	FINL 28.8%	COND 43.1%	REAL 30.2%	COND 10.1%	ENRS 27.4%	INFT 38.8%	HLTH 6.5%	INFT 50.3%	INFT 43.9%	ENRS 54.6%	ENRS 65.7%	INFT 42.8%
HLTH -22.8%	MATR 48.6%	COND 27.7%	CONS 14.0%	COND 23.9%	HLTH 41.5%	UTIL 29.0%	HLTH 6.9%	TELS 23.5%	MATR 23.8%	UTIL 4.1%	TELS 32.7%	COND 33.3%	REAL 46.2%	UTIL 1.6%	TELS 36.2%
UTIL -29.0%	COND 41.3%	INDU 26.7%	HLTH 12.7%	REAL 19.7%	INDU 40.7%	HLTH 25.3%	CONS 6.6%	FINL 22.8%	COND 23.0%	COND 0.8%	FINL 32.1%	TELS 23.6%	FINL 35.0%	CONS -0.6%	COND 33.1%
TELS -30.5%	REAL 27.1%	MATR 22.2%	REAL 11.4%	TELS 18.3%	FINL 35.6%	INFT 20.1%	INFT 5.9%	INDU 18.9%	FINL 22.2%	INFT -0.3%	S&P 31.5%	MATR 20.2%	INFT 34.5%	HLTH -2.0%	S&P 16.9%
COND -33.5%	S&P 26.5%	ENRS 20.5%	TELS 6.3%	HLTH 17.9%	S&P 32.4%	CONS 16.0%	REAL 4.7%	MATR 16.7%	HLTH 22.1%	REAL -2.2%	INDU 29.4%	S&P 18.4%	S&P 28.7%	INDU -5.5%	INDU 10.2%
ENRS -34.9%	INDU 20.9%	TELS 19.0%	COND 6.1%	S&P 16.0%	INFT 28.4%	FINL 15.2%	TELS 3.4%	UTIL 16.3%	S&P 21.8%	S&P -4.4%	REAL 29.0%	HLTH 13.5%	MATR 27.3%	FINL -10.5%	MATR 7.7%
S&P -37.0%	HLTH 19.7%	S&P 15.1%	ENRS 4.7%	INDU 15.4%	CONS 26.1%	S&P 13.7%	S&P 1.4%	INFT 13.9%	INDU 21.0%	CONS -8.4%	COND 27.9%	INDU 11.1%	HLTH 26.1%	MATR -12.3%	REAL 3.8%
INDU -39.9%	FINL 17.2%	CONS 14.1%	INFT 2.4%	MATR 15.0%	MATR 25.6%	INDU 9.8%	FINL -1.5%	S&P 12.0%	CONS 13.5%	TELS -12.5%	CONS 27.6%	CONS 10.8%	COND 24.4%	S&P -18.1%	CONS 1.3%
REAL -42.3%	CONS 14.9%	FINL 12.1%	S&P 2.1%	INFT 14.8%	ENRS 25.1%	COND 9.7%	INDU -2.5%	COND 6.0%	UTIL 12.1%	FINL -13.0%	UTIL 26.4%	UTIL 0.5%	TELS 21.6%	REAL -26.1%	FINL -0.5%
INFT -43.1%	ENRS 13.8%	INFT 10.2%	INDU -0.6%	CONS 10.8%	UTIL 13.2%	MATR 6.9%	UTIL -4.8%	CONS 5.4%	REAL 10.9%	INDU -13.3%	MATR 24.6%	FINL -1.7%	INDU 21.1%	INFT -28.2%	HLTH -1.5%
MATR -45.7%	UTIL 11.9%	UTIL 5.5%	MATR -9.6%	ENRS 4.6%	TELS 11.5%	TELS 3.0%	MATR -8.4%	REAL 3.4%	ENRS -1.0%	MATR -14.7%	HLTH 20.8%	REAL -2.2%	CONS 18.6%	COND -37.0%	ENRS -5.5%
FINL -55.3%	TELS 8.9%	HLTH 2.9%	FINL -17.1%	UTIL 1.3%	REAL 1.6%	ENRS -7.8%	ENRS -21.1%	HLTH -2.7%	TELS -1.3%	ENRS -18.1%	ENRS 11.8%	ENRS -33.7%	UTIL 17.7%	TELS -39.9%	UTIL -5.7%

3

장기투자를 계획한다면
펀드보다 ETF가 유리하다

투자·재테크 세계에 입문한 직장인이라면 그 시작이 대부분 펀드일 확률이 크다. 빠른 분들은 어린 시절 부모님과 함께 은행에 방문하여 펀드 가입을 했을 것이다. 그게 아니라면 취업하고 '돈을 어떻게 굴리지?' 고민하던 와중에 은행에 방문했다가 요즘 인기 있는 펀드에 가입 당한(?) 경우가 대부분이다. 나도 그랬다. 대학교 때는 남들과 다르게 돈 모으는 취미가 있어서 꾸준히 예·적금을 했었다. 병장 월급이 10만 원이던 시절에도 달에 5만 원씩 모을 정도였다.

이렇게 모아가다 보니 자연스럽게 돈을 더 불릴 수 있는 방법을 찾아보게 되었고, 펀드라는 상품을 신문 기사로 접했다. 정확히 어떤 펀드인지 기억나지 않지만, 그 당시 베트남인가 중국에 투자

저축은 답답하지만 투자는 무서운 당신에게

하는 펀드 수익률이 좋아 연일 신문에 나오던 상황이었다. 지금은 펀드 외에도 투자할 방법이 정말 다양하지만, 여전히 투자의 첫걸음을 펀드로 떼는 분들이 많을 것이다. 대부분 펀드 투자를 시작할 때 이런 다짐을 한다.

"최소 5년에서 10년은 투자해야지."

하지만 처음 다짐과 다르게 다수의 투자자가 중간에 돈을 인출한다. 갑자기 목돈이 필요하거나 투자한 펀드가 믿음직스럽지 못해 다른 펀드로 갈아타는 등 여러 가지 이유가 있겠지만, 투자 여부와 상관없이 펀드에 투자하면 무조건 발생하는 비용도 무시할 수 없는 이유다. 바로 수수료다. 선취 수수료, 후취 수수료 같은 단어를 많이 들어봤을 텐데, 펀드는 기본적으로 수수료가 높은 편이다. 특히 요즘 대세로 자리 잡은 ETF에 비해 최소 2배에서 많게는 4~5배까지 높다. 똑같이 S&P500 지수를 추종하는 ETF와 펀드라고 해도 말이다. 이건 좀 극단적인 예시지만 국내 상장 해외 ETF인 'ACE 미국S&P500' 운용보수는 0.07%인데 유사유형 펀드 평균보수율은 0.710%로 나온다. 거의 10배 차이다. '고작 비용 1%p 차이 가지고 너무 유난 떠는 거 아닌가?'라는 생각이 들 수 있지만, 가랑비에 옷 젖는다는 속담처럼 수수료 때문에 내 계좌가 녹는 경험을 할 수 있다.

0.9%의 수수료 차이가 30년 후에는 엄청난 수익률 격차를 만든다. 1억 원을 수수료 1.2%짜리 펀드와 0.2%짜리 ETF에 각각 투자했다고 가정해 보자. 운 좋게 둘의 수익률이 똑같이 연평균 8.2%

펀드명	펀드유형	설정일	보수율(%)					유사유형 평균보수율	기타 비용 (B)
			운용	판매	수탁	사무 관리	합계 (A)		
한국투자ACE미국S&P500증권상장지수투자… 🔍	주식형	2020/08/04	0.040	0.010	0.010	0.010	0.070	0.710	0.07

가 나왔다면 30년 후 비용을 제외한 두 계좌의 자산총액은 어떻게 될까? (실제 비용계산은 더 복잡하지만, 단순 비교를 위해 수익률에서 운용보수를 뺐다) 펀드는 연평균 수익률 7%에 해당하는 7억 6천만 원, ETF는 수익률 8%인 10억 원이 된다. 수수료 1.0%p 차이가 30년 후에는 2억 4천만 원이 넘는 차이로 벌어진다. 복리가 계좌에 마법을 부려 기적을 일으키기도 하지만 이처럼 저주를 걸기도 한다.

그래서 어차피 투자할 계획이라면 펀드보다는 ETF를 추천한다. 그것도 S&P500 같은 시장지수 ETF로 말이다. 앞에서 계속 이야기한 것처럼 펀드 매니저가 시장지수를 이길 확률 자체도 50%가 안 되는데 굳이 수수료까지 더 비싸게 주고 투자할 필요도, 이유도 없다. 수익률은 나의 노력으로 바꾸기 쉽지 않다. 내가 아무리 매수한다고 해서 미국 S&P500 지수가 상승으로 바뀌지 않기 때문이다. 하지만 비용은 나의 노력으로 줄일 수 있다. 수수료가 더 저렴한 투자상품을 알아보고 선택하면 해결될 문제다. 즉, 투자 비용인 수수료(운용보수)를 최대한 줄이는 것이 자본주의에서 더 승리할 확률이 높은 투자 방법이다. 시작부터 유리한 고지를 선점할 수 있다. 실제로 수익률 상위 1% 연금계좌는 70% 정도가 ETF로 채워져 있다고 한다. 그리고 종목은 당연히 S&P500과 나스닥 ETF이 기본이다. 수익률과 비용 모두 S&P500 ETF 투자가 유리하다는 사실을 투자 고수들은 이미 알고 있었기 때문에 계좌를 그렇게 세팅해 두는 것이다. 그래서 나도 연금저축펀드와 개인형 IRP, 퇴직연금 DC, 일반계좌 모두 이 방식으로 투자하고 있다.

서대리의 SUMMARY

내 기준 최고의 금융발명품: ETF

4

사회초년생, 20대, 30대도 연금저축펀드 해야 할까?

우리나라 노인빈곤율은 OECD 1위라고 한다. 그런데 설상가상으로 최후의 보루인 국민연금도 매우 빠른 속도로 고갈 중이라고 한다. 문제가 얼마나 심각하면 90년생부터는 국민연금이 0원이라는 뉴스도 자주 나온다. 이를 늦추기 위해 지금 당장 국민연금을 더 내고, 나중에 덜 받는 연금개혁이 논의 중이고, 국민연금 수령 가능 나이도 지금보다 높아질 것이다. 하지만 이게 근본적인 해결책은 될 수 없다. 이처럼 은퇴 이후 노후에 대한 불안감은 갈수록 커지고 있다.

　이런 상황 속에서 정부는 각자도생할 수 있는 여러 가지 노후 대비 정책을 만들고 참여를 유도하고 있다. 대표적인 제도가 연금

저축은 답답하지만 투자는 무서운 당신에게

저축펀드와 개인형 IRP, 중개형 ISA다. 특히 사적연금인 연금저축펀드와 퇴직연금인 개인형 IRP는 혜택이 정말 좋다. 2023년 6월 기준, 매년 900만 원까지 연금저축펀드와 개인형 IRP 입금액의 13.2~16.5% 세액공제 혜택을 주고, 투자수익과 배당금(분배금)에 세금을 매기지 않는다. 이 계좌에서는 배당금을 연 2천만 원 이상 받더라도 금융소득 종합과세 대상자가 되지 않고 건강보험료 추가 인상도 없다. 또한 만 55세 이후에 연금으로 수령한다면 (나이에 따라) 3.3~5.5% 낮은 세금으로 생활비를 빼서 쓸 수 있다. 물론 일반 계좌와 비교해 몇 가지 제한사항이 있지만, 지금까지 본 금융상품 중에 가장 좋은 혜택이라 생각한다. 혜택이 좋다 보니 1년에 납입할 수 있는 돈도 연 1,800만 원으로 제한되어 있다. 더 넣고 싶어도 연 1,800만 원 이상은 못 넣는다. 경험상 입금 한도나 기간 제한이 있는 금융상품은 시간이 지나고 보면 항상 역대급 혜택이었다. 연금저축펀드와 개인형IRP도 마찬가지라 생각한다.

그래서 나도 연금투자를 시작한 2019년부터 2022년까지 매년 연금저축펀드에 400만 원씩 입금하고 투자 중이다. IRP 계좌도 매년 최소 200만 원에서 많게는 300만 원까지 입금하면서 혜택을 누리고 있다. 연말정산할 때마다 매년 적게는 100만 원에서 많게는 200만 원 넘게 돌려받는데, 연금계좌 세액공제 혜택 덕분이다. 2023년부터는 세액공제 혜택이 연 900만 원으로 늘어난 덕분에 매년 연금저축펀드 600만 원, 개인형 IRP 300만 원 투자할 계획이다. 가능하면 연금 받기 전까지 쭉 입금할 것이고 만약 세액공제 한도가 더 늘어난다면 그에 맞춰서 투자금을 더 넣을 것이다.

하지만 이렇게 나의 투자계획을 이야기하면 주변에서 걱정 섞인 조언을 해준다. 연금계좌 세액공제 혜택은 분명 매력적이지만, 예기치 못한 상황으로 목돈이 필요하여 연금계좌를 해지하면 받았던 혜택보다 더 많은 세금을 내야 하기에 원금손실이 발생한다는 이야기다. 이 얘기가 도시괴담처럼 퍼져 있다 보니, 결혼이나 출산, 내 집 마련, 자동차 구입 등 큰돈이 들어갈 인생 이벤트들이 예정된 20~30대들은 아예 연금저축펀드 투자 자체를 생각하지 않는다. 이미 결혼하고 아이가 있는 직장 선배들조차 적극적으로 연금저축 펀드를 이용하는 사람은 많이 없다.

물론 틀린 이야기는 아니다. 연봉 5,500만 원 이상 직장인이 연금저축펀드에 600만 원 입금해서 다음 해 세액공제 혜택으로 79만 2,000원을 연말정산 환급받았다고 가정해 보겠다(세액공제율 13.2%, 돈은 투자하지 않고 계좌에 방치). 근데 돈이 필요해서 연금저축펀드를 해지하고 600만 원을 인출한다면, 기타소득세 16.5%를 내고 남은 돈을 돌려받게 된다. 세액공제 혜택으로 79만 2,000원 받았는데 세금은 받았던 혜택보다 19만 8천원 많은 99만 원을 내야 한다. 즉, 이 경우에는 19만 8,000원 손해다. 이렇게 확실하게 손해인 사례가 있다 보니 사회초년생이나 20대, 30대 직장인들은 연금계좌 이용을 생각하지 않는다. 연금계좌에 넣은 돈은 '만 55세 이후에 찾을 수 있다. 그전까지는 못 뺀다'라는 인식이 대부분이다. 생활비도 만만찮다 보니 여유자금 자체도 얼마 없을뿐더러 이 돈을 연금계좌

저축은 답답하지만 투자는 무서운 당신에게

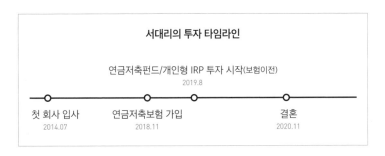

서대리의 투자 타임라인

연금저축펀드/개인형 IRP 투자 시작(보험이전)
2019.8

| 첫 회사 입사 | 연금저축보험 가입 | | 결혼 |
| 2014.07 | 2018.11 | | 2020.11 |

에 넣기엔 아깝다고 생각한다. 나도 처음엔 그랬다. 2014년 7월에 첫 직장에 들어갔지만 2018년이 되어서야 연금에 관심 가지고 연금저축보험에 가입했다. 그 당시에는 연금보다는 연말정산 세액공제에 더 관심이 많았다. 그 후 이것저것 공부하면서 알아보니 연금저축보험보다 연금저축펀드가 훨씬 유리하겠다는 결론을 내렸다. 그래서 2019년 8월에 연금저축펀드로 갈아탔고, 개인형 IRP도 함께 시작하여 쭉 투자하고 있다.

2014년부터 2018년까지는 나도 연금은 40대 이후에 준비하는 것이라 생각했다. 30년 후 노후를 위해 돈을 모으고 투자한다는 것은 상상하기 힘들었다. 그리고 연금저축펀드나 개인형 IRP처럼 입금했다가 돈이 필요해서 인출하게 된다면 오히려 손해 보는 상황도 발생한다고 하니 더더욱 거리를 두게 되었다. 하지만 지금 돌이켜보면 그때가 20대 때 가장 아쉬웠던 순간 중 하나다. 실제로 2023년 기준 4년 넘게 연금계좌로 투자를 이어오면서(주식 투자는 7년 넘게) 느낀 점은 돈보다 시간이 더 중요하다는 사실이다. '매월 돈을 얼마나 모을 것이냐'도 중요하지만 노후를 위한 연금투자 핵

투자기간	25년		한 달 생활비	미래 생활비	물가상승률(연)
목표 월생활비	200만 원		200만 원	419만 원	3.0%
원금	0만 원				

시간 25년 목표		효율 연평균 수익률						
		5%	6%	7%	8%	9%	10%	15%
규모 월 납입 금액 (단위: 만 원)	30	75	104	143	191	254	334	1,232
	50	125	174	238	319	424	557	2,053
	100	249	348	475	638	847	1,115	4,105
	130	324	453	618	830	1,101	1,449	5,337
	180	448	627	856	1,149	1,525	2,007	7,389
	200	498	696	951	1,276	1,694	2,230	8,210
	250	623	871	1,188	1,596	2,118	2,787	10,263
	270	673	940	1,283	1,723	2,287	3,010	11,084

단위: 만 원 / 세전

심은 '시간에 투자하는 것'이다. 특히 평범한 직장인이 돈 걱정 없는 노후를 보내기 위해서는 월급만 모아서는 답이 없기 때문에 시간의 힘을 빌려 복리라는 녀석을 만나야만 한다. 그리고 그 녀석이 내 연금계좌에 마법을 걸어줘야 한다.

　여기서 조건이 있다. 최소 10년 이상의 시간을 투입해야 복리의 마법이 발동된다. 1살이라도 어렸을 때 투자를 시작해야 유리한 이유다. 근데 우리나라 사람들은 투자를 빨라야 20대 후반에 시작하고 연금 같은 경우는 40대가 되어서야 관심 가지기 시작한다. 물론 40대부터 준비해도 안정적인 노후 준비를 할 수 있다. 하지만 이미 지나간 시간이 길기에 늦은 만큼 더욱 열심히 투자해야 한다. 이 말은, 연금계좌에 돈을 훨씬 많이 넣어야 한다는 의미다. 혹은

저축은 답답하지만 투자는 무서운 당신에게

투자기간	10년	한 달 생활비	미래 생활비	물가상승률(연)
목표 월생활비	200만 원	200만 원	269만 원	3.0%
원금	5,000만 원			

시간 10년 목표	효율 연평균 수익률						
	5%	6%	7%	8%	9%	10%	15%
50	67	87	109	135	165	199	452
100	99	128	160	197	238	285	626
150	132	169	211	258	311	371	800
200	164	210	262	320	384	457	974
210	171	218	272	332	399	474	1,009
220	177	227	282	344	414	491	1,044
230	184	235	292	356	428	509	1,079
250	197	251	313	381	457	543	1,148

규모 월 납입 금액 (단위: 만 원)

단위: 만 원 / 세전

투자수익률이 S&P500 연평균 수익률보다 훨씬 높아야 한다. 내가 처음 연금에 관심가지고 투자 시작했던 시기는 만 55세 연금수령까지 약 25년 정도 남았을 때다. 노후 생활비로 한 달 200만 원을 목표로 연금투자 한다면 나는 25년 동안 매월 100만 원씩 S&P500 ETF에 투자해서 연평균 수익률 7%를 유지하면 된다. 그럼 이론적으로는 매월 419만 원씩 생활비로 빼서 써도 연금계좌는 줄어들지 않는다. 오히려 연금계좌는 더 불어난다(참고로 물가상승률 3% 기준 25년 후 200만 원의 가치는 약 419만 원이다). 176페이지의 표가 매월 투자해야 하는 금액과 필요한 최소 연평균 수익률을 표시한 것이다. 음영 된 칸이 내 목표 생활비를 만들 수 있는 조합인데 확실히 투자 기간이 길기 때문에 선택지가 많다.

반면 40대가 넘어 연금투자에 관심을 가지기 시작했다면 연금 수령까지 남은 기간이 얼마 없다. 물론 사회초년생에 비해 그 동안 모아놓은 돈이 있겠지만 이는 투자자마다 다르기 때문에 약 5,000만 원이 있다고 가정해 보겠다. 그리고 연금수령까지 남은 시간도 10년으로 계산해 봤다. 월 200만 원(10년 후 269만 원) 생활비를 연금계좌에서 안정적으로 빼서 쓰기 위해서는 연평균 수익률 7% 기준 매월 최소 210만 원을 투자해야 한다. 5,000만 원이 이미 있다고 가정해도 필요한 투자금이 2배 넘게 늘어난다, 즉, 연금 준비는 일찍 시작할수록 유리한 게임이다(177페이지 표).

다시 20~30대의 연금투자 이야기로 돌아오겠다. 물론 연금계좌는 하루라도 일찍 시작하는 게 유리하지만 앞에서 설명한 것처럼 여러 이유로 목돈이 필요해 세금 혜택이 좋은 연금계좌를 해지해서 손해를 본다면 아쉬울 수밖에 없다. 하지만 예상과 다르게 연금계좌로 모아가다가 중도 인출해도 웬만하면 원금손실은 발생하지 않는다. 거기다 운좋게 원래 목적대로 연금계좌를 해지 안하고 20년, 30년 유지하게 된다면 노후생활비 대부분은 연금계좌로 해결될 것이다. 지금부터 왜 그런지 여러가지 상황에 맞게 직접 계산해보겠다. 이 숫자들을 보고 판단하길 바란다.

자세한 비교를 하기 전에 일반계좌와 연금계좌 각각의 세금 방식을 간단하게 설명하고 넘어가겠다. 이 기준을 토대로 독자의 상황에 맞게 다양한 방식으로 계산해 보면 좋겠다. 그리고 이 글의 끝에 누구나 직접 계산할 수 있는 구글 스프레드 시트 QR코드를

저축은 답답하지만 투자는 무서운 당신에게

계산 기준

입금과 투자는 연초에 한다.

연금계좌는 세액공제 받은 돈을 내년에 바로 재투자 한다.

두 계좌 모두 배당금은 1년 치를 한 번에 재투자 한다.

이때 일반계좌 배당금은 배당 소득세 15%를 제외한 금액이며

연금계좌 배당금은 과세이연 효과로 세금 없이

100% 재투자할 수 있다.

일반계좌 시세 차익은 세금혜택을 극대화하기 위해서

연간 미국주식 비과세한도인 250만 원만큼만 매년 수익 실현한다.

두 계좌 모두 거래수수료와 환전수수료, ETF 보수 등 각종 비용은 동일하다.

매도 및 전액 현금화는 연말에 진행한다.

준비했으니 함께 활용하는 것을 추천한다.

조건이 많아서 복잡해 보이지만 간단하게 이야기해서 각 계좌의 혜택을 최대로 얻었을 때 연금저축펀드와 일반 계좌의 실제 총자산을 비교한다는 뜻이다. 참고로 연금계좌에서 중도 인출할 때 세액공제 받은 원금과 투자수익에 16.5%의 기타소득세가 발생하

지만, 세액공제 받지 않은 원금은 기타소득세 없이 그대로 출금 가능하다. 계산 조건을 정했으니 본격적으로 연금저축펀드와 일반계좌에서 각각 S&P500 ETF에 투자했다고 가정해 보자.

★ 가정 1: S&P500 ETF 투자

연금저축펀드에서는 국내 상장 S&P500 ETF 중 규모 1위인 TIGER 미국S&P500을, 일반계좌에서는 미국 상장 S&P500 ETF 중 규모 1위인 SPY를 투자한다고 가정해 보자. 세액공제율 16.5%, 연평균 주가수익률 6%, 시가배당률 1.5%, 배당성장률 5%를 기준으로 2개 계좌의 기간별 계좌총액과 연말에 전액 현금화했을 때 세후 금액은 181페이지 표와 같다.

숫자가 많아 보이지만 맨 오른쪽 'GAP'이 핵심이다. 괄호 안 숫자면 일반계좌가, 검정색 숫자면 연금계좌가 그만큼 더 총자산이 많아진다는 의미다. 기본적으로 일반계좌가 유리하지만 투자 기간이 10년 넘어가면서부터는 연금계좌에서 모아가다가 돈 필요할 때 16.5% 기타소득세를 내고 돈을 뽑아 쓰는 것이 더 유리해진다.

그리고 10년 이전에 중도 인출한다고 해도 두 계좌 차이도 40만 원 정도다. 물론 40만 원이 적은 돈은 아니다. 하지만 핵심은 일반계좌에서 투자했을 때보다 총자산이 조금 줄어든다는 점일 뿐 투자원금보다 항상 많다는 것이다. 즉, 도중에 연금계좌를 해지하고 전액 인출해도 원금보다 많은 돈을 받게 된다. 대신 일반계좌에 비해 받게 되는 돈이 상대적으로 적을 뿐이다. 즉, 중도 해지에서

저축은 답답하지만 투자는 무서운 당신에게

세액공제율 16.5% 시 계좌별 세후 총자산 비교

단위: 만 원

투자기간	투자 원금	연금계좌	일반계좌	GAP
1년	600	638	644	(6)
2년	1,200	1,322	1,334	(12)
3년	1,800	2,056	2,075	(19)
4년	2,400	2,843	2,869	(25)
5년	3,000	3,688	3,720	(32)
6년	3,600	4,595	4,631	(36)
7년	4,200	5,567	5,598	(30)
8년	4,800	6,611	6,634	(23)
9년	5,400	7,731	7,745	(14)
10년	6,000	8,932	8,935	(3)
11년	6,600	10,200	10,211	9
12년	7,200	11,602	11,578	24
13년	7,800	13,085	13,043	42
14년	8,400	14,675	14,612	63
15년	9,000	16,380	16,293	87
16년	9,600	18,209	18,094	116
17년	70,200	20,171	20,023	148
18년	10,800	22,275	22,089	186
19년	11,400	24,531	24,301	230
20년	12,000	26,950	26,670	280

일반계좌: SPY / 연금계좌: TIGER 미국S&P500

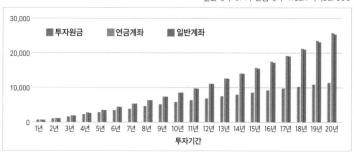

오는 손실을 미리 걱정할 필요가 없다.

만약 세액공제율이 16.5%가 아니라 13.2%라면 어떻게 될까? 그럼 아쉽지만, 연금계좌 효율은 확실히 떨어진다. 20년이라는 투자 기간 내에 연금계좌가 일반계좌를 이기지 못하기 때문이다. 그렇다고 해서 여전히 투자원금보다 손실은 아니다. 하지만 일반계좌보다 효율이 떨어지는 것은 사실이기 때문에 연봉 5,500만 원 이상이라면 어느 계좌로 투자할지 진지한 고민이 필요하다. 투자 기간이 5년 넘어가면 일반계좌와의 총자산 차이가 무려 100만 원이 넘기 때문이다.

대신 여기도 중요한 포인트가 있다. 만약 중도 인출하지 않고 연금계좌를 쭉 유지할 수 있다면, 그리고 연금수령까지 한다면 세액공제율이 13.2%라도 연금계좌의 성능이 압도적으로 좋아진다. 그래서 연봉 5,500만 원 이상인 사회초년생, 혹은 2030세대 투자자라면 부담되지 않는 금액만큼만 연금계좌를 유지하는 것을 추천한다. 내 첫 회사 연봉이 5,500만 원 미만이었는데, 그 당시 이렇게 계산해 보고 일찍부터 투자했다면 총자산은 지금보다 더 많이 늘었을 것이다. 2014년부터 쭉 주식 시장이 좋았는데 그 흐름을 타지 못해 항상 아쉬움이 남는다. 지금은 결혼하여 운 좋게 서울에 내 집 마련까지 했지만, 연금저축펀드에 투자하지 않고 지나간 시간은 되돌리지 못하고 그만큼 복리의 마법도 늦게 걸리기 때문이다. 그래서 결혼 이후에는 아내와 함께 둘다 연금저축펀드와 개인형 IRP 모두 집중 투자하면서 미래를 준비하고 있다.

세액공제율 13.2% 시 계좌별 세후 총자산 비교

단위: 만 원

투자기간	투자 원금	연금계좌	일반계좌	GAP
1년	600	638	644	(6)
2년	1,200	1,301	1,334	(33)
3년	1,800	2,012	2,075	(62)
4년	2,400	2,776	2,869	(93)
5년	3,000	3,596	3,720	(124)
6년	3,600	4,475	4,631	(156)
7년	4,200	5,419	5,598	(178)
8년	4,800	6,432	6,634	(202)
9년	5,400	7,519	7,745	(226)
10년	6,000	8,685	8,935	(250)
11년	6,600	9,936	10,211	(274)
12년	7,200	11,279	11,578	(299)
13년	7,800	12,719	13,043	(323)
14년	8,400	14,264	14,612	(348)
15년	9,000	15,921	16,293	(372)
16년	9,600	17,699	18,094	(395)
17년	70,200	19,606	20,023	(417)
18년	10,800	21,650	22,089	(438)
19년	11,400	23,844	24,301	(458)
20년	12,000	26,195	26,670	(475)

일반계좌: SPY / 연금계좌: TIGER 미국S&P500

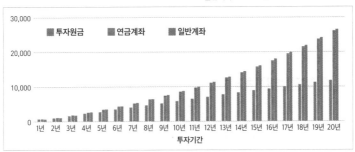

183

★ 가정 2: SCHD 배당ETF

만약 S&P500 ETF 대신 시가배당률과 배당성장률이 높은 배당 ETF SCHD를 2개 계좌에서 각각 투자하면 어떤 결과가 나올까? 요즘 개인 투자자들 사이에서 워낙 인기 있는 배당ETF이기 때문에 이렇게도 비교해 봤다. 우선 세액공제율 16.5%, 주가수익률 5%, 시가배당률 3%, 배당성장률 10%로 두 계좌를 비교하면 S&P500 ETF보다 무려 4년 빠른 투자 7년 차부터 연금계좌가 유리해진다. 금액 차이도 10만 원 내외로 더 줄어든다. 당연히 연금계좌에서 중도 인출해도 투자원금보다는 높다. 뒤에서 조금 더 자세히 설명하겠지만 젊을 때부터 연금저축펀드를 적극적으로 이용해서 투자하고 싶은 분들이라면 '배당' 관련 지표가 높은 종목에 투자하면 된다(배당성장률, 시가배당률 등).

만약 동일 조건에서 세액공제율만 13.2%로 낮아진다면 투자 15년 차부터 연금계좌가 더 유리해진다. S&P500 ETF로 투자할 때는 일반계좌가 전체적으로 유리했는데 투자종목을 바꾸니 이런 차이가 발생한다. 하지만 연금계좌에서 어떤 ETF나 펀드로 투자로 수익이 났다면 기타소득세 16.5%를 뜯겨도 원금보다는 많은 돈을 돌려받을 수 있다는 사실은 불변의 진리다.

★ 가정 3: 커버드콜 ETF

만약 요즘 높은 시가배당률로 인기를 끌고 있는 커버드콜 ETF로 투자하면 계좌별 차이는 어떻게 될까? 참고로 대표적인 커버드

세액공제율 16.5% 시 계좌별 세후 총자산 비교

단위: 만 원

투자기간	투자 원금	연금계좌	일반계좌	GAP
1년	600	640	645	(5)
2년	1,200	1,331	1,340	(9)
3년	1,800	2,077	2,089	(12)
4년	2,400	2,885	2,897	(12)
5년	3,000	3,761	3,770	(10)
6년	3,600	4,711	4,715	(4)
7년	4,200	5,743	5,734	9
8년	4,800	6,867	6,832	36
9년	5,400	8,093	8,023	70
10년	6,000	9,430	9,318	112
11년	6,600	10,892	10,727	165
12년	7,200	12,492	12,263	230
13년	7,800	14,246	13,937	309
14년	8,400	16,172	15,766	406
15년	9,000	18,288	17,765	523
16년	9,600	20,617	19,954	663
17년	70,200	23,183	22,353	830
18년	10,800	26,015	24,984	1,030
19년	11,400	29,142	27,875	1,267
20년	12,000	32,601	31,053	1,548

일반계좌: SCHD / 연금계좌 : SOL 미국배당 다우존스(한국판 SCHD)

콜 ETF는 QYLD, JEPI 등이 있는데 2023년 6월 기준 JEPI와 똑같은 국내 상장 ETF는 없으므로 QYLD 기준으로 계산해 보겠다.

세액공제율 16.5%, 주가수익률 2%, 시가배당률 10%, 배당성장률 2%로 두 계좌를 계산했다. 이 경우, 투자 2년 차부터 연금계

세액공제율 13.2% 시 계좌별 세후 총자산 비교

단위: 만 원

투자기간	투자 원금	연금계좌	일반계좌	GAP
1년	600	640	645	(5)
2년	1,200	1,310	1,340	(30)
3년	1,800	2,034	2,089	(55)
4년	2,400	2,817	2,897	(80)
5년	3,000	3,667	3,770	(104)
6년	3,600	4,589	4,715	(126)
7년	4,200	5,592	5,734	(142)
8년	4,800	6,683	6,832	(148)
9년	5,400	7,874	8,023	(150)
10년	6,000	9,173	9,318	(145)
11년	6,600	10,594	10,727	(133)
12년	7,200	12,149	12,263	(113)
13년	7,800	13,855	13,937	(82)
14년	8,400	15,727	15,766	(39)
15년	9,000	17,785	17,765	20
16년	9,600	20,051	19,954	96
17년	70,200	22,547	22,323	194
18년	10,800	25,302	24,984	318
19년	11,400	28,346	27,875	471
20년	12,000	31,712	31,053	659

일반계좌: SCHD / 연금계좌 : SOL 미국배당 다우존스(한국판 SCHD)

좌가 더 유리해진다. S&P500이나 SCHD보다 유리해지는 기간이
확 당겨진다(187페이지 표).

세액공제율이 13.2%라도 투자 기간이 5년만 지나면 연금계좌
가 더 유리해지는 진풍경을 볼 수 있다. 많은 사람이 걱정하는 중도

저축은 답답하지만 투자는 무서운 당신에게

세액공제율 16.5% 시 계좌별 세후 총자산 비교

단위: 만 원

투자기간	투자 원금	연금계좌	일반계좌	GAP
1년	600	660	663	(3)
2년	1,200	1,397	1,396	2
3년	1,800	2,221	2,205	16
4년	2,400	3,142	3,100	43
5년	3,000	4,172	4,088	83
6년	3,600	5,322	5,180	142
7년	4,200	6,609	6,387	222
8년	4,800	8,049	7,721	328
9년	5,400	9,659	9,195	465
10년	6,000	11,461	10,823	638
11년	6,600	13,477	12,623	854
12년	7,200	15,733	14,608	1,125
13년	7,800	18,257	16,796	1,461
14년	8,400	21,083	19,214	1,868
15년	9,000	24,245	21,887	2,359
16년	9,600	27,785	24,839	2,946
17년	70,200	31,748	28,102	3,646
18년	10,800	36,185	31,707	4,478
19년	11,400	41,152	35,691	5,461
20년	12,000	46,713	40,093	6,620

일반계좌: QYLD / 연금계좌: TIGER 미국나스닥100커버드콜(합성)

인출 기타소득세 16.5%를 다 토해내도 말이다.

이렇게 직접 계산을 통해 연금계좌와 일반계좌를 비교해보면 2가지 사실을 확실히 알 수 있다. 첫 번째는 중도 인출해도 투자원금보다 떨어지는 손실을 보기 어렵다는 사실이다. 심지어 13.2%

세액공제율 13.2% 시 계좌별 세후 총자산 비교

단위: 만 원

투자기간	투자 원금	연금계좌	일반계좌	GAP
1년	600	660	663	(3)
2년	1,200	1,376	1,396	(20)
3년	1,800	2,176	2,205	(30)
4년	2,400	3,070	3,100	(30)
5년	3,000	4,070	4,088	(18)
6년	3,600	5,188	5,180	8
7년	4,200	6,440	6,387	52
8년	4,800	7,839	7,721	118
9년	5,400	9,405	9,195	211
10년	6,000	11,158	10,823	335
11년	6,600	13,119	12,623	497
12년	7,200	15,314	14,608	706
13년	7,800	17,771	16,796	975
14년	8,400	20,521	19,214	1,307
15년	9,000	23,600	21,887	1,713
16년	9,600	27,046	24,839	2,207
17년	70,200	30,904	28,102	2,802
18년	10,800	35,224	31,707	3,517
19년	11,400	40,061	35,691	4,370
20년	12,000	45,476	40,093	5,383

일반계좌: QYLD / 연금계좌: TIGER 미국나스닥100커버드콜(합성)

세액공제 받는 연봉 5,500만 원 이상 투자자도 전액 인출 시 원금 손실은 없다. 두 번째는 짧은 투자 기간 안에 연금계좌가 일반계좌보다 유리해지려면 시세 차익보다 배당금 관련 변수가 높을수록 좋다는 사실이다. 실제로 배당률이 높은 종목에 투자할수록 연금계

저축은 답답하지만 투자는 무서운 당신에게

좌가 일반계좌보다 총자산이 높아지는 기간이 짧아진다.

그 이유는 계좌별 배당소득세 차이 때문이다. 연금계좌는 15.4% 배당소득세 없이 배당금이 100% 계좌로 들어와 전부 그대로 재투자할 수 있다. 반면 일반계좌는 강제로 15% 세금을 떼고(국내 주식 배당금은 15.4%) 배당금이 계좌로 들어온다. 연금계좌와 일반계좌의 돈 차이가 나는 이유다. 반면 시세 차익은 일반계좌도 연간 250만 원까지 세금이 없다 보니 투자금이 적은 초반에는 연금계좌와 큰 차이가 없다. 그래서 만약 당장 세액공제 혜택도 받고 싶지만 10년 이상 투자하기 어려운 분들이라면 시세 차익형 투자보다는 배당금 중심의 보수적인 투자가 아무래도 더 유리할 수밖에 없으니 투자 계획에 참고하면 좋다.

★ 가정 4: 주식 시장이 손실 중일 때

지금까지 살펴본 예시들은 주식 시장이 매년 기계적으로 상승한다는 가정이었다. 하지만 만약 시장이 하락했을 때 연금계좌를 해지하고 인출하면 어떻게 될까? 세액공제율 16.5%, 연평균 주가수익률 -10%, 시가배당률 1.5%, 배당성장률 5%로 두 계좌를 비교해보자. 그럼 신기한 결과가 나오는데 기본적으로 연금계좌로 투자해서 물리는 게(?) 더 유리하다. 당연히 시간이 지날수록 연금계좌에 남는 돈이 더 많아지는 것은 여전히 유효한 사실이다.

세액공제율 16.5% 시 계좌별 세후 총자산 비교

단위: 만 원

투자기간	투자 원금	연금계좌	일반계좌	GAP
1년	600	557	548	10
2년	1,200	1,070	1,049	21
3년	1,800	1,543	1,508	35
4년	2,400	1,980	1,931	49
5년	3,000	2,387	2,321	66
6년	3,600	2,767	2,683	84
7년	4,200	3,122	3,019	103
8년	4,800	3,458	3,334	124
9년	5,400	3,776	3,629	146
10년	6,000	4,079	3,909	170
11년	6,600	4,369	4,174	195
12년	7,200	4,650	4,428	222
13년	7,800	4,922	4,672	250
14년	8,400	5,189	1,909	280
15년	9,000	5,452	5,140	312
16년	9,600	5,712	5,367	345
17년	70,200	5,972	5,591	381
18년	10,800	6,232	5,815	418
19년	11,400	6,495	6,039	457
20년	12,000	6,763	6,265	498

세액공제율이 13.2%라도 기본적으로 연금계좌가 유리하다. 투자 기간 3~5년 사이에 몇만 원 정도 일반계좌보다 낮긴 하지만 거의 모든 기간 연금계좌에서 중도 인출하는 경우가 더 많은 돈을 챙길 수 있기 때문이다. 물론 그런 일이 없으면 좋겠지만 하락장일 때 현금화해야 한다면 오히려 연금계좌를 해지하는 것이 이득이다.

저축은 답답하지만 투자는 무서운 당신에게

세액공제율 13.2% 시 계좌별 세후 총자산 비교

단위: 만 원

투자기간	투자 원금	연금계좌	일반계좌	GAP
1년	600	557	548	10
2년	1,200	1,052	1,049	3
3년	1,800	1,507	1,508	(1)
4년	2,400	1,929	1,931	(2)
5년	3,000	2,320	2,321	(1)
6년	3,600	2,686	2,683	3
7년	4,200	3,028	3,019	9
8년	4,800	3,351	3,334	17
9년	5,400	3,656	3,629	27
10년	6,000	3,948	3,909	39
11년	6,600	4,227	4,174	53
12년	7,200	4,496	4,428	69
13년	7,800	4,758	4,672	86
14년	8,400	5,014	1,909	106
15년	9,000	5,267	5,140	127
16년	9,600	5,517	5,367	150
17년	70,200	5,766	5,591	175
18년	10,800	6,017	5,815	202
19년	11,400	6,270	6,039	231
20년	12,000	6,527	6,265	262

★ 가정 5: 세액공제를 안 받는다면?

만약 세액공제를 전혀 받지 않고 매년 600만 원씩 투자하면 두 계좌의 차이는 어떻게 될까? S&P500 ETF를 연금계좌와 일반계좌에서 각각 투자하다가 특정 시점에 전액 현금화한다면 그 차이는 192페이지 표와 같다.

세액공제 받지 않을 때 계좌별 세후 총자산 비교

단위: 만 원

투자기간	투자 원금	연금계좌	일반계좌	GAP
1년	600	638	644	(6)
2년	1,200	1,315	1,334	(19)
3년	1,800	2,037	2,075	(38)
4년	2,400	2,804	2,869	(64)
5년	3,000	3,622	3,720	(99)
6년	3,600	4,492	4,631	(139)
7년	4,200	5,420	5,598	(177)
8년	4,800	6,410	6,634	(224)
9년	5,400	7,465	7,745	(280)
10년	6,000	8,591	8,935	(344)
11년	6,600	9,792	10,211	(418)
12년	7,200	11,075	11,578	(503)
13년	7,800	12,445	13,043	(597)
14년	8,400	13,908	14,612	(704)
15년	9,000	15,471	16,293	(822)
16년	9,600	17,142	18,094	(952)
17년	70,200	18,927	20,023	(1096)
18년	10,800	20,835	22,089	(1254)
19년	11,400	22,875	24,301	(1426)
20년	12,000	25,057	26,670	(1614)

일반계좌: SPY / 연금계좌 TIGER 미국S&P500

이번에는 모든 기간에서 일반계좌가 연금계좌보다 유리하다. 세액공제 혜택을 받지 않고 투자하다가 중도 인출할 용도로 투자할 계획이면 굳이 연금계좌를 이용할 필요가 없어 보인다. 하지만 그럼에도 불구하고 나는 연금저축펀드 계좌를 만들어서 아주 적은

저축은 답답하지만 투자는 무서운 당신에게

금액이라도(매월 3만 원씩이라도) 투자하는 것을 추천한다. 단순히 투자 금액 효율을 떠나서 내 돈이 들어가면 연금저축펀드와 연금이라는 주제에 지속적인 관심을 가지게 되기 때문이다. 그리고 이를 계기로 ETF 1주라도 매월 꾸준히 모아가는 습관이 생긴다면 100만 원, 200만 원 수익보다 더 큰 성과를 얻는 것이라 생각한다. 누구나 'S&P500 ETF 월 적립 매수'가 안정적으로 자산을 불릴 방법이라는 사실을 잘 알지만 한두 달 하다가 포기한다. 습관이 안 되었기 때문이다. 이 관점에서 제도적으로 만 55세 이전에 인출해도 전혀 문제없지만, 심리적으로는 중도 인출을 꺼리게 되는 연금저축펀드가 월 적립 매수 습관을 만드는데 딱이다. 나는 2019년부터 한 달도 빠짐없이 매월 약 200만~300만 원 정도 적립식 매수를 하고 있다. 이런 내 투자방법을 보고 많은 사람들이 월 적립 매수를 잘할 방법이 무엇인지 궁금해한다. 그 비법이 연금저축펀드 투자다. 적은 돈을 계속 투자하면서 매도하지 않는 행동이 쌓이다 보니 자연스럽게 습관이 되었다.

　지금까지 여러 조건으로 연금계좌와 일반계좌를 비교해 봤다. 16.5%의 세액공제를 받을 수 있다면, 크게 고민할 필요 없이 연금계좌로 모아가면 된다. 중도 인출을 감안한다면 배당률이 높은 종목으로 모아갈 때 더욱 유리하다는 점을 기억하고 투자계획을 짜면 된다.

　반면 13.2% 세액공제 대상자라면 나름의 고민이 필요하다. 단기간 투자로 연금계좌가 일반계좌보다 현금이 많아지는 구간이 없기 때문이다. 하지만 앞에서 이야기했던 것처럼 부담 없는 수준으로 조금씩 연금계좌에서 투자하는 것을 추천한다. 월 5만 원이라도 말이다. 연금계좌를 꾸준히 이용했던 경험이 나중에 본격적으로 투자할 때, 큰 도움이 되기 때문이다. 투자 기간이 늘어날수록, 그리고 만 55세 이후 연금 수령하여 생활비를 받게 되면 연금계좌가 압도적으로 좋아진다. 엄청난 잠재력이 있는 만큼 1살이라도 어릴 때부터 연금계좌와 친해지는 것을 추천한다. 그러기 위해서는 일단 연금저축펀드 계좌를 만들고 1만 원이라도 입금하고 투자해봐야 한다.

사회초년생이나 2030이라면 고민할 필요없이 연금계좌에서 투자해도 된다. 계좌 이름에 '연금'이라는 거창한 단어가 들어가다 보니 중도 인출하면 큰일날 것 같은 느낌이 들지만 말이다. 그리고 만약 운 좋게(?) 연금계좌를 해지하지 않고 쭉 유지하게 된다면 나중에 더 큰 돈으로 불어나는 만큼 연금계좌 활용을 적극적으로 추천한다. 미래의 내가 과거의 나에게 매우 감사하게 될 것이다. 또한 연금저축펀드 계좌에서는 많은 개인 투자자에게 좌절감을 안겨주는 레버리지나 급등주에 투자할 수 없게 제도적으로 막혀 있다. 그래서 완전 정석대로 모아갈 수 있다는 깨알 장점도 있다.

물론 이번 챕터에서 한가지 놓치고 있는 부분이 있다. 주식이나 ETF 투자 경험이 많다면 바로 이 부분이 의문으로 떠오를 것이다. 바로 국내 상장 ETF가 '미국 ETF와 동일한 성과를 낼 수 있는가?' 하는 점이다. 동일한 지수를 추종하는 ETF라도 과거 데이터를 보면 시가배당률이나 배당성장률 모두 미국 시장에 상장된 ETF보다 떨어져 보이기 때문이다.

그래서 나도 연금계좌 혜택이 압도적으로 좋다는 것을 알지만 세액공제 한도까지만 투자하고 나머지 여유자금은 일반계좌로 미국 시장에 상장된 ETF도 모아가고 있다. 하지만 이런 현상에 대한 의견과 목소리들이 지속적으로 나오고 있는 만큼, 국내 상장 ETF들도 시간이 지날수록 점점 좋아질 것이다. 실제로 개인 투자자들의 지속적인 요청과 분석으로 국내 자산운용사들이 ETF 운용보수를 인하하거나 배당금을 더 많이, 더 자주 주기 시작했다. 미국 주식 시장에는 많지만 한국 주식 시장에는 아예 없었던 월배당 ETF도 2022년 6월 국내에 처음 상장했다(SOL 미국S&P500). 이처럼 국내 ETF 시장도 계속 발전하고 있는 만큼 나도 2023년부터는 연금계좌 투자금을 더 늘릴 계획이다. 연금계좌 세금 효율은 사기라는 말이 나올 정도로 좋기 때문이다.

참고로 누구나 자유롭게 일반계좌와 연금계좌 연도별 예상 총자산을 계산해볼 수 있는 구글 스프레드 시트는 이 QR코드를 통해 이용가능하다.

연금계좌 연도별 예상 총자산 계산

 다른 사람 말을 믿지 말고
직접 계산해 보자

5
세금
걱정할 필요가 없는 이유

지금은 중고등학교 친구들을 만나도 투자 이야기를 거의 하지 않고 내가 먼저 꺼내지도 않지만, 몇 년 전 투자가 인기였던 시절에는 3명 이상 모이면 주식, 부동산 이야기가 누군가의 입에서 자연스럽게 나왔다. 혹은 옆 테이블에서 들리는 투자 이야기를 듣고 우리도 투자 이야기로 넘어갔다. 한 명씩 자신의 투자 계획과 논리를 주장하는데 나는 항상 배당금으로 월급을 대체할 때까지 투자할 것이라 이야기한다. 그럼 친구들이 이렇게 되묻는다.

"배당금 1년에 2,000만 원 넘으면 세금 폭탄 맞는다고 하던데? 세금으로 다 뜯길 바에는 그냥 시세 차익으로 버는 게 낫지. 차라리 여기에 투자해라."

내가 운영하는 유튜브나 네이버 블로그에서도 연금투자와 배당금 투자 기록을 하고 있다. 여기서도 달리는 댓글의 10% 정도는 세금에 관한 내용이다. 정말 많은 댓글이 있지만 공통적으로 나오는 내용을 정리하면 다음과 같다.

"사적연금 연 1,200만 원 넘으면 세금 폭탄이에요. 연금 받으면 쓰지도 못하고 세금으로 다 낼듯."

"연금저축펀드는 사기예요. 세상에 어떤 법이 원금에 세금을 부과하나요?"

"배당금 2,000만 원 넘으면 종합소득세 폭탄 맞고 건보료 폭탄까지 장난 아닌데… 나 같으면 안 받을 듯."

나도 처음 투자를 시작할 때 세금 걱정을 많이 했다. 공부해 보면 결국 나중에 세금이 수익에 큰 영향을 끼치기 때문이다. 실제로 배당금과 연금 관련 세금은 특정 금액 이상부터 세율이 더 높아진다. 그래서 투자를 좀 해본 사람들은 세금 폭탄을 걱정한다. 2023년 6월 기준, 직장인은 연간 배당금이 2,000만 원 넘으면, 넘는 만큼 추가로 종합소득세 과세가 된다. 그리고 건강보험료도 그만큼 추가로 부과된다. 직장인이 아닌 지역가입자라면 연간 받는 배당금이 1,000만 원을 넘으면 전부 건강보험료 부과 대상이다. 또한 사적연금도 만 55세 이후 연금 수령할 때 연간 1,200만 원 넘게 받으면 전액 종합소득세 대상이 된다. 원래 사적연금 세율은 3.3~5.5%로 낮지만, 1,200만 원이 넘어가 종합소득세 대상이 되면 세율은 기본적으로 올라간다. 종합과세를 원하지 않는다면 분리과세로 16.5%를

연간배당금별 종합소득세와 추가로 내야 할 세금

단위: 만 원

배당금			종합소득세 계산공식				세금비교	
연배당금 (세전)	분리과세 대상 금액	종합과세 대상 금액	대상 금액	종합 소득세율	누진 공제	종합 소득세	원천 징수	원징 외 추가납부
500	500	0						
1,000	1,000	0						
1,500	1,500	0						
2,000	2,000	0						
2,500	2,000	500	(500) X 6% − 0 =			30	75	
3,000	2,000	1,000	(1,000) X 6% − 0 =			60	150	
4,000	2,000	2,000	(2,000) X 15% − 126 =			174	300	
5,000	2,000	3,000	(3,000) X 15% − 126 =			324	450	
6,000	2,000	4,000	(4,000) X 15% − 126 =			474	600	
7,000	2,000	5,000	(5,000) X 15% − 126 =			624	750	
8,000	2,000	6,000	(6,000) X 24% − 576 =			864	900	
8,400	2,000	6,400	(6,400) X 24% − 576 =			960	960	
9,000	2,000	7,000	(7,000) X 24% − 576 =			1,104	1,050	54
10,000	2,000	8,000	(8,000) X 24% − 576 =			1,344	1,200	144

(종합소득세 계산은 2023년 기준, 배당금 외 다른 소득은 없다고 가정)

선택할 수도 있다. 선택지가 있다는 사실은 좋지만 둘 다 사적연금 세율 3.3~5.5%보다 높은 것도 사실이다. 재테크 공부를 좀 해본 사람들이 배당주 투자와 연금 투자에 세금 폭탄을 걱정하는 이유다.

처음에는 나도 여러 자료를 보면서 배당주 투자와 연금 투자는 효율이 너무 떨어져 보였다. 부자 되기까지 시간도 오래 걸리고 세금으로 다 뜯길 바에는 시원하게 주가 상승을 노릴 수 있는 성장주 위주로 투자하는 것이 정답이라고 생각했다. 그래서 도대체 세금을 얼마나 많이 뜯어가길래 다들 세금 폭탄, 세금 지옥을 이야기하는지 직접 계산한 뒤 투자방식을 결정하기로 다짐했다. 그래서 배당금으로 연간 2,000만 원 넘게 받거나 사적연금도 연간 1,200만 원 넘게 받으

저축은 답답하지만 투자는 무서운 당신에게

면 진짜 세금 폭탄을 얻어맞는 것인지 국세청을 포함해 수많은 자료를 공부하면서 직접 계산해 보았다(2024년부터는 사적연금으로 얻은 소득의 분리과세 기준 금액이 연 1,200만 원에서 연 1,500만 원으로 상향된다).

결과는 충격적이었다. 온라인에서는 연간 받는 총 배당금이 2,000만 원(세전)에서 1원만 넘어도 세상이 무너질 것처럼 이야기했지만, 직접 계산해 보니 사실과 전혀 다른 이야기였기 때문이다. 2023년 종합소득세 기준으로 계산하면 다른 소득이 전혀 없고 배당금만 연간 8,400만 원 받았다면 추가로 내야 할 세금은 전혀 없다. 198페이지의 표는 연간배당금별 종합소득세와 추가로 내야할 세금을 계산한 표다. 맨 오른쪽 붉은색 음영 된 숫자가 추가로 내야 할 세금이다. 연배당금 8,400만 원 전에는 종합소득세로 계산해도 배당금 받을 때 미리 떼간 15% 배당소득세가 더 많다. 참고로 종합소득세보다 원천징수된 배당소득세가 더 많아도 5월 종합소득세 신고 때 환급되지 않는다. 연말정산이랑 다르다. 배당금을 최대한 많이 받아 원천징수된 세금이 아깝지 않게 만들어야겠다는 생각이 들었다.

사적연금 수령액도 연간 1,200만 원(세전)에서 1원만 넘어가도 종합소득세로 넘어가 세금 지옥이 펼쳐진다고 믿는 사람이 많은데, 전혀 아니었다. 만약 연간 연금수령액이 1,200만 원이 아닌, 2,482만 원이라면 실제 내야할 세금은 144만 원이다. 세율로 따지면 5.8% 다. 종합과세가 되었는데도 연금소득세 5.5%랑 거의 차이가 없다. 대략 매월 6,000원 정도 더 나가는 수준이다. 또한 연금수령액이 연 1,200만 원을 넘지 않아도 종합소득세 신고할 수 있는데, 이때는 연금소득세보다 내야 할 세금이 오히려 더 줄어들었다. 연금 받는 액수를 더 늘려서 계산해도 세금이 조금씩 더 늘어나긴 하지만 두려움에 떨 만큼 세금이 무서운 수준은 아니었다. 이 정도 세금이 무서워서 일부러 연금을 1,200만 원 이상 안 받는다는 것은, 마치 회사에서 사장님이 나에게 월급 400만 원을 주겠다고 제안했지만, 세금이 걱정돼 200만 원만 받겠다고 이야기하는 꼴이다. 참고로 사적연금 수령액에 따라 세금을 계산하는 방법은 내 첫 번째 책인 《나는 노후에 가난하지 않기로 결심했다》나 유튜브 채널에서 자세히 확인할 수 있다.

	종합과세	계산식
소득내역		
국민연금		
사적연금	2,482만 원	
총소득	**2,482만 원**	
소득공제		
연금소득공제	-738만 원	630+(2,482-1,400)×10%
인적공제	-150만 원	1인 150만 원
과세표준	**1,594만 원**	
실제 세금		
종합소득세	131만 원	1594×15%-108
지방소득세	13만 원	131×10%
최종세액	**144만 원**	
종합소득세율	**5.8%**	

연금 수령액에 따른 세금 계산법

저축은 답답하지만 투자는 무서운 당신에게

이렇게 직접 계산해 보니 3가지 사실을 깨달았다. 첫째는 소문과 다르게 세금 폭탄 맞을 일은 거의 없다는 점이다. 두 번째는 오히려 일반계좌보다 연금계좌(연금저축펀드, 개인형 IRP)에서 배당주나 배당 ETF를 모아가는 것이 훨씬 이득이라는 사실이다. 마지막으로 남의 말만 듣고 내가 다 안다고 생각하면 안 된다는 사실도 깨닫게 되었다. 투자뿐만 아니라 모든 분야에서 적용되는 진리인 만큼 내 삶에 영향을 주는 일이라면 귀찮더라도 직접 하나씩 확인해 본다. 직접 세금을 계산했던 것처럼 말이다. 회사에서는 보고서 양식을 하나씩 뜯어보면서 더욱 효율적으로 만들 수 있도록 고민하느라 늘 야근했었는데, 정작 제일 중요한 내 인생은 다른 사람이 하는 말만 듣고 판단하거나 결정하려 했던 과거가 부끄러워졌다. 이후부터는 배당금 세금이나 종합소득세, 건강보험료 관련 지식을 직접 공부하고 계산해 보면서 미래 파이어족이 됐을 때 발생할 세금 문제를 미리 대비하고 있다. 여담이지만 이렇게 세법 공부를 하고 직접 세금도 계산하다 보면 이쪽이 내 적성과 잘 맞는다는 느낌을 자주 받는다. 그래서 새로운 도전을 하기 늦은 나이일 수 있지만, 세무사 자격증에 꼭 도전해보고 싶다. 나중에 결심이 흔들리지 않도록 이렇게 책에 박제해 놓는다.

"죽음과 세금은 피할 수 없다"라는 말처럼 수입이 생기면 세금을 내야 하고, 수입이 많아질수록 내야 할 세금도 늘어난다. 이는 많이 먹으면 살이 찌는 것처럼 매우 자연스러운 현상이다. 하지만

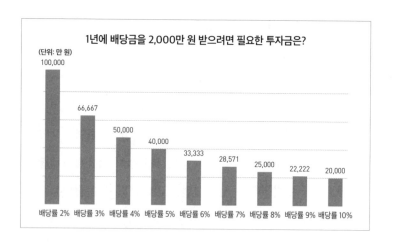

1년에 배당금을 2,000만 원 받으려면 필요한 투자금은?

(단위: 만 원)

배당률 2%	배당률 3%	배당률 4%	배당률 5%	배당률 6%	배당률 7%	배당률 8%	배당률 9%	배당률 10%
100,000	66,667	50,000	40,000	33,333	28,571	25,000	22,222	20,000

이렇게 직접 계산을 통해 정확한 사실을 알게 되면 현재 나에게 가장 유리한 절세 방법도 자연스럽게 터득하게 된다. 물론 이렇게 직접 계산하는 것이 귀찮을 수 있고, 성향에 따라 매우 어렵게 느껴질 수 있지만 '피할 수 없으면 즐겨라' 마인드로 꼭 해보길 바란다. 이 과정에서 내야 할 세금을 아끼게 된다면 기분도 매우 좋아진다. 나는 매년 회사에서 연말정산 하기 전에 직접 엑셀로 계산해본다. 5월 종합소득세 신고도 직접 하다 보니 새로운 절세 방법과 지식도 하나씩 늘어난다. 덕분에 연말정산 환급액과 종합소득세 절세액은 매년 늘어나고 있다.

그리고 당장 세금 걱정할 필요가 없는 결정적인 이유가 있다. 배당금과 연금을 세금이 걱정될 만큼 받으려면 일단 돈이 엄청 많아야 한다. 연간 2,000만 원의 배당금을 받기 위해서는 배당률 2% 짜리 주식 기준 10억 원이 있어야 한다. 배당률 4%라면 5억 원, 배

저축은 답답하지만 투자는 무서운 당신에게

당률 10%여도 2억 원을 투자해야 한다. 보통 배당률 10% 이상 종목은 주가 하락에 따른 투자원금 리스크가 크다 보니 안정적인 배당금 현금흐름을 위해 보통 시가배당률 4~5%대 종목을 많이 투자한다. 즉, 배당금 때문에 세금 걱정하려면 최소 5억 정도 배당주에 투자해야 한다. 5억부터 모으고 세금 고민해도 충분하다는 뜻이다. 그래서 나도 마음 편하게 배당금을 모아가고 있다. 5억을 채우려면 아직 갈 길이 멀기 때문이다.

연금도 마찬가지다. 1년에 1,200만 원 이상 수령하기 위해서는 연금계좌에 1억 원 이상 있어야 한다. 세율이 낮은 연금소득세로 연금을 받기 위해서는 연간 수령 한도 공식에 맞춰서 연금을 받아야 하는데, 1억 원이 그 기준이기 때문이다. 만약 연금으로 내년에 2,400만 원을 받으려면 연금계좌 총액이 2억 원이야 한다. 2억 원은 20년 동안 매월 83만 원씩 하루도 빠짐없이 입금해야 모을 수 있는 돈이다. 물론 연금계좌에서는 대부분 투자를 하기 때문에 그보다 더 이른 시간에 2억 원을 달성하겠지만, 쉽게 모을 수 있는 돈은 절대 아니다. 먼 미래의 세금 폭탄을 걱정하기 전에 연금계좌에 돈을 어떻게 채울 지부터 고민하는 게 순서다. 연금저축펀드와 개인형 IRP 합쳐서 매년 1,800만 원, 중개형 ISA는 매년 2,000만 원까지 입금할 수 있는데, 한도를 다 채우려고 해도 매년 3,800만 원이 필요하다. 월 316만 원이 넘는 돈이다. 그게 아니라면 세액공제한도인 연 900만 원이라도 꾸준히 넣어보자. 이렇게만 해도 월 75만 원이다. 정말 열심히 입금하고 투자해야 할 것이다. 그렇지 않으면 그동안의 세금 걱정이 무안할 정도로 아무 문제 없을 것이기 때문이다. 지금 나는 한 달 50만 원씩 연금저축펀드에서 투자 중이다. 목표는 만 55세 이후에 매년 최소 3,600만 원 이상 수령하는 것이다. 이 정도로는 세금 폭탄을 맞지 않을 뿐더러 국회에서도 사적연금 분리과세 기준 금액을 상향하기를 계속 논의 중인 만큼 크게 걱정할 필요는 없을 것 같다. 그래서 나는 세금 걱정을 하기보다 돈을 더 벌 방법을 고민하는데 내 시간과 에너지를 사용한다.

$$연금\ 수령\ 한도 = \frac{연금계좌의\ 평가액}{11-연금수령연차} \times 120\%$$

※ 연금 수령 연차: 연금 수령하는 연수, 55세부터 1연차
예) 만 55세에 1억 원짜리 연금계좌에서 연금개시를 신청하면 첫해에 1,200만 원이 연간 수령 한도가 된다.

 세금 걱정할 만큼
많이 벌고 많이 투자하고 싶다…

저축은 답답하지만 투자는 무서운 당신에게

6

부자가 되는 최고의 습관은
절약이 아니다

인류 역사상 최고의 발명품은 무엇일까? 전기, 자동차, 비행기, 스마트폰 등 관점에 따라 다양한 답이 나오겠지만 내가 생각하는 인류 역사상 최고의 발명품은 언제나 '글자'다. 글자로 역사가 기록되기 시작하면서 선조의 기술과 지혜가 다음 세대로 전해졌다. 이를 바탕으로 새로운 기술이 결합돼 인간이 지구상에서 가장 강력한 생명체가 되었다. 기록으로 남아 있지 않았던 인류의 역사를 '선사시대'라고 하는데, 수백만 년에 달하는 인류 역사의 95%가 선사시대이다. 5%밖에 안 되는 기간에 인류는 이렇게 빨리 발전했다. 글자의 발명 덕분에 기술이 복리로 불어난 것이다.

그리고 글자와 기록의 힘은 직장인 투자에서도 그대로 적용된다. 나의 과거 자산 추세를 보고 개선하다 보면 미래 내 자산이 바뀌기 때문이다. 계획과 데이터 분석을 좋아하는 파워 ISTJ답게 원래도 가계부는 사회초년생 이전부터 기록했었다(물론 그 당시에는 월급에 맞춰서 전부 소비하기 위함이었지만). 재테크에 본격적으로 뛰어든 이후로는 나만의 데이터를 정말 다양하게 기록하고 있다. 우선 계좌별 입출금 내역과 월별 계좌 총자산, 월별 수익률, 연도별 수익률, 투자 후 지금까지 누적 수익률, 연평균 수익률을 기록한다. 그리고 월별/연도별 배당금 내역, 12개월 월평균 배당금, 연도별 목표자산 달성 현황도 기록한다. 입출금과 배당금 지급 내역은 때마다 입력하지만, 나머지 항목들은 월말에만 한 번 기록한다. 이렇게 적고 보니 관리하는 자료가 엄청 많아 보이지만, 내 엑셀 실력도 점점 좋아지면서 지금은 대부분 자동화되었다. 몇 가지만 입력하면 앞에서 이야기한 모든 것이 알아서 계산된다. 그리고 이걸 기록하는데 한 달에 5분도 걸리지 않는다.

이 중에서 가장 중요한 지표를 하나 뽑아보자면 나는 언제나 '월별 총자산'을 뽑는다. 그리고 보고 있으면 가장 후회가 밀려오는 지표도 이것이다. 우선 '월별 총자산'은 단어 뜻 그대로 월말에 나의 총자산이 얼마인지 기록한 자료다. 예를 들어 2023년 1월 31일, 내 계좌에 총 1,000만 원이 있고, 2023년 2월 말에 1,300만 원이 있었다면 그냥 정말 단순하게 엑셀에 이렇게 적는다. 이런 식으로 매월 마지막 날마다 계속 적어나간다(207페이지 표).

월	총자산
2023년 1월	1,000만 원
2023년 2월	1,300만 원

나는 2017년 11월부터 '월별 총자산'을 기록하기 시작했다. 이 지표를 보고 있으면 후회가 밀려오는 이유는 '더 일찍' 기록하지 못했다는 아쉬움 때문이다. 만약 내가 대학생 때부터 가계부 쓰듯이 '월별 총자산'도 기록했으면 지금은 더 많은 자산을 가지고 있었을 것이고 나의 조기 은퇴 시점은 당겨졌을 것이다. 보통 나이가 들수록 자산도 늘어나는 법인데, 욜로 시절 나는 시간이 지날수록 자산이 점점 줄어들었다. 그러다가 몸과 계좌가 전부 아프고 나서야 '이렇게 살면 안 되겠다' 깨달았다. 물론 소비를 월급보다 많이 하면서 죄책감을 느낄 때도 있었다. 다음 달부터라도 열심히 돈을 모으겠다고 다짐했지만 얼마 안 가 잊어버리고 똑같이 행동했다. 항상 느끼는 것이지만 인간의 의지력은 정말 나약하다. 그래서 두 눈으로 직접 보고 또 봐야 현실을 받아들이고 개선점을 찾기 시작한다. 말로만 아무리 다짐해도 변화가 없는 이유다. 208페이지의 차트는 내가 2017년 11월부터 아마도 죽을 때까지 기록할 '월별 총자산'의 일부인 주식자산을 표시한 것이다. 만약 내가 2014년 취직했을 때부터 이 차트를 기록했다면 뭔가 잘못됐다는 것을 조금 더 일찍 깨달았을 것이다.

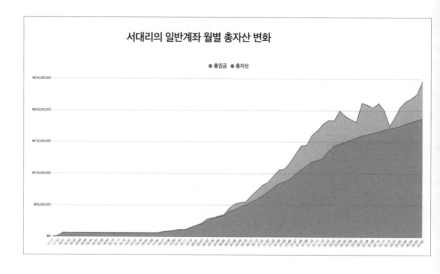

서대리의 일반계좌 월별 총자산 변화

■ 총입금 ■ 총자산

단순한 깨달음뿐만 아니라 기록하면 좋은 점이 몇 가지 더 있다. 우선 과거 내 행적을 통해 미래에는 어느 정도 자산가가 될지 대략 감이 온다. '1억 원이 있는 상태에서 월 적립 매수를 꾸준히 하니까 3년 만에 1억 원이 생겼네? 그렇다면 2억 원 있는 상태로 월 적립 매수를 열심히 하면 전보다 더 빨리 1억 원이 늘어나겠군'처럼 내 미래가 그려진다. 물론 과거의 수익률이 미래를 보장하지는 않지만, 경험상 어떤 일이든 꾸준히 하면 결국 평균에 수렴하면서 우상향한다. '올해 4월에 배당금 21만 원 받았으니 내년에는 최소 30만 원 받겠군'이라는 행복한 미래가 머릿속에서 자연스럽게 그려진다.

기분 좋은 상상만으로 멈추지 않는다. 희망찬 미래에 대한 기대감은 또다시 행동으로 이어져 더 좋은 성과를 내게 하는 원동력

저축은 답답하지만 투자는 무서운 당신에게

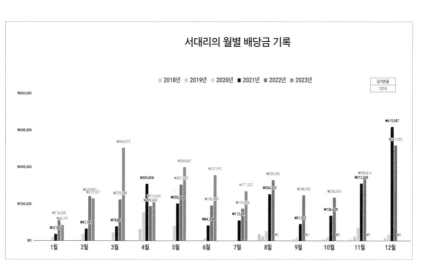

서대리의 월별 배당금 기록

이 된다. 내년 4월 배당금이 30만 원일 줄 알았는데 예상보다 10만 원 늘어난 40만 원을 받는 기쁜 일이 발생한다. 나도 분기에 한 번씩 받게 될 배당금을 계산해 본다. 올해와 내년에 받게 될 배당금을 기록해 놓고 실제 배당금이 들어오면 비교하는데, 정말 신기하게 예상 배당금보다 항상 많이 받는다. 작년보다는 배당금을 많이 받는 것을 목표로 하는데 이렇게 표로 내 배당금을 계속 보고 있으면 나도 모르게 배당주를 더욱 열심히 모으게 된다.

기록을 하면 좋은 두 번째 이유는 '자기 자신에 집중'할 수 있다는 점이다. 현대인이 불행한 이유가 SNS 때문이라는 이야기가 많다. 여기서 핵심은 '남과 자신을 비교'하기 때문이다. 나는 평일에 맨날 야근하고 주말에도 일하는데, SNS 속 지인들은 가족과 호캉스를 가거나 해외여행을 자주 떠난다. SNS 속 다른 지인은 매년 명품가방을 구매하고 미슐랭 레스토랑에서 인증사진을 올린다. 어떤 사람은 매주 골프장 인증샷을 올린다. 반면 나는 매일 회사에 찌들어 있다면 당연히 자신이 불행하다고 느낄 수밖에 없다. 지금 내 처지가 객관적으로 나쁘지 않더라도 더 행복해 보이는 지인의 모습을 SNS에서 보게 되면 갑자기 내가 초라해진다. 한때 부탄이라는 나라가 뉴스에 자주 회자되었다. 경제적으로는 가난한 나라지만 국민들의 행복 지수가 1위로 발표되었기 때문이다(이 조사가 객관적인가 하는 논란은 있다). 이 덕분에 '역시 행복은 돈으로 살 수 없다'라는 주장이 힘을 받았다. 하지만 2017년 부탄의 행복 지수는 세계 97위까지 내려갔다고 한다. 어떻게 행복 지수 세계 1위에서 97위까지 순위가 수직으로 하강했을까? 그 이유도 스마트폰과 인터넷 보급, SNS 때문이라는 분석이 지배적이다. 그동안 본인들만의 삶을 살던 부탄 국민들이 남들, 혹은 다른 나라 사람들의 삶과 비교하기 시작하면서 행복 지수가 낮아졌다는 것이다.

투자도 이와 마찬가지다. 투자 여건도 사람마다 전부 다르다. 누구는 사회초년생 시절부터 부모님이 집과 자동차를 장만해주지만, 누구는 학자금 대출부터 갚아야 한다. 30살 동갑 친구여도 한 명은 취직을 늦게 해서 지금 당장 투자할 돈 자체가 없을 수 있다. 이처럼 사람마다 처한 환경이나 자금 상황이 전부 다른데, 나와 다른 사람의 투자를 비교하면 불행해질 뿐이다. 심리적 불행에서 멈추면 다행이다. 불행한 기분과 불안함은 조바심이 되고, 조바심은 무리한 투자로 이어진다. 단기간에 큰돈을 벌어보겠다고 대출받아

저축은 답답하지만 투자는 무서운 당신에게

투자하거나 테마주에 손을 댔다가 오히려 손해만 보는 악순환에 빠질 수 있다. 이런 문제를 해결해 주는 것이 기록이다. 다른 사람과 비교하는 대신 내 과거를 비롯하여 스스로에게 온전히 집중하게 만들어주기 때문이다. 그리고 과거의 나를 이기는 데 집중하다 보면 점점 발전하고 있는 자신을 발견할 수 있다. 투자를 나 혼자 뛰는 마라톤이라 생각해 보자. 뛰어야 하는 거리도 42.195km로 정해져 있지 않고 스스로가 정할 수 있다. 몇 시간 안에 완주할 것인지도 내가 정할 수 있다. 대신 그러기 위해서는 지금부터 하나씩 내 역사를 기록해야 한다. 어떻게 기록해야 할지 막막하다면 앞에서 소개한 '서대리의 투자 기록 시트'를 활용하면 된다.

적자생존
: **적다**Writing **보면 생존해서 부자가 된다**

7
성공적인 투자를 위해
삭제한 앱 2개

성공적인 투자법은 다양하겠으나 가장 보편적으로 널리 알려진 방법은 아마 적립식 장기투자일 것이다. 이와 관련된 투자 대가들의 명언이 정말 많다.

"투자의 성공 여부는 얼마나 오랫동안 세상의 비관론을 무시할 수 있는지에 달렸다."

"주식 시장은 인내심 없는 사람의 돈이 인내심 있는 사람에게 흘러가는 곳이다."

"일관성과 인내심을 가지는 것이 중요하다. 참으면 참을수록 복리라는 놈은 더더욱 당신 편이 될 것이다."

"일단 우량주 몇 종목을 산 다음, 수면제를 먹고 몇 년 동안 푹

저축은 답답하지만 투자는 무서운 당신에게

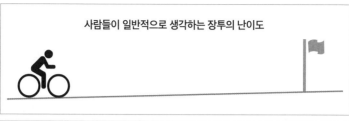

사람들이 일반적으로 생각하는 장투의 난이도

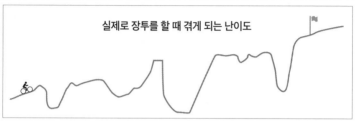

실제로 장투를 할 때 겪게 되는 난이도

자라."

이 외에도 훨씬 많지만 정말 유명한 문장들만 추려 보았다. 다만 많은 사람들이 오해하는 지점이 있다. 장기투자는 단순히 원하는 만큼 돈을 투자하고 가만히 앉아서 기다리는 것이라고 할 수 없다. 물론 흔들리는 주가 차트를 보면 가만히 기다리는 것조차 쉽지 않다. 투자하고 가만히 있기가 쉬웠으면 모두 부자가 되었을 것이다. 적어도 우리나라 노인빈곤율이 이렇게 높지 않았을 것이다. 장기투자가 쉽지 않은 이유는 주기적으로 엄청난 주가 하락이 몰려오기 때문이다. 그 시기를 묵묵히 견뎌야 값진 수익을 얻을 수 있는데 그러기 위해서는 주가가 반토막 나더라도 기다릴 수 있는 인내심이 필요하다. 다만 그 인내심이 단순히 배고픔을 참는 수준이 아니다. 전 재산이 반으로 줄어든 모습을 10년 넘게 지켜보면서 기다

주식 시장 요약 > SPDR S&P 500 Trust ETF

446.81 USD

NYSEARCA: SPY

+402.87 (916.86%) ↑ 전체 기간

+ 팔로우

8월 4일 오후 8:00 GMT-4 · 면책조항

1일 | 5일 | 1개월 | 6개월 | 연중 | 1년 | 5년 | **최대**

출처: google.com

려야 할 수 있다.

　투자의 정석으로 알려진 S&P500 ETFspy 주가 차트를 보면 '역시 주식은 장기투자야'라는 생각이 든다. 중간중간 굴곡이 있긴 하지만 결과적으로 우상향하는 모습이고 수익률도 괜찮기 때문이다. 하지만 고점 대비 하락률 차트로 보면 주식 투자의 무서움을 확실히 알 수 있다.

　SPY는 2000년대 초 닷컴버블과 2009년 금융위기로 인해 10년 넘게 고점을 회복하지 못했던 기간이 있다. 그동안 주가는 고점 대비 40% 하락이 기본이었고 반 토막 나기도 했다. 이렇게 보면 2020년 3월과 역대급 하락장이라고 했던 2022년은 귀여운 수준이다. 하지만 이런 고통의 시간을 이겨내면 매력적인 수익률을 얻는다는 사실엔 변함없다.

SPY만 그런 것이 아니다. 현재 시총 1위인 애플도 50% 하락은 기본이고 25% 하락도 기념일처럼 주기적으로 일어난다. 하지만 투자를 지속했다면 1995년부터 지금까지 애플 수익률은 43,000%가 넘는다. 1995년에 1,000만 원을 투자했다면, 가만히만 있어도 43억 원이 되는 기적이 일어난 것이다. 많은 사람들의 사랑을 받는 테슬라도 마찬가지다. 고점 대비 40% 하락이 마치 싸이클처럼 찾아오기에 테슬라 투자자라면 늘 마음의 준비를 해야 한다. 하지만 고통을 참고 버틴 투자자에게 테슬라는 12,000% 넘는 수익률을 선물했다.

그렇다면 어떻게 해야 미칠듯한 주가 변동성에서 흔들리지 않고 묵묵히 장기투자 할 수 있을까? 투자에 정답은 없지만 4년 넘게 흔들리지 않고 월 적립 매수를 이어오고 있는 내 방법을 소개한다. 크게 2가지가 있다.

첫 번째는 부정적인 생각을 멀리하는 것이다. 기본적으로 투자는 긍정적인 생각이 더 커야 할 수 있다. 투자로 돈을 벌려면 미래는 지금보다 상황이 더욱 좋아지고 발전한다는 생각이 기본인데, 부정적인 생각이 강하다면 반대의 상황을 가정하는 것이기 때문이다. 한국은 인구가 빠른 속도로 감소하여 미래가 어둡다는 생각과 현재 미국 부채한도가 너무 크고 패권도 잃어간다는 생각만 머릿속에 맴돌게 되면 당연히 한국 부동산과 주식, 미국 주식에 투자할 수 없다. 투자하더라도 매일 불안함을 느낄 수밖에 없다. 물론 투자의 결과는 시간이 지나야 판단할 수 있다. 실제로 미래에 한국부동산과 S&P500, 나스닥이 계속 떨어질 수도 있다. "투자에 있어 가장

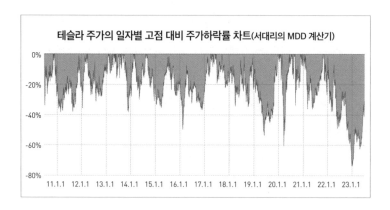

테슬라 주가의 일자별 고점 대비 주가하락률 차트(서대리의 MDD 계산기)

비싼 네 단어(영어 기준)는 '이번에는 다르다'이다"라는 존 템플턴의 말이 있다. 그 당시에는 주식, 부동산에 투자하면 안 될 이유들이 차고 넘쳤지만 결국 누구나 인정했던 좋은 자산들은 늘 그렇듯이 우상향했다. 그리고 앞으로도 그럴 확률이 매우 높다. 인류는 계속 발전하기 때문이다.

예전부터 한국 경제성장률은 떨어지고 있었고 내가 대학생이 었던 2008년부터 지금까지 취업은 항상 힘들었다. 인구 감소 얘기도 옛날부터 나왔다. 이미 1990년대부터 출산율 위기가 찾아올 것이란 뉴스가 매년 나왔다. 미국의 패권도 중국으로 넘어간다는 이야기도 늘 있었다. 하지만 서울 아파트, 미국 S&P500과 나스닥 지수를 보면 이런 걱정과 다르게 꾸준히 상승 중이며, 긍정적인 미래를 생각하고 기다린 사람들은 수익이라는 큰 선물을 받았다. 그래서 나는 가능하면 부정적인 생각을 멀리하려고 노력한다. 부정적인 생각은 바이러스처럼 퍼져 투자뿐만 아니라 삶의 다른 부분에도

저축은 답답하지만 투자는 무서운 당신에게

안 좋은 영향을 미치기 때문이다. 그래서 하루 24시간 중 가장 많이 사용하는 스마트폰에서 부정적인 생각을 접하지 않기 위해 가장 먼저 '블라인드'라는 앱을 삭제했다.

블라인드는 직장인들끼리 정보를 주고받을 수 있고 직장문화를 개선하는 데 큰 역할을 한 매우 좋은 앱이다. 하지만 아무래도 주제가 주제다 보니 긍정적인 이야기보다는 부정적인 이야기가 더 많을 수밖에 없다. 건설적인 이야기도 많지만, 어느 순간부터 "이래서 안 된다" "나도 월급 그만큼 받으면 할 수 있다" "해도 소용없어요" 등등 블라인드 앱 게시판을 보고 있으면 내 에너지와 의욕까지 앗아가는 글이 너무 많아졌다. 나에게 블라인드 앱은 에너지 뱀파이어였다. 그래서 2020년부터 아예 삭제하고 이용하지 않는다. 그러다 보니 자연스럽게 긍정 에너지를 삶의 여러 부분에서 더욱 잘 적용할 수 있었다. 미래를 계획하거나 내가 할 수 있는 일에 집중하면서 조금씩 발전해 나가면 삶 전체에 시너지 효과가 생기기 때문이다. 특히 투자에 많은 도움이 되었다. 2020년 3월과 2022년 하락장에서도 흔들리지 않고 투자를 쭉 유지하는 데 이 '긍정의 힘'이 정말 큰 도움이 되었다. 아마 부정적인 생각들을 계속 접했다면 나역시 시장의 큰 하락과 쏟아지는 비관적인 뉴스에 버티지 못하고 시장을 떠났을 것이다. 앞으로 더 떨어질 것 같다는 생각이 강하게 드는데 안 팔고 가지고 있는 것이 더 이상하기 때문이다.

적립식 장기투자를 계속할 수 있는 두 번째 비결은 '시장 정보에서 멀어지는 것'이다. 정말 많은 정보와 자료가 미친 듯이 쏟아지는 세상이지만, 아무리 좋은 정보를 얻어도 그게 투자수익률과 정비례하지 않는다. 억대 연봉을 받고 고급 자료가 넘치는 월가 펀드 매니저들 상당수도 S&P500을 이기지 못한다.

투자의 대가 워런 버핏은 월스트리트가 아닌 오마하에 살고 있다. 그가 '오마하의 현인'이라고 불리는 이유다. 뉴욕 월스트리트에서 오마하까지 비행기로 4시간, 자동차로는 18시간이나 걸릴 만큼 멀리 떨어진 거리다. 그런데도 워런 버핏이 월가에 있는 그 누구보다 위대한 투자자가 될 수 있었던 비결은 무엇일까? 기본적으로 그의 능력이 압도적인 것도 있겠지만, 나는 그가 수많은 정보인 '시장소음'으로부터 떨어져 있다는 점도 절대 무시할 수 없다고 생각한다. 실제로 워런 버핏은 오마하의 장점으로 이런 말을 했다.

"오마하는 살기 좋은 곳이다. 여기선 생각을 할 수 있다. 즉, 시장에 대해 더 잘 생각할 수 있고, 쓸데없이 많은 이야기를 듣지 않아도 된다. 그리고 그냥 앉아서 책상 위에 있는 주식을 보면 된다. 여기선 많은 것들에 대해 생각할 수 있다."

그리고 그는 이렇게 덧붙였다.

"월스트리트 같은 곳에서 들리는 온갖 잡음과 소음을 듣지 않아도 된다. 몇 년 동안 일해 봤지만, 그곳에선 사람들이 10초마다 등장해서 내게 속삭여댔고 나는 과도하게 자극을 받았다. 1년에 단 하나의 좋은 아이디어만 있으면 충분하다. 오마하는 그런 아이디어를 얻기에 좋은 장소다."

이 관점에서 나 역시 너무 많은 정보에 노출되는 것을 피하려

저축은 답답하지만 투자는 무서운 당신에게

고 노력한다. 정보에 현혹되지 않기 위해서다. 예전에는 많은 정보를 모으고 잘 분석해야만 투자 수익이 보장된다고 믿었지만, 실제 투자 경험과 투자 대가들의 이야기에 비추어 봤을 때 정보와 수익 사이의 유의미한 상관관계가 있지는 않은 것 같다. 만약 투자수익률이 지식이나 정보량의 크기에 따라 상승한다면 학자나 교수, 기자들도 세계 부자 순위 상위권에 대거 포진해 있어야 하지 않을까? 하지만 세계 부자 순위를 보면 그렇지 않다. 그래서 나는 오랫동안 이용했던 '시킹알파'와 '인베스팅닷컴' 앱도 지워버렸다. 시킹알파는 미국 주식에 투자할 때 활용하기 좋은 앱이고 인베스팅닷컴은 한국, 미국 주식 정보와 각종 경제지표 발표 등을 쉽게 확인할 수 있다. 하지만 너무 많은 뉴스와 관련 정보들을 시도 때도 없이 전달하기에 삭제했고, 나에게 필요한 정보만 그때그때 찾기로 했다. 진짜 궁금한 정보가 있다면 노트북이나 스마트폰으로 구글에 검색하면 되기 때문이다. 그리고 정보를 차단하게 되니 오히려 투자한 종목에 대한 믿음이 견고해졌고 그 시간을 부업이나 취미, 독서 등 더욱 건설적인 행동으로 채울 수 있게 되었다. 투자 수익과 수입 모두 발전하는 선순환 구조가 만들어졌다.

　나도 예전에는 장기투자는 누구나 할 수 있는 가장 쉬운 투자라 생각했다. 그리고 투자 실력이 없는 사람들이나 하는 투자라고 무시했다. 그중에서 시장지수를 추종하는 ETF 중심 투자를 특히 무시했다(패시브 투자 passive investment). 투자자의 주관이 개입되지 않고 그냥 시장 흐름에 따라가는 수동적인 투자이기 때문이다. 하지만 직접 해보니 장기투자와 시장지수 ETF 투자는 전혀 쉽지 않았다. 오히려 본인의 의지가 강해야 가능했다. 주가가 떨어졌을 때 팔고 싶은 욕망을 참고, 주가가 오를 때 더 사고 싶다는 욕망을 억제해야 하는데 이게 말처럼 쉽지 않다. 경험해 본 사람이라면 누구나 공감할 것이다. 시장지수에 내 자산을 맡기는 수동적인 투자가 알고 보면 누구보다 능동적이고 주체적인 투자 방법이다(액티브 투자active investment).

이런 욕망은 외부에서 접하는 부정적인 이야기나 수많은 정보를 통해 증폭된다. 그래서 애초에 내 기준과 믿음을 흔들만한 요소들은 미리 제거했다. 그랬더니 1년 내내 이어졌던 2022년 하락장을 정통으로 맞았지만 계좌 총자산은 꾸준히 늘어나는 신기한 경험을 하고 있다. 이 경험은 적립식 장기투자를 계속하게 만드는 또 다른 원동력이 될 것이라 확신한다.

믿을 건 오직 나 자신뿐

저축은 답답하지만 투자는 무서운 당신에게

8
시간여행 하는
방법

2022년 하반기 가장 인기 있었던 드라마를 꼽자면 〈재벌집 막내아들〉이 빠지지 않을 것이다. 모든 기억을 가진 채 과거 다른 사람의 몸속으로 들어가면서 벌어지는 일을 다룬 드라마였기에 많은 사람의 판타지를 충족시켜줬고 당연히 엄청난 인기를 끌었다(결말은 호불호가 갈리지만). 직장인 후회의 버뮤다 삼각지대라는 인터넷 밈이 있을 정도로 사람들은 현재의 정보를 가진 채로 과거로 돌아가는 상상을 자주 한다. 과거로 돌아가서 전 재산을 집과 주식, 비트코인에 올인했다면 지금쯤 최소 몇십억 자산가가 되었을 거란 행복한 가정이다. 그리고 이 돈으로 집도 사고 명품도 사고 자동차도 사면서 행복한 여생을 살고 있을 테다.

그때 비트코인을
샀더라면

그때 집을
샀더라면

월급쟁이
후회의
삼각 지대

그때 그 주식을
샀더라면

주: 그때 그럴 돈 없었음

"만약 내가 애플 주식을 2014년부터 월급으로 매수했다면 어땠을까?" "만약 내가 사회초년생부터 욜로하지 않고 월급을 열심히 모아 대출과 함께 아파트를 샀으면 어땠을까?" "비트코인이 400만 원도 안 할 때 전 재산을 걸었으면 어땠을까?" 등등 나도 가끔 현실 불가능한 상상을 한다. 아내도 비슷하다. 아내는 항상 자기 전에 증권 앱으로 시세를 확인하는데, 한숨을 쉬며 이렇게 이야기한다.

"이거 올라갈 것 같았는데 어제 살걸…."

"이거 그냥 어제 팔걸…."

나는 이런 아내의 투자법에 '참회 매매법'이라는 이름을 지어줬다. 이처럼 투자자라면 과거로 돌아가서 전 재산을 베팅하는 상상을 한다. 투자뿐만 아니라 인간은 본능적으로 과거로 돌아가고 싶어 한다. 우선 지금보다 더 젊었던 시절을 그리워하며 10대나

저축은 답답하지만 투자는 무서운 당신에게

20대로 돌아가고 싶어 한다. 하지만 과거로 돌아갈 방법은 아직까지 존재하지 않으므로 현실에 집중하면서 미래를 준비하는 것이 아쉬움을 달랠 수 있는 유일한 방법이다. 그리고 미래 어느 시점에서 보면 지금 이 순간이 '그때라도 할 걸'이라고 생각하는 시점이 될 것이다.

비밀을 하나 이야기하자면, 과거로 돌아갈 방법이 있다. 물론 돌아갈 시점을 정할 수는 없지만, 확실하게 과거로 갈 수 있다. 그 방법이 무엇일까? 바로 투자 시장이 하락할 시점을 노리는 것이다. 주식이나 부동산, 암호화폐 등 투자자산의 가치가 하락하면서 몇 년 전 가격이 되기 때문이다. 내 나이는 그대로인데 자산가격의 시간은 거꾸로 간 것이다. 사람들은 흔히 계속 오르는 주식을 보면서 "이 가격만 오면 몰빵할 텐데 아쉽다. 주가 떨어지길 매일 기도해야지"라고 이야기한다. 간절한 기도를 들은 신은 가끔 해당 주식을 몇 년 전 주가로 떨어트려 준다. 근데 막상 주가가 떨어지면 아무도 사지 않고, 좋아하지도 않는다. 더 떨어질 것을 걱정하기 때문이다.

나도 투자를 시작할 당시에는 가격만 보고 판단했다. 가격이 오르면 좋은 것이고, 가격이 내리면 나쁜 것이었다. 하지만 시간 관점에서는 반대다. 가격이 내리면 시간을 벌 수 있기 때문에 주가 하락이 좋은 것이다. 예를 들어 A라는 주식은 2018년 10만 원이었고 2023년 20만 원이었다. 근데 미중 무역 갈등으로 주식 시장 자체가 하락했고 A 주가도 반 토막이 나서 10만 원이 되었다. 이때 가격만 보는 투자자는 자산이 절반으로 줄었으니 매우 화가나고 슬플 것이다. 하지만 주가 하락을 시간 관점으로 보는 투자자에게는 5년이라는 시간을 벌 수 있는 '하늘이 준 기회'다. 드라마 〈재벌집 막내아들〉처럼 기억을 그대로 가지고 과거로 돌아갈 수는 없지만, 투자자산은 몇 년 전 과거로 자주 돌아갈 수 있다. 물론 기회라 생각하여 매수한 이후에도 더 떨어질 수 있지만, 내가 믿고 있고 앞으로도 꾸준히 투자할 종목이라면 계속 모아갈 좋은 기회일 뿐이다. 예전에는 나도 하락장이 싫었지만, 이제는 오히려 좋다. 내가 놓치고 후회했던 세월을 다시 잡을 수 있기 때문이다. 결과적으로 투자수익률도 계획보다 더 높아진다. 참고로 나는 'MDD 계산기'라는 자체제작 도구를 이용하여 추가 매수할 가격을 결정하는데, 이에 대한 자세한 내용은 뒤에서 더 설명하고자 한다.

투자를 하니 3년 젊어진 기분이다

저축은 답답하지만 투자는 무서운 당신에게

9
서대리의 투자법
STEP 1: 계획 수립

인생에 정답은 없지만 오답은 있다는 신념을 가지고 그동안 내가 했던 잘못된 판단과 그로 인해 느꼈던 후회를 솔직하게 이야기했다. 그리고 과거의 후회를 바탕으로 이제부터는 미래를 만들어가는 나의 방법을 이야기해보려 한다. 크게 '계획 수립-투자방식 확정-꾸준한 실행' 이렇게 3가지 단계로 구분할 수 있는데, 단계별 방식을 소개해 보겠다. 물론 경제적 자유와 조기 은퇴라는 목적지에 도달하기 위해 나도 가야 할 길이 아직 좀 남았다. 하지만 앞으로 소개할 방법대로 계획을 세우고 실행했을 뿐인데 자산 0이었던 욜로족에서 재테크에 관심 많은 1주택자가 되었고, 이제는 만 40세 조기 은퇴가 손에 잡히기 시작한 30대 직장인이 되었다. 그리고 이 방법은 단기간에 월 1,000만 원을 벌거나, 30억 자산가가 되는 방법이 아닌 평범한 직장인이라면 누구나 할 수 있는 방법이기 때문에 부담 없이 따라할 수 있을 것이다.

★ 한 달 생활비는 얼마인가?

"너 자신을 알라"라는 명언처럼 내가 한 달에 얼마나 사용하고, 어느 정도 사용했을 때 행복감을 느낄 수 있는지 알아야 명확한 재테크 계획을 세울 수 있다. 가족이 있다면, 나와 가족이 큰 걱정 없이 생활할 수 있는 생활비가 얼마나 되는지 알아야 한다. 단순히 10억을 모은다, 20억을 모은다는 개념으로 접근하면 끝이 없다. 돈은 당연히 많을수록 좋으므로 나만의 기준이 없다면 끊임없이 산 위로 바위를 밀어 올리는 '시시포스의 형벌'처럼 돈 때문에 영원히 고통받게 된다.

실제로 평범한 직장인이 보기에 평생 돈 걱정 없이 살만큼 충분히 많은 돈을 번 사람들이 더 많은 돈을 벌기 위해 잘못된 선택을 했다가 추락한 모습을 종종 볼 수 있다. 30억, 50억이 있는데 왜 그런 선택을 했을까? 자세한 이유는 당사자만 알겠지만, 욕심의 기준이 없기 때문이 아닐까 생각한다. 현재에 만족하지 못하고 더 위에 있는 사람만 보게 되면 조급해진다. 불만족과 조급함의 콜라보로 현재 가지고 있는 돈에 만족할 수 없으니 스스로 불행하게 생각하는 것이다. 물론 이런 생각은 삶을 발전시키는 원동력이 되기도 하지만 너무 높은 기준으로 이어져 아예 시작조차 하지 못 하게 하

저축은 답답하지만 투자는 무서운 당신에게

거나 잘못된 선택으로 파산하는 문제로 연결될 수 있다. 우선 나만의 기준을 만들어야 하는 이유다.

그럼 나만의 기준, 혹은 적정 생활비는 어떻게 계산할 수 있을까? 내가 사용하는 방법은 늘 그렇듯이 정말 간단하다. 일단 가계부를 몇 개월 정도 꾸준히 써보면 된다. 여기서 핵심은 단순히 50만 원, 100만 원 썼다고 결과만 기록하는 것이 아니라, 숨만 쉬어도 나가는 고정생활비와 그 외 개인소비를 항목별로 나눠서 자세하게 기록해야 한다는 점이다. 고정생활비는 대출이나 교통비, 아파트 관리비, 세금 등 내 의지와 상관없이 이 세상에서 살려면 무조건 발생하는 지출 내역이다. 반면 개인소비는 나의 의지로 소비가 결정되는 항목이다. 보통 옷이나 여행, 취미 활동 등이 주로 여기 해당한다. 참고할 수 있도록 나의 가계부 항목을 공유한다(228페이지).

가계부 작성이 처음이라 어색하다면 우선 책에서 소개한 내 방식으로 시작해보자. 사람마다 소비항목은 조금씩 다르다 보니 가계부 쓰는 습관을 들이면서 조금씩 나만의 스타일로 최적화시키면 된다. 나는 대학생 때부터 가계부 작성하던 습관 덕분에 직장인이 되어도 별 어려움 없이 계속 가계부를 기록했다. 욜로 시절에도 가계부만큼은 정말 열심히 썼다. 지금도 소비를 하면 우선 스마트폰 가계부 앱에 지출 내역을 적어두고 매월 말에 소비 결산을 한다. 소비 트렌드와 연간 비용을 측정하기 위해 엑셀 파일로도 기록한다. 특히 매월 발생하는 소비는 아니지만, 특정 기간마다 반드시 내야 하는 비용이 있기에 연간 생활비도 체크하면 좋다. 예를 들어 1월

		23.01	23.02	23.03	23.04	23.05
고정비용		....	....	....	....	....
	대출					
	보금자리론					
	그 외					
	보험/건강					
	건강보험					
	차보험					
	병원/약국					
	공통생활					
	공용통장					
	비상금통장					
	직장					
	회사식비					
	그 외					
	주거/통신					
	관리비					
	도시가스					
	통신비					
	세금					
	재산세					
	자동차세					
	부가세					
	종합소득세					
	건강보험료					
	교통					
	대중교통비					
	자차비용					
	구독					
	경제신문					
	멜론					
개인비용						
	부부자금					
	추가사용					
	기념일 등					
	가족					
	가족					
	친척					
	지인					
	모임					
	경조사					
	생일					
	자아실현					
	패션/미용					
	개인쇼핑					
	기타잡비					

저축은 답답하지만 투자는 무서운 당신에게

자동차세, 7월 9월 재산세가 이에 해당한다. 이렇게 가계부 작성을 하면서 나에게 필요한 최소 한달 생활비를 알아내면 된다. 나의 경우, 현재 대출 이자와 각종 세금까지 전부 합쳐도 한 달 200만 원 정도면 지금처럼 행복한 생활을 할 수 있다는 사실을 깨달았다. 지금이 살면서 가장 소비가 적은 기간인데 행복감은 그 어느 때보다 크다. 예전에는 행복이 소비에 따라오는 감정이라고 생각했는데 이제는 아니다. 어떻게 하면 돈을 더 벌 수 있을지 고민하는 것이 더 재밌다. 내 기준, 쓰는 재미보다 버는 재미가 100배 정도 크다.

가계부를 써본 적이 없다면 일단 이런 식으로 나만의 가계부를 만들어보자. 그리고 최소 3개월, 적정 1년 정도 꾸준히 가계부를 작성해 나가자. 사실 1년 정도 사용 내역을 쭉 적어보고 필요한 한 달 생활비를 선정하는 것이 가장 좋다. 1년에 한 번 있는 부모님 생신 선물처럼 경조사 비용이나 각종 세금 등 여러 변수들을 전부 포함할 수 있기 때문이다. 하지만 가계부가 처음인 사람이라면 한 달 생활비 기준을 잡기 위해 가계부만 적다가 1년이라는 세월이 또 지나갈 수 있으니, 최소 3개월 정도 가계부 기록을 통해 대략적인 소비 규모가 나왔다면 그것을 기준으로 삼으면 된다(단순하게 3개월 지출 총합 나누기 3).

물론 여기서 나온 숫자(월평균 생활비)에서 금액을 더하거나 빼도 된다. 핵심은 진짜 생활비를 기준으로 다른 사람과 비교할 필요 없는 '나만의 생활비 목표'가 생겼다는 점이다. 재테크나 투자는 내가 가고자 하는 목적지까지 앞만 보고 가면 된다. 옆 차선에서 빠르

노후에 필요로 하는 한 달 최소생활비 및 적정생활비 (단위: 천 원)

구분		필요최소노후생활비		필요적정노후생활비	
		부부기준	개인기준	부부기준	개인기준
성별	남	2,046	1,279	2,848	1,820
	여	1,945	1,217	2,714	1,740
연령대	50대 미만	2,224	1,418	3,328	2,084
	50대	2,193	1,391	3,068	1,983
	60대	2,071	1,290	2,888	1,838
	70대	1,819	1,134	2,513	1,617
	80대 이상	1,623	999	2,268	1,440

출처: 국민연금연구원

게 질주하는 차량을 보고 조급하게 따라가면 위험하다. 잘못된 길로 빠질 수 있고 사고가 날 수도 있다. 그래서 나는 항상 어떤 투자를 하더라도 지금처럼 나를 기준으로 생각한다. 참고로 통계청에서 발표한 노후 생활비 자료(위의 표)에 따르면 한 달 최소 생활비는 1인 130만 원, 2인 부부 200만 원 정도라고 한다. 최소가 아닌 적정 생활비는 1인 180만 원, 부부 280만 원이다. 이는 통계일 뿐 정답은 아니지만, 가계부를 통해 세팅한 자신의 한 달 생활비와 비교해 보길 바란다. 통계보다 많은 것은 크게 문제 되지 않지만(그만큼 모아야 하는 돈이 느는 것은 문제지만) 최소 생활비보다 적게 세팅되었다면 늘리는 것이 좋을 수 있다. 인생은 계획대로 되지 않는 경우가 많아 약간의 여유자금이 필수다. 또한 대한민국에서 숨만 쉬어도 나가는 돈이 최소 100만 원인 현실을 살고 있기 때문에 최소 노후 생활비보다도 적게 기준을 잡았다면 다시 한번 소비 내역을 잘 살펴볼 필요가 있다.

★ 본격적인 투자 계획을 짜보자

앞에서 나만의 한 달 생활비를 정했다면 이제 남은 것은 목표 기간이다. 언제까지 목표를 달성할 것인지 정하는 것이다. 나는 만 40세 조기 은퇴가 1차 목표다. 날짜로 적어보면 2028년 12월까지다. 한 달 생활비 200만 원, 목표 기간 6년(2023년 기준)이 정해졌다면 간단한 숫자 계산만으로 나만의 투자 로드맵이 완성된다. 학창시절 과학 시간에 배웠던 "거리= 속력×시간" 공식을 떠올려보자. 3가지 변수 중 2가지를 알면 나머지 변수는 자동으로 계산되는 것처럼, 투자 로드맵도 한 달 생활비와 목표 기간이 정해지면 매월 얼마나 투자해야 하는지, 그리고 투자수익률은 대략 몇 %가 나와야 목표 달성할 수 있는지 쉽게 계산할 수 있다.

참고로 목표 달성 기간을 잡을 때는 너무 막연한 기간, 예를 들어 '30년 후'로 하지 말고 5년, 10년 단위로 나눠 잡는 것을 추천한다. 30년짜리 장기 계획이 있으면 당연히 좋지만, 너무 먼 미래까지 신경 쓰기에는 현실이 워낙 빡빡하다 보니 30년짜리 장기 계획만 세운다면 실행으로 이어지지 못할 확률이 크다. 실행하더라도 중도 포기할 확률도 크다. 그래서 나도 아예 만 55세까지 유지해야 하는 연금계좌를 제외한 일반계좌 투자는 5년, 10년 단위로 나눠서 관리하고 있으며, 이런 식으로 계속 나만의 투자 로드맵을 계속 연장하고 있다.

이렇게 계획을 세울 수 있는 나의 투자 로드맵을 예시로 공유한다. 1인 기준 한 달 생활비가 200만 원 필요하고(연이면 2,400만원) 6년 안에 투자만으로 생활비를 커버할 수 있는 구조를 만들고싶다. 그리고 연평균 예상 물가상승률은 2%, 현재 가지고 있는 자산은 2억 원이다. 이렇게 계산에 필요한 값들이 다 나왔다면 이제내가 해야 할 과제가 무엇인지 알 수 있다. 233페이지 표에서 음영표시된 숫자들이 내 목표 달성에 필요한 조합이다. 예를 들어 월 투자금이 200만 원이고 주식 투자 연평균 수익률이 6%라면 6년 후총자산은 4억 6,009만 원이 된다. 그리고 투자 7년 차에도 6% 수익을 얻는다면 수익만 2,761만 원이 되고 이를 12개월로 나누면230만 원이다. 물가상승률을 반영한 6년 후 한 달 생활비 225만 원보다 크다.

지금 설명한 조합은 하나의 방법일 뿐, 현재 내 상황에 맞게 조합을 만들어보면 된다. 만약 한 달에 투자할 수 있는 돈은 100만 원뿐이지만 투자수익률 높이는 데 자신 있다면, '100만 원×7%' 조합을 목표로 하면 된다. 반면 여유자금은 많지만 투자에 자신 없다면'400만 원×5%' 조합을 선택하여 나만의 투자 로드맵을 짜면 된다. 다만 하나 알아둬야 할 점이 있다. 투자수익률이 높아질수록 난이도가 급상승한다는 점이다. "투자하면 1년 수익률은 기본 10%를목표로 해야 하는 것 아닌가요?"라고 생각할 수 있지만 직접 투자를 해보면 생각이 많이 바뀔 것이다. 매년 꾸준히 10% 이상의 수익

나만의 투자 로드맵 그려보기

투자 후 최종계좌

투자기간	6년	한 달 생활비	미래 생활비	물가상승률(연)
월 목표	225만 원			
원금	20000만 원	200만 원	225만 원	2.00%

시간 6년 목표		효율 연평균 수익률						
		4%	5%	6%	7%	8%	10%	15%
규모 월 납입 금액 (단위: 만 원)	50	29,490	31,186	32,983	34,886	36,902	41,298	54,774
	100	33,564	35,392	37,325	39,370	41,534	46,245	60,630
	150	37,639	39,597	41,667	43,854	46,166	51,191	66,486
	200	41,713	43,803	46,009	48,338	50,798	56,138	72,342
	250	45,788	48,009	50,351	52,822	55,430	64,084	78,198
	300	49,863	52,214	54,693	57,306	60,062	66,031	84,054
	350	53,937	56,420	59,035	61,790	64,694	70,977	89,910
	400	58,012	60,626	63,377	66,275	69,326	75,923	95,766

단위: 만 원 / 세전

한달 간 사용할 수 있는 생활비

6년 목표		연평균 수익률						
		4%	5%	6%	7%	8%	10%	15%
월 납입 금액 (단위: 만 원)	50	98	130	165	204	246	344	685
	100	112	147	187	230	277	385	758
	150	125	165	208	256	308	427	831
	200	139	183	230	282	339	468	904
	250	153	200	252	308	370	509	977
	300	166	218	273	334	400	550	1,051
	350	180	235	295	360	431	591	1,124
	400	193	253	317	387	462	633	1,197

단위: 만 원 / 세전

낼 수 있다면 엄청난 투자 고수다. S&P500 연평균 수익률이 7~10%(기간을 어떻게 보느냐에 따라)인데, 인류 역사상 가장 위대한 투자자 중 하나인 워런 버핏의 연평균 수익률이 20% 정도다. 그래서 투자 로드맵을 세팅할 때 연평균 수익률은 7% 내외로 선택하는 것을 추천한다. 대신 투자 수익률이 낮아질수록 투자해야 하는 돈이 늘어나는 고통이 뒤따르기 때문에 이 부분을 잘 조율해야 한다. 이론상 월 투자금이 600만 원이고 투자수익률이 4% 조합이면 목표 달성이 가능하지만, 현실적으로 평범한 직장인이 한달에 600만 원씩 투자하기 어렵기 때문이다. 대신 목표 연평균 수익률이 낮아질수록 투자 리스크도 줄어드는 장점도 있다.

그래서 나는 '월 250만 원×연수익률 6%'을 기본 조합으로 정해서 투자하고 있다. 월 250만 원씩은 어떻게든 투자하면서 동시에 한 달 투자금을 늘릴 방안을 열심히 찾고 있다. 목표 연수익률을 조금씩 낮춰 안정감을 더하기 위해서다. 그리고 그 방법은 이 책에서 거듭 강조했던 것처럼 월급 외 수입을 벌기 위해 노력하는 것이다. 이런 식으로 나만의 투자 로드맵을 짜고 실행하면 신기한 경험을 하게 된다. 계획대로 하기 위해 노력했더니 정말 신기하게 목표대로 자산이 늘어난다. 오히려 생각했던 것보다 더 많은 자산이 생긴다. 구체적인 목표와 방법을 가져야 하는 이유다.

235페이지 QR코드를 통해 구글 시트를 확인할 수 있고, 이용 방법도 표 하단에 자세하게 적어 뒀다. 나는 직장 말고도 하고 싶은 일이 많기 때문에 최대한 일찍 조기 은퇴하는 목표를 정했다. 하지

저축은 답답하지만 투자는 무서운 당신에게

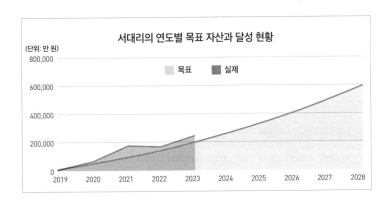

서대리의 연도별 목표 자산과 달성 현황

(단위: 만 원)

목표 실제

만 이는 하나의 방식일 뿐 당연히 정답은 아니니 참고만 하길 바란다.

　그리고 하나 더 참고해야 할 내용이 있다. 이 투자 로드맵 계산기는 사실 투자수익에 대한 세금이 전혀 반영되지 않은 세전 금액 기준이다. 실제로는 더 많은 돈이 필요할 것이다. 그리고 연평균 수익률의 경우, 기계적으로 매년 똑같은 수익률로 자산이 늘어난다는 계산이지만 실제로는 그렇게 늘어나지 않는다. 매년 주식 시장이 상승할 수도 있지만 1년 차에는 오르다가 2년 차에 하락하는 경우도 있다. 기대와 다르게 목표로 잡은 기간 동안 계속 하락할 수도 있다. 예·적금과 다르게 주식 투자는 원금이 손실될 수 있기 때문에 내가 투자를 결심한 시기가 언제인지에 따라서 투자 수익을 얻

나만의 투자 로드맵

지 못할 수 있다. 그래서 누군가는 투자 로드맵을 짜고 실행하는 것이 허무맹랑하다고 이야기한다. 하지만 나는 그렇게 생각하지 않는다. 실제로는 그렇게 되지 않을지라도 이론상 가능하다는 사실을 알고 도전하는 것과 그냥 무작정 도전하는 것에는 엄청난 차이가 있기 때문이다. 자본주의 세상에서 투자는 평생의 동반자인데, 가능하다는 믿음이 장기투자의 원동력이다.

사람들이 장기투자를 외치며 투자를 시작하지만 대부분 1년도 안 되어 그만두는 이유를 생각해 보자. 투자할 종목을 잘못 골랐다는 문제도 있겠지만, 대부분 주가가 많이 하락할 때 마이너스를 참지 못하고 판다. 투자한 종목에 대한 믿음이 없기 때문이다. 반 토막 난 주식을 보고 장밋빛 미래를 떠올리는 사람은 거의 없다. 오히려 앞으로 더 떨어질 것 같아 '지금이라도 팔아야 하나' 걱정할 뿐이다. 인간의 정신력은 생각보다 많이 나약하다. 힘들면 그만두고 싶은 게 당연하다. 그때 정신력을 잡아줄 수 있는 도구가 숫자와 글자다. 직접 눈으로 보면 믿게 되고 그 믿음은 목표를 달성하게 해주는 원동력이 된다. 나는 투자뿐만 아니라 삶의 모든 부분을 이런 식으로 계획하고 실행에 옮긴다. 물론 항상 계획대로 일이 척척 진행되는 것은 아니다. 하지만 중요한 것은 결국 목표한 대로 이뤄지는 신기한 경험을 계속 하고 있다. 사기꾼 같다고 생각할 수 있지만 한번 믿고 해보기를 바란다. 정말 된다.

10
서대리의 투자법
STEP 2: 투자방식 확정

'STEP 1: 나만의 투자 로드맵 만들기'에서 월 투자금×수익률 조합을 찾았다면 그에 맞게 환경을 바꿔야 한다. 우선 목표 월 투자금 맞추기는 이론상 간단하다. 수입을 더 늘리거나 지출을 줄여서 투자금을 맞추면 된다. '그게 어려운 거다'라고 말할 수 있지만 생각해 보면 투자금 맞추는 것이 가장 쉽다. 내 의지만으로 달성이 가능한 영역이기 때문이다. 직장인이 갑자기 월급 외 수입을 늘리기 어려운 것은 맞지만 다양한 부업들을 동원해 당장 수입을 늘릴 수 있다. 지출 역시 가계부를 토대로 내가 줄일 수 있는 부분을 찾아보면 된다.

하지만 투자수익률은 솔직히 내가 아무리 노력한다고 해도 무조건 장담할 수 있는 영역이 아니다. 진짜 좋은 주식을 찾았다고 해도 그때가 2008년 금융위기 시점이라면 하락을 피할 수 없다. 내가 특정 종목을 아무리 열심히 매수한다고 해도 작전 세력처럼 주가 흐름을 원하는 대로 바꿀 수도 없다. 그래서 투자수익률은 과거 데이터를 기반으로 보수적인 접근이 필요하다. 나는 간단하게 3개 구간으로 목표수익률을 나눈 후 그에 맞게 투자종목을 모아간다. 어떤 주식에 투자하는지, 주식 투자 방법이 어떻게 되는지(자산배분, 적립식, 거치식 등), 주식 외 암호화폐나 소액 부동산 투자 여부에 따라 목표 수익률을 맞추는 방법은 무궁무진하다. 이 책에서는 내가 생각하는 기준으로 소개하지만, 본인의 투자 성향이나 자신 있는 투자방법에 따라 조금씩 변형하면 된다. 참고로 나는 포트폴리오의 50% 이상이 S&P500 ETF인 만큼 이를 기준으로 투자 계획을 짜는 편이다.

1) 목표 연평균 수익률 6% 이하

S&P500 ETF와 예·적금을 함께 투자한다. S&P500 ETF 연평균 수익률이 적게는 7%, 많게는 10% 정도 되기 때문에 원금이 보장되는 저축을 함께 활용하면서 안정적으로 자산을 늘려간다. 내 경험상, 대략 주식 60%, 예금 40% 비율로 모아가다 보면 안정적으로 6% 수익률을 기록할 수 있었다. 나의 경우, 2022년까지는 목표를 초과 달성한 덕분에 2023년부터는 투자 로드맵 조합을 '월 250만 원×연평균 수익률 6%'로 운영한다. 아파트 투자 등 여러 이유도 맞물리긴 했지만, 수입 전부를 투자하지 않고 일부는 현금으

로 보유한다. 이자가 매일 정산되는 파킹 통장에 넣어둔다. 근 5년
간 수입 대부분을 전부 투자했었지만, 이제는 목표수익률이 낮아진
덕분에 조금씩 안정적인 포트폴리오로 변화를 추구하고 있다.

2) 목표 연평균 수익률 7~10%

목표 수익률이 이 구간에 해당한다면 투자방법은 매우 간단하
다. 그냥 눈 감고 S&P500 ETF만 매월 적립식 투자한다. '무지성 매
수'로 표현하는 투자방법이다. 눈이 오나 비가 오나, 시장이 상승장
이든 하락장이든 상관없이 월급을 받았다면, 혹은 부수입이 들어왔
다면 S&P500만 열심히 모으는 것이다. 내 포트폴리오에서 S&P500
ETF 투자 비중이 50%가 넘는 이유도 몇 년 동안 월급 받을 때마다
S&P500 ETF를 무지성 매수했기 때문이다.

3) 목표 연평균 수익률 10% 초과

목표 수익률이 10%를 상회해야 한다면 S&P500 ETF 투자에
나스닥 ETF를 섞어준다. 앞에서 소개한 1번 수익률 구간이 계좌
안정감을 위해서 현금을 추가했다면 이번엔 수익률을 위해서 나스
닥 ETF를 추가한다고 이해하면 된다. 나스닥 ETF는 기술주를 모
아 놓은 ETF로 보통 S&P500에 비해 기대수익률은 높지만, 주가
변동성 또한 더 크다. 이 세상 진리 중 하나인 '하이 리스크 하이 리
턴'처럼 나스닥 ETF는 S&P500 ETF에 비해 짧은 기간 안에 자산
을 더욱 늘릴 수 있지만 반대로 자산을 더 빠르게 녹여버릴 수도

있다. 앞에서 이야기했던 것처럼 목표 수익률이 높아질수록 리스크가 높아진다고 한 이유다. 그리고 수익률은 내 의지와 상관없이 통제가 어렵기 때문에 무작정 목표 수익률을 높이는 것은 추천하지 않는다.

　주식 투자를 처음 시작할 당시의 나는 호기롭게 목표 수익률을 12%로 잡았다. 일반계좌와 연금계좌 모두 동일하게 설정했는데, 그 결과 지금까지도 연금계좌의 나스닥 ETF 비중이 45%로 높다. 지금은 연금계좌도 연평균 수익률 7~8%를 목표로 하고 있기 때문에 월 적립으로 모아가는 나스닥 ETF 비중을 조금씩 줄여가고 있지만, 투자 초반에 워낙 집중적으로 모은 덕분에 아직까지도 비중이 적지 않다. 다만 투자를 시작한 시점이 운 좋게 주식 시장 상승장이었던 덕분에 지금은 S&P500 ETF 중심으로 보다 안정적인 투자를 할 수 있게 되었다. 나스닥 ETF나 테슬라 주식처럼 변동성이 큰 주식을 하락장에서 보유해 봤던 입장에서 투자 로드맵을 짤 때 연평균 목표 수익률은 10%를 넘기지 않는 것을 추천한다. 특히 투자가 아직 익숙하지 않다면 더더욱 그래야 한다. 이제 막 운전면허를 땄는데 운전 첫날부터 시속 150km로 달리면 사고 날 확률이 급상승하는 것처럼 투자도 마찬가지다. 높은 수익률만 좇다 보면 원금이 사라지는 사고가 나게 된다.

11
서대리의 투자법
STEP 3: 꾸준한 실행

STEP 1, 2를 통해 매월 투자해야 할 돈과 필요한 연평균 수익률, 어떤 방식으로 투자해야할 지 정해졌다면 이제 남은 것은 목표한 날짜까지 꾸준히 실천하는 것이다. '이게 끝인가요?' 싶지만 꾸준히 실행하는 것이 가장 어렵다. 투자뿐만 아니라 어떤 일이든 사람들이 가장 어려워하는 일이 '꾸준히 하는 것'과 '기다리는 것'이기 때문이다.

일단 '꾸준함'부터 이야기해 보겠다. 연초가 되면 사람들은 으레 '새해 목표'를 세운다. 헬스장 매일 가기, 유튜브 시작하기, 다이어트 하기, 영어회화 공부하기 등등 사람마다 다양한 목표가 있다. 그리고 의욕적으로 실행한다. 헬스장이나 영어 회화 학원 6개월 치를 등록한다. 1월에 헬스장에 가면 운동하러 온 사람이 너무 많아 러닝 머신을 뛸 수 없을 정도다. 유튜브 시작이 목표인 사람은 동영상 편집 프로그램인 파이널컷이나 프리미어 이용권을 구독한다. 하지만 결말이 뻔한 드라마처럼 2월만 되면 헬스장은 러닝 머신 이용하기 널널해지고 영어학원도 마찬가지다. 구입한 동영상 편집 프로그램은 구매한 날 이후로 실행하지 않는다. 새해 목표를 다짐한 사람 중 90%는 새해 목표를 잊어버리고 익숙한 현실에 집중한다. 시작하면 상위 10%, 꾸준히 하면 상위 1%라는 말이 괜히 있는 것이 아니다. 투자에서도 이 현상은 그대로 일어난다. 월 적립 장기투자는 수많은 과거 데이터를 통해 검증된 가성비 좋은 투자방법이기 때문에 많은 사람들이 월 적립 매수로 투자를 시작한다.

하지만 이번에도 결말은 다르지 않다. 100명이 월 적립 매수를 시작했다고 가정하면, 6개월 후에도 월 적립 매수를 유지하는 사람은 절반도 안 될 것이다. 1년 후에는 아마 10명도 안 남을 것이다. 나는 2022년 6월부터 '월 적립 매수클럽'이라는 카톡방을 운영하고 있다. 나처럼 월 적립 매수를 함께하는 사람들끼리 다양한 정보를 주고받고, 매수한 내역도 서로 인증하는 모임이다. 하지만 이렇게 같은 목표를 가지고 뭉친 모임이라도 시간이 지날수록 매수를 이어가는 비율은 낮아진다. 매월 적립식 매수를 완료하는 인원은 전체 인원 중 60% 정도다. 처음부터 지금까지 한 번도 빠지지 않고 한 사람은 30% 정도로 확 줄어든다. 이뿐만 아니라 주변 지인들의 투자 결심과 이후 투자방식 변화를 살펴봐도 마찬가지다. '꾸준히' 투자하는 것은 정말 어렵다. 지인들이 마음먹었던 월 적립 투자를 그만둔 이유는 대체로 비슷하다. 주식 시장이 계속 오를 때는 곧 떨어질 것 같아서 투자를 멈춘다. 지금 사면 비싸게 사는 것 같기 때문에 주식이 떨어지기 시작하면 그때부터 다시 매수하기 위해 돈을 아긴다고 한다. 반대로 주식 시장이 안 좋을 때도 월 적립 투자를 멈춘다. 지금보다 더 떨어질 것 같아서 그때가 되면 매수하기 위해서 투자를 멈춘다고 한다. 하지만 주식 시장은 의도했던 대로 흘러가는 경우가 거의 없다. 그렇게 월 적립 매수는 중단되고 단기간에 높은 수익률을 낼 수 있는 레버리지 ETF나 테마주/급등주 투자, 신용대출을 이용한 주식 투자로 빠져들면서 투자 로드맵은 머릿속에서 완전히 잊혀진다. 나와 함께 월 적립 투자와 블로그를 시작한 지인 중에서 아직까지 하는 사람은 나밖에 없다.

'기다리기'도 비슷한 과정을 겪는다. 사람들이 월 적립 매수를 그만두는 여러 이유 중에 하나는 목표까지 시간이 너무 많이 걸려 답답함을 느끼기 때문이다. 애초에 5년, 10년짜리 계획인 것을 알고 투자를 시작했지만, 당장 가시적으로 자산이 늘어난다는 느낌이 없다보니 조바심을 느끼게 된다. 그리고 내가 투자한 종목이 아니지만 주가가 급격하게 오르는 종목이 있다면 갈아타고 싶은 욕망에 사로잡힌다. 투자 타이밍만 잘 잡으면 최소 몇 년은 절약할 수 있기 때문이다. 그렇게 유혹에 넘어간 사람은 이전에 세팅한 투자 로드맵 따위 잊어버리고 엄청난 속도로 매수매도를 향해 전력 질주한다. 하지만 통계자료가 알려주듯이 대부분 손실을 보고 레이스를 멈추게 된다. 아예 시장이라는 경기장을 떠나버린다.

나에게도 물론 '기다리기'는 쉽지 않다. 내가 주로 모아가는 S&P500 ETF나 배당주는 기본적으로 주가상승률이 큰 편이 아니다. 한국인이 좋아하는 나스닥 ETF나 반도체 ETF, 성장주, 2~3배 레버리지 ETF 주가상승률이 10이라면 내가 투자하는 종목들은 4 이내다. 4도 높게 잡은 것이다. 나도 사람인지라 인기 있는 종목들의 주가가 엄청나게 상승하는 날은 고민하게 된다. '지금이라도 갈아탈까?' '어차피 장기투자라면 기대수익률이 높은 나스닥이 더 좋은 것 아닐까?' 등등 자기합리화하는 내면의 목소리가 들린다. 그럴 때마다 나는 내가 만든 투자 로드맵을 꺼내서 본다. 스마트폰에서도 볼 수 있고 A4용지로 출력해서 집 책상에도 올려뒀기 때문에 언제든지 볼 수 있다. 이렇게 보게 되면 내 기준과 계획을 다시 한 번 인지하고 마음을 다잡게 된다.

내가 필요한 것보다 많은 돈을 벌기 위해 소중한 돈을 잘 모르는 곳에 투자할 수 없다. 물론 수익이 날 수도 있지만 잃었을 때의 리스크가 더 크기 때문에 애초에 하지 않는 것이 좋다고 생각한다. 나는 시간을 팔아 회사로부터 돈을 받는 직장인인 만큼 잘못된 투자로 손실이 발생할수록 그만큼 회사를 더욱 오래 다녀야 하기 때문이다. 그리고 생각해 보면 사람들은 보통 본인 능력으로 당장 할 수 없는 일에는 크게 무리하지 않는데, 이상하게 투자만큼은 높은 수익률을 얻기 위해 무리한다. 노래방에서 부르고 싶은 노래가 나에게 너무 높다면 음정을 낮춰서 부른다. 운전이 서툴다면 최대한 천천히 간다. 투자도 이처럼 천천히 하면 된다. 내 실력이 올라왔다면 그때 가서 공격적인 투자를 하면 된다. 다만 나는 이상하게 투자 공부를 할수록, 그리고 투자 기간이 길어질수록 그냥 지금 투자방식만 잘 유지하면 되겠다는 생각이 점점 확고해졌다. '빨리 부자가 되려면, 빨리 부자가 되려고 하면 안 된다'라는 진짜 부자 김승호 스노우폭스 창업주 이야기처럼 느리지만 확실한 경제적 자유를 얻는 길은 투자 로드맵대로 가는 것이라 믿는다. 그리고 지난 5년간 로드맵을 따라했을 뿐인데 목표를 앞서가고 있다. 나머지 5년도 천천히 따라가다 보면 원하는 목표에 도달해 있을 것이다.

12
월 적립 매수 외
2가지 투자 기술

나는 꾸준한 월 적립 매수의 힘을 믿는다. 시장 타이밍을 고려하지 않고 이것만 해도 내가 원하는 목표에 도달할 것이라고 말이다. 과거 데이터가 그렇게 이야기하고 있기도 하다. 하지만 내가 월급날 하는 적립식 매수 외에 주식을 추가로 매수할 때도 있다.

* 하락장 추가 매수

첫 번째는 하락장일 때 여유자금으로 추가 매수하는 것이다. 이 말을 보면 투자 경험이 많은 분들은 이런 생각이 들 것이다.

"하락장에서 추가 매수하는 것은 좋은데 얼마나 떨어졌을 때 매수해야 하지?"

예측이 무의미한 주식 시장 답게, 하락장이 얼마나 계속될지, 지금 가격이 바닥일지 아닐지 장담할 수 없다. 사람들의 기대와 다르게 주가가 빠르게 회복할 수도 있고 오히려 지하실로 더 내려갈 수도 있다. 투자 초기에 나는 주가 움직임에 분명 특별한 공식이 있을 것이라 믿고 여러가지 실험을 해봤지만 역시 법칙을 알아내지 못했다. 만약 주가를 움직이는 법칙이 있었다면 이미 누군가 벌써 알아냈을 것이다. 그래서 나는 정답을 맞힐 수 없는 문제로 고통받는 대신 전략을 바꿨다. 내 기준 '이 정도면 충분히 떨어졌다'라고 생각하는 가격을 정해놓고, 그 가격이 오면 그냥 추가 매수한다. 월 적립 매수할 때처럼 최대한 주관적인 생각을 배제하고 수량을 늘린다.

그렇다면 추가 매수할 주가 기준은 어떻게 잡을까? 그것은 내가 만든 'MDD 계산기'로 결정한다. MDD 계산기 구글 스프레드시트 링크와 이용 방법은 아래 QR코드로 참고하면 된다.

MDD 계산기에서 기억해야 할 핵심은 바로 '회복률'이다. 이것은 내가 임의로 만든 지표인데 계산 방식은 다음과 같다.

"사용자가 생각하는 고점 대비 하락률보다 주가가 낮았던 일수를 전체 일수로 나눈다."

예를 들어 배당 ETF인 SCHD를 MDD 계산기로 조회해 보자.

MDD 계산기

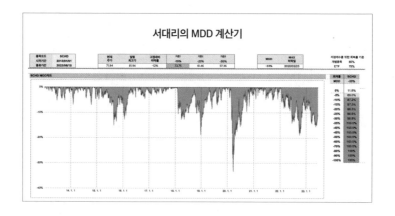

기간을 2013년 1월 1일 ~ 2023년 6월 18일까지로 입력하면 MDD 차트와 맨 오른쪽에 있는 회복률 표가 자동으로 계산된다.

맨 오른쪽 회복률 표를 보면 고점 대비 -10%일 때 회복률이 87%다. 2013년부터 2023년 6월 18일까지 SCHD가 거래된 날이 총 2,633일이고 그중에서 고점 대비 하락률이 10% 이내였던 날이 2,297일이었기 때문에 2297/2633= 87%가 나온다. 즉, SCHD는 주가가 하락하더라도 고점 대비 -10% 이내였던 확률이 그동안 무려 87%나 됐다는 의미다. 많은 사람이 SCHD의 주가 방어력이 좋다고 생각하는데 실제로 이 차트와 회복률을 보면 진짜 그렇다는 것을 확인할 수 있다. 주식인데 하락폭이 크지 않기 때문이다. 그리고 내가 월 적립 매수 외에 주식을 추가 매수하는 회복률 기준은 ETF 75%, 개별종목 85%다. 아무래도 개별종목은 ETF에 비해 투자 리스크가 높기에 보수적으로 접근하기 위해 기준을 더 높게 잡았다.

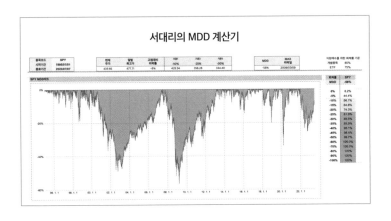

서대리의 MDD 계산기

다시 SCHD 이야기로 돌아와서, 주가가 고점 대비 -10% 구간
일 때 회복률이 75%를 넘기 때문에 나만의 추가 매수 기준에 부합
한다. 물론 과거의 데이터가 미래를 보장하지 않지만 유행이 돌고
도는 것처럼 장기투자라면 결국 비슷해진다고 믿기 때문에 나는
이 기준에 맞춰서 '물타기'를 한다. 참고로 하락가격 기준은 5% 단
위로만 계산한다. 디테일하게 1%씩 기준점을 잡다보면 주가 자체
에만 너무 신경 쓸 수 있기 때문이다. 내 목표는 효율적으로 주식
수를 늘리는 것인데, 이렇게 주가에 집중하다 보면 어느샌가 나도
모르게 주가의 방향을 맞추기 위해 고민하게 된다.

참고로 내 주식 포트폴리오 비중 1위인 S&P500 ETF의 저점매
수 시작 기준은 고점 대비 −25%다. MDD 계산기로 SPY를 2000년
부터 지금까지 계산하면 -25%일 때 회복률이 77.7%이다. 즉, 나는
S&P500 ETF가 고점 대비 -25%가 되면 월 적립 매수 이외에도 조
금씩 추가 매수한다. 이런 식으로 내가 투자하는 종목들을 MDD

계산기로 돌려보고 나만의 기준가격을 기록해 놨다. 그리고 그 가격이 오면 가지고 있는 현금으로 조금씩 추가 매수한다. 물론 이 역시 완벽한 정답은 아니다. 하지만 계속 이야기했듯이 어떤 일이든 자신만의 기준을 가지고 있는 것이 정말 중요하다. 그래야 주변 이야기에 흔들리지 않고 투자를 이어갈 수 있기 때문이다. 나만의 추가 매수 기준이 없다면 MDD 계산기를 꼭 이용해보길 바란다. 물론 이건 하나의 방법이라는 점을 잊지 말자.

＊ 배당주 목표 수량 정하기

내가 월 적립 매수 외에 추가 투자를 하는 두 번째 경우는 배당주 목표 수량을 채우기 위해서다. 조기 은퇴나 파이어족을 꿈꾸는 사람이라면 배당금만으로 매년 생활비가 해결되는 것을 목표로 한다. 생활비를 대체할 수입이 배당금뿐만 아니라 부동산 월세나 콘텐츠 소득일 수도 있다. 핵심은 회사 월급 말고도 생활비를 충당할 수 있는 현금흐름을 만드는 것이다. 다양한 현금흐름 만드는 방법 중에서 평범한 직장인이 가장 쉽게 접근할 만한 것은 단연 주식 배당금이다. 커피 2잔 값에 해당하는 1만 원으로 국내 상장 S&P500 ETF만 매수해도 정기적으로 배당금(ETF는 분배금이라고 한다)이 나오기 때문이다. 물론 투자금이 얼마인지에 따라 받는 배당금이 달라지지만, 접근성이 가장 좋다. 부동산으로 월세를 만들려면 보통 투자금이 많이 필요하고 콘텐츠 소득은 투자 비용은 적지만 개인의 능력이나 성향에 따라 난이도가 천차만별이기 때문이다. 도전했지만 수입이 전혀 없을 수도 있다.

　물론 주식 배당금으로 현금흐름 만들기가 시작하기는 쉬워도 배당금만으로 월급이나 생활비 전체를 커버할 만큼 투자하기는 쉽지 않다. 대표적인 배당 ETF인 SCHD의 시가배당률은 3% 중반이다. 배당률만 보면 2023년 기준 은행 예금 수준이다. 그리고 세후 배당금으로 월 100만 원 정도 받고 싶다면 SCHD에 3억 9천만 원정도 투자해야 한다. 평범한 직장인이 투자하기에는 확실히 부담스러운 돈이다. 그리고 요즘은 월 100만 원으로는 생활이 불가능하기에 1인 기준 월배당금이 최소 200만 원은 돼야 한다. 그럼 필요한 투자금은 7억 8천만 원이 넘어간다. 어떻게 보면 절망적인 숫자다. SCHD 대신 배당률이 10% 정도로 높은 JEPI라는 배당 ETF를 투자하면 그나마 도전해 볼 만한 투자금이 된다. JEPI에 투자해서 세후 월배당금 100만 원 받으려면 1억 3천만 원 정도가 필요하기 때문이다. 세후 월배당금 200만 원을 원한다면 2억 6천만 원이다. 물론 이 돈도 절대 적은 돈은 아니다. 혼자 살면 어떻게든 해볼 수 있지만 4인 가구 생활비를 전부 커버할 만큼의 배당금을 받으려면 거의 10억 정도의 배당금이 필요하기 때문이다(만약 시가배당률 3%인 SCHD 배당금으로 4인 가구 생활비를 확보하려면 30억이 필요).

　이렇게 큰 금액을 모아야 한다고 생각하면 금액 자체에 압도되어 아예 도전를 하지 않게 된다. 호기롭게 10억을 목표로 시작하더라도 매월 달성율 변화가 워낙 미미하다. 한 달에 200만 원씩 모아도 10억 기준 달성율은 0.2%밖에 되지 않기 때문이다. 인간의 정

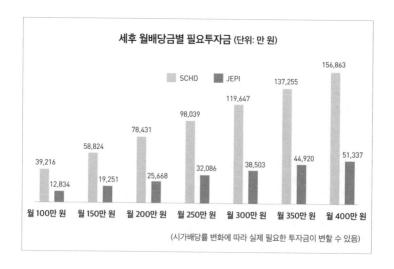

세후 월배당금별 필요투자금 (단위: 만 원)

- SCHD
- JEPI

월 100만 원: 39,216 / 12,834
월 150만 원: 58,824 / 19,251
월 200만 원: 78,431 / 25,668
월 250만 원: 98,039 / 32,086
월 300만 원: 119,647 / 38,503
월 350만 원: 137,255 / 44,920
월 400만 원: 156,863 / 51,337

(시가배당률 변화에 따라 실제 필요한 투자금이 변할 수 있음)

신력은 매우 나약하여 이런 상황이 계속되면 자연스럽게 포기하게
된다. 나도 그랬다. 내가 주식 투자에 관심 가지기 시작한 이유 중
하나가 배당금 때문이었다. 주식을 보유하기만 해도 정기적으로 배
당금이 나오고 심지어 이 배당금이 매년 조금씩 늘어난다는 얘기
를 들었을 때, 정말 매력적이었다. 주식을 열심히 모아 월급을 대체
할 수 있으면 회사를 다니지 않아도 되기 때문이다. 그래서 처음에
는 배당주 중심으로 주식들을 매수했다.

하지만 배당금이 늘어나는 속도는 너무 느렸다. 그렇게 나는
배당주 모으기를 한번 포기했었다. 그리고 기술주나 성장주처럼 상
승률이 가파른 투자에 관심을 가지게 됐고 전략도 바꿨다. 하지만
이 방법은 내 성향과 맞지 않았다. 주가변동성에 스트레스를 받는
성격이었기 때문이다. 그리고 결정적으로 주가는 내가 통제할 수

저축은 답답하지만 투자는 무서운 당신에게

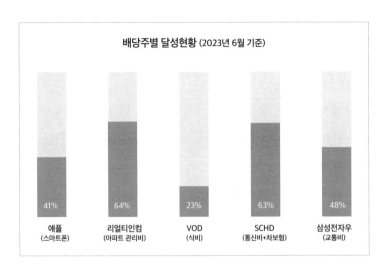

배당주별 달성현황 (2023년 6월 기준)

애플 (스마트폰)	리얼티인컴 (아파트 관리비)	VOD (식비)	SCHD (통신비+차보험)	삼성전자우 (교통비)
41%	64%	23%	63%	48%

없는 영역이었다. 아무리 좋은 기업이라도 시장 상황이 나쁘면 주가는 떨어졌다. 이렇게 여러가지 투자를 해보면서 결국 나한테 맞는 방법은 배당주라는 것을 깨닫고 돌고 돌아 다시 배당투자를 선택했다. 하지만 목표를 전과 다르게 세팅했다. 이전에는 내 생활비 전체를 배당금으로 확보할 수 있는 투자금을 목표로 잡았다. 하지만 이번에는 목표 자체를 잘게 쪼갰다. 통신비, 교통비, 식비, 아파트 관리비 등 고정비용을 하나씩 커버하는 것으로 바꿨다. 그리고 투자금이 어느정도 모인 순간부터는 종목별로 담당할 고정비용을 지정해줬다. 이렇게 하니까 매월 달성률이 올라가는 것이 눈으로 보여 투자를 계속 유지할 수 있는 원동력이 되었다.

나는 이 표를 매일 보면서 목표 수량까지 얼마 안 남은 종목이 있다면 과감하게 추가 매수한다. 그렇게 달성율을 100%로 채운다.

고정비용을 배당금으로 채웠다는 만족감이 생각보다 강력하여 투자뿐만 아니라 다른 모든 일에도 시너지 효과가 난다. 우선 회사 일에 대한 부담감이 점점 사라진다. 부담감이 사라지면 이상하게 회사일이 더 잘된다. 회사에서 안 좋은 일이 있어도 웃어넘길 수 있는 여유가 생긴다. 배당금이 점점 쌓이면서 나의 경제적 독립일이 가까워지기 때문이다. 역시 여유는 지갑에서 나온다.

이처럼 나는 종목별로 '배당금 사명'을 정해준다. 그리고 이 사명은 최대한 자주 달성할 수 있는 목표가 좋다. 목표를 달성했다는 기분을 지속적으로 느껴야 투자를 계속 유지할 수 있기 때문이다. 또한 배당금을 기준으로 목표를 세우면 '주가'에 덜 신경쓰게 된다. 주가는 예측 불가능한 영역이다. 근데 주가에 주의를 빼앗기면 되면 매수를 계획대로 하기 어려워진다. 주가가 많이 하락했다고 해도 더 떨어질까 봐 매수하지 못하고, 주가가 많이 올라도 이제 곧 떨어질까봐 매수하지 못하는 심리적인 문제가 발생하기 때문이다. 하지만 주가가 아닌 '배당금'에 집중하면 이런 문제에서 벗어날 수 있다. 물론 이왕이면 주가가 저렴할 때 매수하면 좋기 때문에 앞에서 소개한 MDD 계산기를 이용하면 더욱 효율적으로 배당주를 모을 수 있다. MDD 계산기로 매수 기준가를 세워놓고 현재 주가가 기준가보다 낮은 종목들부터 매수하면 된다. 나는 이런 식으로 배당주를 모아가고 있으며 2023년 6월 기준 평균 월배당금 30만 원을 달성했다. 월 적립 매수와 추가투자를 하면서 월 배당금 50만 원, 100만 원, 200만 원을 달성할 수 있도록 꾸준히 투자할 것이다.

13
세금혜택을 최대한 누릴 수 있는
자본주의 테크트리

주식 투자를 하고 싶어도 복잡한 제도와 세금체계로 인해 어느 계좌부터 만들고 어떻게 투자해야 할지 고민일 수 있다. 연금저축펀드, 개인형 IRP, 중개형 ISA, 일반계좌 등등 투자할 수 있는 계좌도 다양하고, 계좌별로 세금 계산 방식이나 절세혜택, 중도 인출 등 특징이 전부 다르기 때문이다. 그렇다고 포기할 필요 없다. 세금혜택을 최대로 많이 받을 수 있는 방법부터 상황별 투자 선택지를 소개하겠다. 참고로 투자금액 기준은 1년이다. 투자할 여력이 된다면 매년 순서대로 입금하면 된다.

1) 세금혜택을 최대로 받는 투자방법(노후준비)

연금저축펀드 600만 원 → 개인형 IRP 300만 원 → 연금저축펀드 900만 원 → 중개형 ISA 2,000만 원 → 일반계좌: 나머지 여유자금

이론상 가장 세금혜택을 많이 보면서 자본주의 생존력을 높일 방법이다. 매년 여유자금이 많고 투자기간도 최소 만 55세까지 유지할 수 있다면 이 순서보다 혜택 좋은 투자방법은 아직 없다(물론 나중에 법이 개정되면 바뀔 수 있다). 우선 연금저축펀드와 IRP로 13.2~16.5% 세액공제 혜택을 전부 받을 수 있다. 거기다가 연금계좌 1년 납입한도 1,800만 원을 채우고 만 55세까지 유지하면, 향후 연금으로 수령할 때 투자수익이나 배당금에 발생하는 세금도 5.5%로 줄일 수 있다. 원래는 15~22%를 세금으로 내야 하는데, 연금계좌는 '저율과세' 혜택이 있기 때문이다. 여기서 끝이 아니다. 중개형 ISA 계좌를 이용한다면 200만 원에 해당하는 수익/배당금은 세금이 없다. 200만 원이 넘어가는 나머지 수익은 9.9% 분리과세로 끝이다. 일반계좌에서 투자할 때 발생하는 15~22% 세금보다 훨씬 적다. 같은 돈, 같은 종목을 투자한다면 연금이나 ISA 계좌를 이용해야 하는 이유다. 투자하는 계좌만 잘 선택해도 돈을 더 벌 수 있다.

하지만 장점이 있다면 당연히 단점도 있다. 일단 세금혜택을 극대화하기 위해서는 최소 만 55세까지 계좌를 유지해야 한다. ISA는 3~5년 만기라 그나마 괜찮지만, 연금저축펀드와 IRP는 계좌를

개설한 이후 5년 이상이고, 가입자 나이가 만 55세 넘어야 연금 개시가 가능하기 때문이다. 물론 그전에 투자한 돈을 빼서 사용할 수도 있다. 하지만 상황에 따라 손해를 볼 수 있고 혜택도 크게 줄어든다. 그래서 이 방법대로 세금혜택을 최대로 받고 싶다면 '없는 돈이다' 생각하고 투자해야 한다.

다만 이 투자방식은 많은 돈이 필요하다. 세금혜택을 최대로 받고 싶다면 매년 3,800만 원을 투자할 수 있어야 한다. 만약 부부라면 1가구당 매년 7,600만 원이다. 평범한 직장인 기준 이렇게 투자하기가 쉽지 않다. 그래서 자금 상황에 맞게 아래 순서대로 채워나가면 된다. "연금저축펀드 600만 원 → 개인형 IRP 300만 원 → 연금저축펀드 900만 원 → 중개형 ISA 2,000만 원" 순서를 외워 놓고 매년 여유자금을 순서대로 입금하면 된다. 1년에 1,000만 원씩 투자할 수 있다면 "연금저축펀드 600만 원 → 개인형 IRP 300만 원 → 연금저축펀드 100만 원" 입금하는 식이다. 나는 그동안 '연금저축펀드 600만 원 → 개인형 IRP 300만 원 → 나머지 여유자금 일반계좌' 투자를 했었는데, 앞으로는 연금저축펀드와 중개형 ISA 투자를 늘릴 계획이다. 과세이연, 저율과세 뿐만 아니라 배당금을 아무리 받아도 건강보험료가 부과되지 않는 등 그 혜택이 압도적이기 때문이다.

2) 미래에 목돈 쓸 일을 위해 모으는 경우(결혼, 내 집 마련 등)

중개형 ISA 2,000만 원 → 일반계좌: 남는 돈 → 연금저축펀드:

257

남는 돈→ 개인형 IRP: 남는 돈

이제 막 취업했거나 본격적으로 재테크에 관심 가지고 돈을 모으기로 결심했다면 이 순서가 무난하다. 만기가 3~5년 내외인 중개형 ISA를 1번 우선순위로 생각하자. 투자 수익에 세금혜택 받을 수 있으면서 기간도 적당하기 때문이다. 당연히 중도 인출도 문제없다. 다만 세금혜택 있는 중개형 ISA 계좌는 단점이 있다. 연금저축펀드와 개인형 IRP도 마찬가지인데 해외시장에 상장된 주식은 투자할 수 없다. 미국 주식 시장에 상장된 애플이나 마이크로소프트, 테슬라 뿐만 아니라 프랑스 시장의 LVMH 그룹, 에르메스 등 매력적인 기업에 직접 투자할 수 없다. 그래서 이 기업들에 투자하면서 자산을 불려가고 싶다면 일반계좌를 이용해야 한다. 투자가 처음이라면 어떤 방법이 나에게 더 적합한지 판단하기 어려우므로 초반에는 일반계좌와 ISA 둘 다 이용하면 좋다. 그 결과, 세금혜택 안 받아도 개별종목으로 더 높은 수익을 얻을 수 있다는 자신감이 생기면 일반계좌를 이용하고, 그렇지 않다면 중개형 ISA로 안정감과 세금혜택을 챙기면 좋다.

그리고 이왕이면 적은 돈이라도 연금계좌를 이용했으면 좋겠다. 한달 3만 원이라도 내 돈이 들어가면 관심 가지게 되기 때문이다. 물론 세액공제 한도만큼 투자해서 혜택을 극대화하면 좋겠지만 '연금'이라는 단어가 주는 거부감 때문에 사회초년생이라면 무의식적으로 꺼리게 된다. 다만 책에서 소개했듯이 연금저축펀드와 개인형 IRP에서 돈을 모아가다가 중도에 해지해도 손실 볼 확률은 낮다. 만약 연말정산 할 때마다 돈을 토해내는 것으로 스트레스받는다면 연금계좌를 조금이라도 이용하는 것이 도움될 것이다. 참고로 나는 연금저축펀드와 개인형 IRP 세액공제 1년 한도를 꽉 채운다. 그 덕분에 연말정산 환급으로 매년 200만 원 이상 돌려받고 있다.

3) 1~3년 안에 써야 할 돈이 정해진 경우

결혼이나 내 집 마련, 자녀 등록금 등 돈 내야 할 날짜가 정해져 있다면 투자는 고려대상이 아니다. 그냥 정기예금이나 적금, 파킹통장에 넣어두고 납부일에 현금을 내면 된다. 만약 돈이 조금 부족하다면 투자가 아닌 다른 방법으로 돈을 더 벌어야 한다. 투자는 자산을 불려주기도 하지만 녹여버리기도 한다. 그리고 단기적인 주가 방향은 아무도 맞출 수 없기 때문에 순간의 선택이 인생 전체를 흔들어버릴 수 있다. 아파트 중도금을 내기 위해, 혹은 모아둔 돈이 계좌에서 노는 모습이 보기 싫어 잠깐 투자했다가 중도금보다 돈이 부족해진다면? 생각만 해도 끔찍하다. 다시 한번 기억하자! 만기가 정해진 돈으로 투자하면 안 된다.

* 투자를 위해 꼭 참고해야 할 서대리 유튜브 리스트

2020년 서대리 유튜브 채널 개설 이후 매주 1개 이상 영상을 업로드한 지 3년이 넘었다(2023년 기준). 최대한 내 투자 아이디어와 방법을 영상으로 담기 위해 노력했고 많은 분들이 좋게 봐준 덕분에 지금까지 채널을 유지할 수 있었다. 이 과정에서 여러 주제로 영상이 업로드 되었기 때문에 이제 투자의 세계로 입문하려는 직장인 투자자라면 어떤 영상부터 참고해야 할지 고민될 것이다. 나는 업로드한 모든 영상에 애정이 있지만, 그 중에서도 정말 핵심이라 생각하는 영상 몇 개를 엄선했다. 지금까지 이 책을 읽고 내 생각과 투자 방식에 동의한다면 아래 영상들은 특히 추천한다.

연금저축펀드로 노후 걱정 끝내는 방법

죽을 때까지 들고 갈 최고의 배당 ETF

S&P500 ETF는 이렇게 모아가세요

직장인이라면 무조건 만들어야 하는 계좌 4개

저축은 답답하지만 투자는 무서운 당신에게

2부

마인드셋

3장

직장인의 후회: 마인드셋

1
복리의 마법을
투자에서만 찾지 말 것

목표를 가지고 주식 시장에 뛰어든 투자자라면, 한번쯤 엑셀을 이용하여 연평균 수익률이 10%일 때, 20년 후 내 자산이 얼마나 늘어날지 계산해 봤을 것이다. 1,000만 원을 투자하여 매년 10%씩 증가한다면, 10년 후 2,594만 원이 된다. 동일한 조건으로 10년을 더 숙성시키면(20년 동안 연평균 수익률 10%) 자산은 6,724만 원으로 늘어난다. 돈이 돈을 불러들이는 셈이다. 이렇듯 투자자들에게 최고의 행복회로를 선사하는 단어가 바로 '복리의 마법'이다. 단타가 아닌 장기투자를 지향하는 주식 투자자들에게 '복리'는 마법과 같다. "인간의 가장 위대한 발명 중 하나는 복리다"라는 아인슈타인의 말처럼, 시간이 지날수록 자산 규모가 기하급수적으로 늘어나기 때문이다. 도무지 머리로는 이해되지 않을 정도로 불어나니 마법이라는 말이 붙은 게 아닌가 생각한다. 워런 버핏의 재산 중 90%가 65세 이후에 형성되었다는 이야기를 아는가? 물론 버핏의 자산은 그 이전부터 일반인이 넘볼 수준이 아니었으나, 복리에 관해 시사하는 바가 큰 사례다.

내 경우도 마찬가지다. 2028년 말 조기 은퇴를 목표로 연도별 목표자산과 월별 투자금액, 연간 기대수익률을 세팅했고 시간 날 때마다 보는 편이다. 그러면 기분이 좋아진다. 어느 정도 투자 규모가 커지다 보니 매년 (이론상이지만) 늘어날 자산이 눈에 보이고 계획대로만 된다면 꿈에 그리던 은퇴도 가능하기 때문이다.

하지만 주식뿐만 아니라 다양한 자산에 투자하는 사람이라면 잘 알고 있겠지만, 자산은 기계적으로 우상향만 하지 않는다. 우상향의 대명사인 S&P500도 길게 보면 우상향이 맞지만, 특정 구간별로 끊어보면 하락장 또한 많았다는 것을 알 수 있다. 267페이지의 차트만 봐도 S&P500도 10년 넘게 박스권이었던 시절이 있었다. 먼 과거를 생각할 필요도 없이 2022년 1월부터 시작된 하락장으로 많은 개인 투자자들의 믿음은 산산조각이 났었다. 하락장이 1년 넘게 이어지면서 주식 시장을 떠난 투자자도 많다.

그렇다면 왜 S&P500을 '우상향의 대명사'라고 할까? 오르락내리락하는 과정에서 시간이라는 변수를 만난 뒤 결국 올랐기 때문이다. 구간에 따라 다르지만, 기간을 길게 잡을수록 연평균 수익률이 8%에 이른다는 사실이 이를 증명한다. S&P500에만 장기투자

266

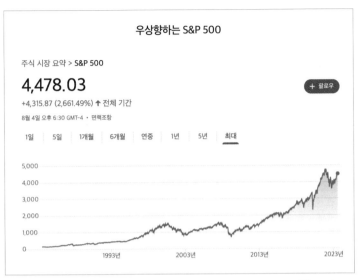

우상향하는 S&P 500

주식 시장 요약 > S&P 500

4,478.03

+4,315.87 (2,661.49%) ↑ 전체 기간

8월 4일 오후 6:30 GMT-4 · 면책조항

| 1일 | 5일 | 1개월 | 6개월 | 연중 | 1년 | 5년 | **최대** |

해도 어느 정도 자산을 형성할 수 있기에 나 역시 복리라는 친구를 만나기 위해 꾸준히 투자 중이다.

다만 많은 사람이 간과하는 부분이 있다. 복리의 마법을 외치며 투자를 이어나가지만, 사실 복리는 투자에만 적용되는 것이 아니라는 사실이다. 개인의 인생 거의 모든 부분에서도 복리의 마법을 실현할 수 있다. 하지만 그렇게 생각하는 사람은 많이 없다. 여러 가지 이유가 있겠지만 가장 큰 이유는 투자처럼 숫자로 확인할 수 없는 부분이 많기 때문이다.

투자 외의 영역이라 하면 건강관리나 부업, 독서, 자기 계발, 커리어 개발 등 나의 노력과 시간을 투자할 수 있는 모든 것이 해당한다. 부업을 예로 들어보자. '하루 1시간 블로그로 한 달에 300만 원 버는 방법'을 알려준다는 강의나 전자책 광고를 보고 혹한 적이 있을 것이다. '나도 저 사람처럼 하루 1시간만 투자하면 한 달에 300만 원은 벌겠지?' 같은 기대감으로 일단 결제한다. 하지만 현실은 녹록지 않다. 실제로 블로그를 운영해 본 사람이라면 잘 알겠지만, 처음 시작하는 사람이 하루 1시간만으로 월 300만 원을 벌기란 불가능하다(물론 1% 정도의 예외는 있을 것이다). 매일 포스팅을 1개 이상 올리고, 반응 좋은 정보와 키워드를 찾는 등 많은 시간을 투입해야 한다. 어떤 일이든 0에서 1이 될 때가 가장 어려운 법이다. 하지만 그것을 가능하게 해주는 것이 꾸준함과 거기에 딸려오는 복리의 힘이다. 자연스레 1에서 2로 가는 길은 전보다 훨씬 쉬워진다. 0원에서 1억을 모을 때까지는 답답하고 시간이 오래 걸린다. 한 달에 200만 원씩 모아도 4년 이상이 소요되기 때문이다. 하지만 일단 1억을 모으고 나면 그다음 2억까지는 시간이 단축된다. 노하우도 생기고 이미 모아둔 1억이 정말 많은 힘을 보태주기 때문이다. 이런 관점에서 내가 성장하고 싶은 영역에도 복리의 마법을 적용해 보자. 특별한 방법이 있는 것이 아니다. 그냥 꾸준히 하면 된다.

그리고 이런 행동들이 재테크/투자의 복리보다 압도적으로 좋은 점이 있다. 바로 하락하지 않는다는 사실이다. 운동을 꾸준히 하면 건강해진다. 무리하지 않는다면 건강이 나빠질 수 없다. 월급 외 부업으로 유튜브나 블로그를 꾸준히 하면 구독자가 조금씩이라도 늘어난다. 물론 유튜브 알고리즘의 간택을 못 받아 폭발적으로 늘

저축은 답답하지만 투자는 무서운 당신에게

지 않을 수도 있지만, 대신 떨어지지는 않는다. 독서도 마찬가지다. 다양한 책을 읽어나가면 지식이 늘어난다. 기존 지식과 어우러져 더욱 좋은 아이디어가 나오기도 하면서 흔한 복리 그래프처럼 능력이 업그레이드될 것이다.

이처럼 복리의 마법과 파괴력을 인지하고 있다면, 이 마법을 투자에만 사용할 것이 아니라 인생의 다양한 부분에도 적용해 보자. 엄청 대단한 것을 할 필요도 없다. 그냥 짧게라도 블로그 1일 1포스팅 하기, 하루에 푸시업 20개, 책 20페이지씩 읽기 등등 사소한 것들부터 시작하면 된다. 그 시간들이 쌓이면 어느샌가 한 분야에서 다른 사람들이 부러워하는 존재가 되어있을 것이다.

주식이나 부동산 같은 투자에서 결국 내가 결정할 수 있는 것은 '투자대상 선정'과 '투자자금 규모 결정' 2가지 뿐이다. 그 외에 할 수 있는 일은 없다. 수익률은 내가 만드는 것이 아니라 투자종목의 가치로 결정되기 때문이다. 그리고 투자의 결과 역시 시간이 지나야 확인할 수 있다. 그 기다림의 시간을 효율적으로 활용하고자 투자 외 다른 부분에도 복리의 마법을 걸어야 하는 것이다.

월급 외 수입을 만들겠다는 생각으로 티스토리 블로그를 시작한 것이 복리의 마법을 만나 '서대리TV'가 탄생했다. 그리고 유튜브로 이어져 또 다른 수입원이 되었고 운 좋게 책까지 출판하게 되었다. 복리가 새로운 길까지 제안해준 것이다. 그리고 이와 별도로 나의 투자자산은 알아서 잘 크고 있다는 것이 포인트이다.

당신에게 복리의 마법을 걸어줄 습관은 무엇인가? 투자에서만 복리를 찾지 말고 이제 스스로에게도 복리의 마법을 걸어보자. 새로운 세계가 열릴 것이다. 어떤 일이든 꾸준히 하면 상위 1%가 된다는 말이 괜히 있는 게 아니다.

새해만 되면 헬스장에 사람이 붐비지만, 한 달만 지나도 절반 이상의 사람은 헬스장에 오지 않는다. 그리고 두 달이 되면 거의 남지 않는다. 유튜브나 블로그도 마찬가지다. 많은 사람들이 월급 외 수입을 조금이라도 더 벌기 위해 호기롭게 뛰어들지만, 처음의 마음가짐을 1년 이상 유지하는 사람은 드물다.

"하루에 1%씩만 성장하자!" 이것도 아득하다면, 0.5%도 괜찮다. 매일 1%씩만 성장해도 1년 뒤에는 37배라는 말도 안 되는 차이가 발생하기 때문이다.

마법을 걸려면 주문을 외워라
말이 아니라 행동으로 말이다

저축은 답답하지만 투자는 무서운 당신에게

2
인생이라는 회사의
일잘러가 되자

"서대리, 이번 달 목표 매출이 얼마지?"

"이번 달 목표매출은 50억이고, 현재 달성률 80%입니다. 이번 달은 아마 무난하게 100% 달성할 수 있을 것 같습니다."

"연간 목표매출과 현재 상황은 어떤가?"

"올해 목표매출은 700억이고, 현재 연간 달성률은 70%로 계획 대비 부진합니다. 4분기 매출 성장을 위해 몇 가지 대안을 준비 중입니다."

이 책을 읽고 있는 대부분의 직장인에게는 위의 대화가 낯설지 않을 것이다. 회사에서 거의 매일 나누는 일상적인 대화다. 그나마 이 정도 달성률이라면 양호한 편이다. 어떤 상황이 최악인지는 분명하다. 바로 목표보다 현재 실적이 많이 떨어지는 상황이다. 팀장뿐만 아니라, 그 위 사업부장, 각종 임원, 심지어 거의 볼 일 없는 사장이나 회장까지 실적 부진에 대한 주제로 압박을 하고 대안 보고를 하라고 한다.

이처럼 회사는 이윤 창출, 즉 돈을 벌기 위해 존재하는 만큼 모든 구성원이 돈을 더 벌기 위해 움직인다. 물론 가끔은 "지금 하는 일이 도대체 내 업무랑 무슨 상관이지?"라는 생각이 들 때도 있지만, 대체로 직장인들은 회사의 목표 매출과 순이익을 위해 일한다. 의식하든 안 하든 회사의 목표를 위해 일하게 되는 셈이다. 회사의 모든 부분이 본질적으로는 회사 목표를 위해 세팅되기 때문이다.

그러므로 회사에서 일 잘하는 사람으로 인정받는 방법은 간단하다. '돈을 벌어오라'라는 회사 목표를 달성해 주면 끝이다. 나의 직업인 패션 상품기획 MD라면 더 많은 사람이 구매할 상품을 만들면 되고, 마케터라면 내가 홍보할 제품(혹은 서비스)을 더 많은 사람에게 더 매력적으로 보여주면 된다. 그리고 내가 만들 실적이 회사 목표에 기여하는 비중이 커질수록 당연히 인정도 늘어난다. 모든 일을 회사 목표에 초점을 맞춰서 처리하고, 실제 성과까지 내는 사람을 회사는 '일 잘하는 사람'으로 인정한다. 그리고 동료들은 그 사람을 '성공한 직장인' 혹은 '앞으로 잘 될 사람'으로 생각한다.

이처럼 누구나 인정하는 '일잘러'(일 잘하는 사람)는 회사에 한두 명씩 존재하는데, 그들이 대체로 어떤 이미지인지 머릿속으로 떠올려보자. 물론 이 책에서 설명하는 이미지와 다른 경우도 있지만, 흔히 생각하는 일잘러의 이미지는 조금 차가운 편일 것이다. 주어진 업무를 실수 없이 기계처럼 수행하고 미리 몇 수 앞을 내다보는 일 처리 능력을 보여주지만, 속된 말로 약간 싸가지(?) 없는 경우가 많기 때문이다. 드라마를 보면 이런 일잘러 캐릭터를 자주 볼 수 있다. 완벽한 일 처리로 인정받지만 차가운 말투로 사람들의 시기와 질투를 동시에 받는 캐릭터 말이다. 이 차가운 일잘러를 가상의 인물 '서대리'라고 가정해 보자.

서대리 이미지가 차가운 이유는 무엇일까? 한국 사회 특성상, 상호교류가 없을 때 차갑다는 느낌을 크게 받는다. 이런 사람들한테 업무를 비롯해 그 외적인 것을 물어보면 잘 대답해주지 않거나, 형식적인 답이 돌아온다. 결정적으로 무언가 부탁해도 본인의 일이 아니라면서 피하기 일쑤다. 물론 이런 태도가 잘못되었다는 것은 아니지만 확실히 한국 문화에서는 조금 호불호가 갈린다.

그렇다면 일잘러 서대리가 이런 태도를 보이는 가장 큰 이유는 무엇일까? 그건 바로 목표에 대한 집중력 때문이다. 이런 류의 사람들은 모든 시간과 에너지, 행동이 본인 KPI(핵심성과지표Key Performance Indicator), 더 나아가 회사 목표에 초점이 맞춰져 있다. 목표 외의 일에는 관심이 없다. 비효율적이기 때문이다. 대신 에너지와 시간을 목표 달성에 도움되는 일에만 집중한다. 그리고 이런 과정을 계속 반복한다면 높은 확률로 회사에서 업무 능력으로 인정받고 커리어나 연봉도 높일 수 있다.

내가 어떤 이야기를 하고 싶은지 혹시 감이 잡히는가? 목표 이외의 일에는 무관심하지만 회사에서 좋은 평가를 받는 일잘러의 원칙을, '나'의 삶에 그대로 적용하면 된다. 그러면 내 삶도 달라지기 시작한다. 그것도 남들이 인정하고 부러워할 만한 삶으로 말이다. 최소한 전보다 후회는 줄어들고, 인생은 조금 더 재미있게 변할 것이다.

다소 획일적인 교육을 받고 자란 대한민국 성인은 회사나 타인(주로 부모님)이 정해준 목표만 가지고 있을 뿐, 자신만의 목표를 가지고 있지 못한 경우가 많다. 나 역시 그랬다. 첫 출근하고 3년간은 회사에서 시키는 일과 회사 목표만 달성하기 위해 최선을 다했다. 물론 그 당시에 나만의 목표가 있긴 했다. '다음 달 월급을 받으면 이 옷을 사야지' '이번 여름 휴가는 발리로 가야지'와 같은 소비 목표다. 이런 목표가 잘못됐다고 말하고 싶은 것이 아니다. 시간이 지날수록 이 목표들을 달성해도 내가 생각했던 미래가 펼쳐지지 않았다는 점을 이야기하고 싶다. 어른들 말처럼 대기업에 들어가기만 하면 모든 근심 걱정이 사라질 줄 알았지만, 시간이 지날수록 스트레스는 늘어나고 미래는 오히려 더 불안해졌다. 동기들보다 이른 승진을 하는 영광을 누렸고 그 덕분에 월급도 늘어났지만, 이상하게도 그만큼 내 인생과 행복이 사라지는 기분이었다. 실제로 회사 동기들이나 같은 직장인 처지인 고등학교 친구들과 만나도 신세 한탄만 늘어놓게 되었다. 누가 더 힘든지, 만날 때마다 노예 족쇄를 자랑하는 불행 배틀이 열렸다. 로또 1등 당첨 얘기가 아니면 장밋

저축은 답답하지만 투자는 무서운 당신에게

빛 미래를 이야기한 적이 없었던 것 같다.

그러나 나만의 KPI를 설정하자는 생각을 하고 나서부터는 많은 것이 달라졌다. "가장 좋은 것은 가장 나쁜 것에서부터 나온다"라는 농구황제 마이클 조던의 명언처럼 이런 부정적인(?) 주변 환경에서 깨우친 인생의 진리 덕분에 지금은 전보다 훨씬 행복하고 여유롭게 살게 되었다. 회사가 매년, 매월 세우는 목표처럼 내 인생 목표도 따로 관리하고 여기에 에너지와 시간을 집중한다면 달라질 것이라는 생각이 맞았기 때문이다.

그럼 회사에서 인정받는 일잘러 노하우를 내 삶에 적용하는 방법은 알아보자. 방법은 정말 간단하다. 회사에서 일할 때처럼 나의 미래 목표와 연간 목표를 세팅하면 된다. 조금 더 나아가면 월 단위로 목표를 쪼개면 더욱 집중할 수 있다. 그리고 그 목표에 퇴근 이후 삶을 맞추면 된다. 말은 쉽지만 실제로 실행하기는 어렵다고? 이 역시 하나씩 세팅하면 된다. 내 경험을 들어 누구나 쉽게 목표를 정하고 행동하는 방법을 이야기해 보겠다.

먼저 내가 꿈꾸는 미래를 한두 문장으로 정리하는 작업이 필요하다. 지금 잠깐 독서를 멈추고 나의 미래를 생각해 보고 그걸 종이에 적어보자. 처음이라면 쉽게 떠오르지 않을 수 있다. 하지만 그래도 한번 적어보자. 사실 미래의 목표를 세팅하는 것에서 더 나아가 적어보고, 읽어보고, 잘 보이는 곳에 두는 행동은 수많은 자기계발, 동기부여 책에서 항상 하는 이야기다. 다만 여기서의 핵심은 '디테일'이다. 단순히 '나는 부자가 될 거야' '퇴사하고 자유롭게 살

거야'가 아니라, 측정하고 평가할 수 있는 기준들로 내 꿈과 미래를 변환해야 한다. 내가 정한 구체적인 목표는 다음과 같다.

'만 40세가 되는 2028년까지 6억 원 이상의 금융자산을 모아, 현금흐름 월 200만 원의 구조를 만든다. 그리고 회사를 벗어나 하고 싶은 일을 하면서 제 2의 인생을 시작한다.'

더 자세하게 이야기할 수도 있다. 퇴사 후 하고 싶은 일은 '나와 비슷한 꿈을 가진 분들을 돕는 컨설팅'이다. 그리고 이를 통해 또 하나의 커뮤니티를 만드는 것이다. 만약 여기서 수입이 발생한다면 월 100만 원 내외가 목표다.

어떤가? 처음 적어본 문장과 차이가 있다면 이제부터 조금씩 다듬으면 된다. 특히 숫자만 넣어줘도 완성도가 확 올라간다. '2028년'이라는 기간, '6억 원' '200만 원'이라는 목표금액이 이에 해당한다. 회사에서 목표를 숫자로 관리하는 것과 똑같이 하면 된다. 그래야 내가 가고 있는 방향이 맞는지, 어느 정도 도착했는지, 그리고 앞으로 계획을 어떻게 세워야 할지 평가하고 이후 전략을 짤 수 있기 때문이다.

-- 서대리의 SUMMARY

목표는 최대한 구체적으로 짜자
적어도 회사 목표보다는 말이다

3

"세상은 돈이 전부가 아니다"라는 말의 진실

"세상은 돈이 전부가 아니야. 너무 돈만 생각하면 인생 망가져. 돈보다 중요한 게 얼마나 많은데" 살면서 한번쯤 들어본 말일 것이다. 나도 어렸을 때부터 어른들을 비롯한 주변인들에게 정말 많이 들었다. 요즘은 인터넷의 발달로 경제 관련 인터넷 기사 댓글 창에서도 비슷한 문장을 많이 볼 수 있다. 특히 '어떤 연예인이 얼마를 벌었다'라는 기사나 자수성가한 인물을 소개하는 기사에 돈이 전부가 아니라는 댓글이 많다. 그리고 이런 댓글의 좋아요나 공감수는 다른 것에 비해 월등히 높다. 2020년, 2021년 엄청난 자산시장 상승기와 N잡 열풍이 불며 돈에 대한 인식이 예전보다 좋아지긴 했지만, 사농공상이라는 유교 문화 탓인지 아직도 돈에 대한 부정적 인식이 강하다. 부자가 되고 싶다는 마음은 누구에게나 있지만, 남들 앞에서 당당하게 돈 얘기 하길 껄끄럽게 여긴다. 돈 얘기에 관심을 강하게 드러내는 사람을 보면 왜인지 사기꾼 같고, 무의식중에 거리를 두는 경우도 있다. 나도 어릴 때부터 돈 모으는 것을 좋아했지만 너무 대놓고 '돈, 돈' 거리는 사람을 보면 부정적인 생각이 들었던 것 같다. 하지만 지금은 아니다. 누군가 나에게 "돈이 인생의 전부인가요?"라고 물어본다면 이렇게 대답한다.

"돈이 인생의 전부는 아니지만, 돈이 없으면 인생의 전부가 됩니다. 돈 때문에 점점 힘들어질 테니까요"

당연히 나도 돈이 이 세상 전부라고 생각하지 않는다. 가족, 친구 같은 사람은 물론이거니와 그들과 나누는 값을 매길 수 없는 무형의 감정(사랑, 우정 등)들이 분명 존재한다. 돈으로 바꿀 수 없는 소중한 것들이다. 하지만 냉혹한 자본주의 세상에서 돈이 없다면 소중한 것들을 지킬 수 없다. "저는 집에서 가족들과 행복한 저녁 식사를 할 정도면 충분해요"라고 이야기할 수 있지만, 그 '정도'를 실현하기 위해 필요한 돈은 상상 이상이다.

우선 집을 따져보자. 지역에 따라 다르지만 4인 가족을 위한 30평 아파트를 소유하기 위해서 최소 5억 원이 필요하다(서울은 10억 원). 5억 원을 투자 없이 순수 월급만으로 모은다면 한 달에 200만 원씩 21년을 모아야 할 만큼 큰돈이다. 근데 집만 있으면 끝일까? 매월 관리비가 최소 10만 원 이상 나온다. 그리고 재산세도 낸다. 이 정도에서 끝나면 할만하겠지만, 여기서 끝이 아니다. 가족

저축은 답답하지만 투자는 무서운 당신에게

이 함께 먹을 음식도 돈 주고 사야 한다. 이런 식으로 평범한 4인 가족 생활비를 계산해 보면 최소 300만 원이 나올 것이다. 2021년 7월 통계청에서 발표한 자료에 의하면 맞벌이 4인 가족 월평균 가계 지출은 565만 원이고, 외벌이 4인 가족은 460만 원이라고 한다. (여기서 충격적인 사실, 이 월평균 가계 지출은 월급 빼고 모든 것이 역대급으로 올랐던 2022년 물가를 반영하지 않은 것이다.) 즉, 4인 가족이 평범한 삶을 유지하기 위해서는 1년에 최소 5,500만 원 이상 벌어야 한다. 참고로 세후로 5,500만 원이 필요하기 때문에 직장인이라면 최소 연봉이 6,500만 원은 되어야 한다.

이처럼 자본주의 세상에서는 아무리 사소한 것이라도 그것을 얻거나 유지하기 위해서는 반드시 돈이 필요하다. 심지어 다른 사람의 시간도 돈으로 살 수 있다. 회사가 우리의 노동력과 시간을 사고 있지 않은가. 돈이 많다면(혹은 충분하다면) 내가 하고 싶은 것을 거리낌없이 하는 인생을 살 수 있다는 것을 누구나 알고 있다. 그래서 다들 마음속으로는 돈이 엄청 많기를 바라지만, 현실에서는 애써 외면하고 부정한다. 왜 그럴까?

내가 원하는 만큼의 돈을 가질 수 없다고 확신하기 때문이다. 인간의 방어기제 중에 '부정'이 있다고 한다. 이는 현실을 받아들이기 어려울 때, 이와 관련된 것을 회피하며 왜곡하거나 현실을 다르게 받아들이게 만든다. 회사에 다니지 않고도 원하는 삶을 살기 위해서는 한 달에 최소 300만 원, 많게는 1,000만 원씩 필요한데, 누가 봐도 현실적으로 불가능해 보이기 때문에 돈을 부정하는 것이다. 내가 사회초년생 욜로족이었을 시절 딱 이렇게 생각했었다. '어차피 월급 모아 봤자 서울에 내 집 마련도 못 하는데, 하고 싶은 거나 하자. 돈이 인생의 전부는 아니잖아' 그렇게 조선 시대 선비마냥 돈을 무시했었다. 그리고 돈의 중요함을 강조한 선배들의 조언도 듣지 않았다. 지금은 그 시절이 자본주의에 대한 사춘기 정도로 미화되었지만, 욜로족으로 불태운 2년은 죽을 때까지 내 인생 후회 리스트 3위 안에 들지 않을까 싶다.

나는 현재 그 누구보다 돈을 사랑하는 돈 예찬론자가 되었다. 이 험난한 세상의 소중한 '생존템'이라는 걸 확실히 깨달았기 때문이다. 그 후 매일 돈 생각을 하게 되었다. 어떻게 하면 돈을 더 많이 벌 수 있을지 고민했다. 출퇴근길 지하철이나 샤워할 때, 동네 산책할 때마다 계속 생각했고 그걸 직접 실행에 옮겼다. 그러니까 신기하게도 월급뿐이었던 수입은 조금씩 종류가 늘어나기 시작했다. 넷플릭스 드라마 〈더 글로리〉에서 화제가 되었던 대사처럼 근로소득세만 냈던 내가 종합소득세를 내게 된 것이다. 참고로 더 글로리 명대사는 다음과 같다.

"근로소득세 내는 넌 모르는, 이 종합소득세 내는 세계가 있단다. 혜정아."

누군가를 좋아하게 되면 그 사람의 관심사, 싫어하는 음식, 이상형 등등 온갖 정보를 알아보고 잘 보이기 위해 노력하게 된다. 돈도 이와 마찬가지다. 이런 노력들이 좋아하는 사람의 마음을 사로잡고 좋은 결실로 이어지듯이 '돈에 대한 나의 관심과 사랑'이 돈을

저축은 답답하지만 투자는 무서운 당신에게

내 계좌로 들어오게 만드는 원동력이 되었다. 돈의 마음을 사로잡는 노력은 '어떻게 하면 가지고 있는 돈을 더 불릴 수 있을까?' '어떻게 하면 월급 외 수입을 만들 수 있을까?' 고민하는 것에서 시작한다. 그리고 온라인이나 책에서 정보를 찾아보고 직접 실행하는 것으로 돈과의 밀당이 시작된다. 물론 이 과정이 쉽지 않다. 이 책을 읽는 사람 중 N잡 열풍이 불었을 때, 월급 외 수입을 만들기 위해 1가지 이상의 방법을 시도한 사람들이 꽤 될 것이다. 원하는 성과를 얻었을 수도 있고 못 얻었을 수도 있다. 성과를 얻었다면 더욱 키워가면 되고 못 얻었다면 다시, 혹은 다른 시도를 하면 된다. 유비도 제갈량을 얻기 위해 3번이나 방문해서 원하는 결과를 얻었다. 지금은 돈이 제갈량보다 더 뛰어난 부하가 된 시대다. 돈이 많으면 제갈량처럼 뛰어난 인재를 고용할 수 있기 때문이다. 그래서 포기하지 말고 끊임없이 돈에게 관심과 사랑을 주어야 한다.

그리고 이때 핵심, "돈은 나쁜 것이다"라는 생각을 버려야 한다. 돈에 대한 감정이 좋지 않으면 옆에 둘 수가 없다. 싫어하는 사람과 같이 있고 싶은 사람은 없기 때문이다. 하지만 몸이 멀어지면 마음도 멀어진다는 말처럼 돈과 사이가 멀어질수록 돈은 점점 줄어들 것이다. 그러다 보면 어느샌가 삶에서 돈이 전부가 되게 된다. 역설적이게도 돈이 전부가 아니라고 생각하는 사람이 누구보다 돈이 전부가 된다. 이 사실을 깨달은 사람들의 뼈 때리는 명언 몇 개를 소개한다. 돈에 대한 생각이 바뀔 것이다. 아니 바꿔야 한다. 일단 돈을 충분히 사랑하고 번 다음, 돈이 인생의 전부인지 아닌지 논

해도 충분하다.

"젊었을 때는 돈이 인생에서 가장 중요하다고 믿었다. 이제 늙어보니 정말 그렇더라."_오스카 와일드

"돈이 전부는 아니지만, 그만한 게 없다."_메이웨더

"행복을 돈으로 살 수 없다면 혹시 돈이 모자란 건 아닌지 확인해 봅시다."_작가 미상 온라인 글

이 명언대로, 자본주의 사회에서 모든 문제의 90% 이상은 돈으로 해결 가능하다고 생각한다. 실제로 우리는 살면서 수많은 문제에 부딪힌다. 물론 어떤 것은 돈과 전혀 상관없는 문제라고 느낄 수 있다. 과연 그럴까? 문제의 근본적인 원인을 따지고 보면 사실 돈 때문인 경우가 있다. 예를 들어 "출퇴근 시간을 어떻게 하면 줄일 수 있을까?"라는 문제에 대한 해답은 심플하다. "지하철을 4-3에서 타서 바로 환승 출구로 가세요. 그럼 10분 줄일 수 있어요"라는 해답을 제시할 수 있다. 하지만 보다 확실한 해결책이 있다. 바로 직장 근처에 집을 구하는 것이다. 그럼 아주 깔끔하게 해결된다. 하지만 그럴 돈이 부족한 것이 문제다. 마찬가지로 아이 사교육을 얼마나 시켜야 할지 고민하는 것도 결국 돈 문제일 확률이 높다. 크게 돈 걱정이 없다면 이것저것 다 시켜보고 자녀에게 맞는 방식으로 방향을 정하면 된다. 이처럼 일상에서 하는 수많은 고민이 사실 경제적으로 여유로우면 해결되는 경우가 많다.

다만 내가 아무리 돈을 사랑한대도 유일하게 "돈이 전부가 아니야"라는 명제를 인정하는 경우가 있다. 바로 '시간'과 '건강'이다.

저축은 답답하지만 투자는 무서운 당신에게

이 2가지는 돈보다 우선순위를 높게 두고 의사 결정하거나 행동하려고 노력한다. 이것들은 돈을 아무리 줘도 살 수 없기 때문이다. 한번 지나간 시간은 아무리 많은 돈을 지불해도 되돌릴 수 없다. 워런 버핏과 나의 재산 차이는 하늘과 땅보다 큰 격차지만 시간만큼은 동일하게 가지고 있다. 누구에게나 하루는 24시간, 1년 365일로 평등하다. 돈 많은 부자라고 하루 24시간보다 더 많은 시간을 가질 수 없다. 회사에서는 야근할 수 있지만, 인생에서는 야근이 불가능하다. 매일매일 24시간 정시 칼퇴근이다. 할 일이 많다고 6시간 더 늘려 하루를 30시간으로 살 수 없다.

즉, 시간은 돈보다 더 한정되고 소중한 자원이다. 직장인이 부자가 되고 싶은 1차원적인 이유는 출근하기 싫어서가 아닐까? 회사에 있는 동안에는 내 시간을 마음대로 쓰지 못하기 때문이다. 반면 돈 걱정 없는 부자는 회사에 내 시간을 팔지 않고 하고 싶은 일만 하면서 하루하루를 가치 있게 보낸다. 물론 그렇다고 해서 직장인의 시간이 가치 없다는 뜻은 아니다. 나는 하루 24시간을 온전히 내 마음대로 쓸 수 없는 상황이라 자유시간이 많지는 않지만, 그렇기에 외려 그 시간이 특별히 더 소중하게 느껴진다. 어떤 것이든 희소하면 귀해진다. 그래서 오랜만에 여행이나 외식을 할 때만큼은 가급적 평소보다 좋은 호텔이나 레스토랑에 가는 편이다. 다시 돌아오지 않을 그 시간을 더욱 소중한 추억으로 만들기 위해서다.

건강도 한번 나빠지면 아무리 많은 돈을 주고 치료해도 예전의 건강했던 신체로 돌아가기 어렵다. 물론 건강은 시간과 다르게 피나는 노력으로 예전의 상태를 되찾기도 하지만, 그럴 확률은 매우 낮다. 실제로 나는 30대 초반이라는 비교적 이른 나이에 신장결석이 너무 많이 생겨 수술을 받았다. 그때 결석을 전부 제거했지만, 아쉽게도 지금 다시 생기고 있다. 그래서 매년 정기검진을 받으며 결석에 좋다는 귤이나 오렌지를 엄청나게 먹는데도 예전 몸으로 되돌아가지 못하고 있다. 참고로 27살 첫 회사 입사 당시 받은 건강검진에서는 돌이라고는 찾아볼 수 없는 정말 깨끗한 신장을 가지고 있었다. 가족력이 있는 것도 아니었다. 한창 결석으로 고생할 때는 초음파쇄석술을 달에 한 번씩 받는데 비용만 30만 원이 넘었다. 그때는 의료비를 하도 많이 써서 나라에서 일정 부분 돈을 돌려받기도 했다(이런 제도가 있는지도 몰랐는데 돈 안 받고 안 아픈 것이 최고다). 돈도 돈인데 병원을 가기 위해 연차를 쓰는 등 시간도 많이 필요하므로 건강은 인생에서 0순위라 생각한다.

나는 돈보다 위에 있는 가치로 '시간'과 '건강'을 꼽았지만, 이역시 사람마다 다를 것이다. 그게 무엇인지 반드시 고민해 보고 우선순위를 정해야 한다. 나에게 있어 돈보다 소중한 것이 무엇인지 정립하고 인생의 선택지마다 펼쳐보는 가이드북으로 활용하자. 물론 우리가 살고 있는 자본주의 세상은 돈을 중심으로 돌아가기 때문에 잘 먹고 잘살기 위해서는 돈이 없어서는 안 된다. 하지만 돈이 0순위가 되어버린다면 결국 현타가 찾아올 것이다. 사람은 기계가 아니기 때문에 맹목적으로 돈만 바라보면 지치기 때문이다. 그리고 돈에 대한 욕심은 끝이 없다. 10억을 모았다면 끝일까? 아마 20억까지 또 달릴 것이다. 20억이 되면 끝일까? 이런 식으로 목표가 계속 올라갈 텐데? 물론 더 많은 돈을 추구하는 것은 자본주의 세상에서 필요한 정신 중 하나다. 하지만 내 삶을 지탱해 줄 기준이 없다면 태평양 한가운데에 떠 있는 듯한 기분이 들 것이다. 그리고 오히려 잘하고 있던 것마저 포기하게 만들어버릴 수 있다.

-- 서대리의 SUMMARY

 돈보다 중요한 것은 정말 많다
그렇지만 돈이 없으면 그것들을 지킬 수 없다

4

편리함 이면에
숨은 비밀

현대사회의 기본 덕목 중 하나는 편리함이다. 실제로 세상은 점점 불편함을 개선하면서 발전 중이고 앞으로도 그럴 것이다. 하지만 모든 발전이 꼭 좋은 것만은 아니다. 어떤 편리함은 우리의 발목을 잡는다. 심한 경우, 부정적인 방향으로 내 삶을 이끈다. 마치 마약처럼 말이다.

예를 들어보겠다. 기술이 발전하면서 주식 투자가 점점 쉬워졌다. 물론 기본적으로 좋은 방향이다. 주식 투자는 개인의 자산을 늘려주는 좋은 방법 중 하나인데 접근이 쉬워진 덕분에 누구나 마음먹으면 투자할 수 있기 때문이다. 특히 미국 주식 투자는 몇 년 전만 해도 거래 1회당 최소수수료가 몇만 원씩 됐었다. 지금은 최소

수수료도 없고 거래수수료도 거래액의 0.07% 수준으로 낮아졌기 때문에 누구나 마음만 먹으면 쉽게 투자할 수 있다. 그리고 예전에는 미국의 개장 시간에 맞춰 한국 시간으로 밤 10시 30분 이후 거래할 수 있었지만, 지금은 우리나라 주식처럼 낮에 거래할 수 있는 서비스도 나왔다. 그뿐이 아니다. 이제는 단돈 1,000원만 있어도 1주에 50만 원짜리 주식을 살 수 있다. 소수점 매수라는 기능이 생겼기 때문이다.

이처럼 기술이 계속 발전하면서 투자하기 정말 쉬운 세상이 되었지만, 개인 투자자들의 수익률은 과거부터 지금까지 좋지 못하다. 대부분이 돈을 잃으며, 수익을 가져가는 일부도 물가상승률을 고려하면 실제 수익이 아니라는 이야기도 나온다. 누구나 주식 투자를 할 수 있고 투자 고수들의 노하우와 시장 정보를 얻기 쉬운 세상이 되었는데 왜 그럴까? 내 주변 지인들을 통해 나름의 결론을 내리자면 주식 투자를 하기 '너무' 편리한 세상이 되었기 때문이다. 각종 정보를 너무 쉽게 접하고 주식을 너무 쉽게 사고팔 수 있다 보니 계좌수익률이 점점 낮아지는 것이다. 얼마나 자주 주식을 거래했는지 볼 수 있는 지표인 '회전율'이 높을수록 투자수익률이 낮다는 통계자료가 대표적인 사례다.

편리함이 오히려 독이 되는 또 다른 사례를 살펴보자. 누구나 가계부 쓰는 것이 재정 관리에 좋다는 걸 잘 안다. 행복한 삶을 위해 반드시 관리해야 할 지표 중 하나가 현금흐름인데, 가계부 작성이 현금흐름 관리에 정말 많은 도움이 되기 때문이다. 가계부를

10년 넘게 쓰고 있는 입장에서, 아직 쓰지 않는 사람에게 꼭 쓰라고 권유한다. 하지만 카드사용 내역이 자동으로 완성되는 가계부 앱은 추천하지 않는다. 본인이 직접 수입과 지출을 입력하는 앱을 사용해야 효과가 있다. 알아서 가계부가 완성되면 정말 편하지만, 그렇게 작성된 것을 아예 들여다보지도 않기 때문이다. 옛날에는 가계부용 다이어리가 있어서 손으로 소비 내역을 하나씩 적고 한 달 지출 내역을 항목별로 직접 계산했었다. 하지만 요즘은 기술이 발전하면서 다이어리가 스마트폰으로 넘어갔고, 더 나아가 카드 사용 내역 문자만 와도 알아서 가계부가 완성되는 경지에 이르렀다. 요즘은 결제 내역만으로 소비항목을 알아서 분류해 준다. 수작업으로 가계부를 작성하다가 최첨단(?) 가계부 앱을 접한 분들이라면 신세계라고 생각할 것이다. 실제로 엄청 편하다. 이 기능 덕분에 소비 내역 입력과 분석하는 시간을 아낄 수 있으니 말이다. 하지만 처음 설치해서 연동한 이후로 가계부 앱을 들어가서 본 적 있는가? 아마 90% 이상은 가계부가 작성되고 있다는 사실을 잊고 열심히 소비하고 있을 것이다. 왜 그럴까? 너무 편해서 그렇다.

많은 자기계발서에서 본인이 이루고자 하는 목표를 직접 써보라고 이야기한다. 자기계발의 대가인 《생각하라 그리고 부자가 되어라》의 저자 나폴레온 힐은 목표선언문을 작성하여 잠자리에 들 때와 잠자리에서 일어날 때 큰 소리로 읽으라고 했다. 비슷한 맥락으로 관련 책이나 유튜브 영상을 보면 100일 동안 A4용지 가득 목표를 매일 쓰라고 조언하기도 한다. 불편하고 번거롭게 굳이 왜 그래야 할까? 손으로 직접 쓰는 과정을 통해 본인의 뇌에 각인되는 효과가 있기 때문이다. 그리고 이렇게 뇌에 각인되면 무의식중으로 그 주제를 계속 생각하게 된다고 한다. 가끔 길을 걷거나 샤워하다가 불현듯 엄청난 생각이 떠오르는 경험이 있을 것이다. 그런 현상들이 발생하는 이유가 특정 주제나 고민이 뇌에 각인되어 무의식중에 계속 생각하기 때문이라고 한다. 스마트폰에서 한번 실행했다가 방치한 앱이 백그라운드에서 계속 돌아가면서 업데이트되는 현상과 비슷하다. 하지만 편리한 가계부 앱을 사용하면 가계부를 쓴다는 인식, 가계부를 통해 나의 재무 상태를 관리한다는 생각 자체를 안 하게 된다. 그럼 결국 없었던 일이 되고 미래에 아무런 영향도 없다. 즉, 몸은 편할 수 있겠지만, 뇌는 이 일이 중요하지 않다고 생각한다. 반면에 불편함을 통해 뇌에 각인되면 계속 생각하고 습관이 되어 무의식적으로 목적을 달성하게 된다.

이런 원리를 실생활에 응용하면 나쁜 습관이나 불필요한 행동들을 억제할 수 있다. 일부러 불편함을 유발하는 것이다. 누구나 한번쯤 쇼핑몰 사이트나 앱에 로그인 할 때 비밀번호가 생각나지 않아 한참을 찾다가 쇼핑을 포기한 적이 있을 것이다. '비밀번호 찾기'를 이용하기 귀찮기 때문이다. 즉, 귀찮음과 번거로움이 소비라는 원초적 욕구를 이기게 만드는 힘의 원천이 된 것이다. 나는 여기서 영감을 받아 목표에 방해되는 '편리한 문명의 이기들'을 의도적으로 불편하게 만들거나 아예 이용하지 못할 환경을 만들어버렸다. 우선 크롬 북마크에서 유튜브를 삭제했다. 예전에는 클릭 한 번으로 바로 유튜브로 넘어갈 수 있다 보니 컴퓨터로 블로그나 다른 작업을 할 때 무의식적으로 유튜브를 클릭해서 시청했었다. 하지만 북마크에서 유튜브를 삭제한 이후에는 확실히 쓸데없는 이용이 줄었고 그만큼 시간을 확보하여 생산력이 높아지는 경험을 했다. 클릭 한 번으로 유튜브에 넘어갈 수 있던 환경에서, 구글→ 유튜브 검색→ 유튜브 클릭이라는 구조로 환경을 바꿨을 뿐인데 불편함을 크게 느끼고 멀리하게 되었다.

게임도 마찬가지다. 예전에는 1시간 정도 여유시간이 있으면 무의식적으로 바탕화면에 설치된 '리그 오브 레전드'라는 게임을 즐겼다. 다른 할 일이 있어도 참기가 힘들었다. 게임을 하고 나서 후회하기를 반복했다. 인간은 기본적으로 유혹에 약하기 때문에 뭐든 눈앞에 있으면 흔들린다. 한두 번은 참을 수 있어도 결국은 그 유혹에 넘어간다. 이 역시 편리함에서 오는 악영향이다. 그래서 나는 극단적인 방법으로 아예 게임을 삭제해 버렸다. 게임을 하려면 파일을 다운로드 받고 설치해야 한다. 그리고 이런저런 업데이트까지 해야 게임을 즐길 수 있다. 처음 몇 번은 게임을 지웠다 깔았다 반복했지만 귀찮고 시간이 걸리다 보니 결국에는 게임 대신 해야 할 일에 집중하게 되었다.

내 정체를 아는 주변 사람들을 만나면 자주 듣는 질문이 있다.
"회사에 다니면서 어떻게 유튜브도 하고, 블로그도 하고, 책도 쓰고, 배달도 하는 거야? 시간이 부족하지 않아?"
내 대답은 다음과 같다.

저축은 답답하지만 투자는 무서운 당신에게

"안 해도 될 일들을 안 하니까 이것저것 시도해 볼 만한 시간이 생겼어요."

기억하자! 불필요한 일을 줄일 방법은 편리함을 불편함으로 바꾸는 것이다. 매일 퇴근하고 침대에 누워 스마트폰만 하거나 넷플릭스만 보면서 시간을 보내면 안 된다는 사실을 누구나 알고 있다. 하지만 그 유혹은 너무나도 강하기 때문에 대부분 넘어가 버린다. 나도 그랬다. 퇴근하고 집에 오면 간단히 저녁 먹고 침대에 누워서 자정이 지날 때까지 스마트폰이나 게임을 하다가 씻고 잠들었다. '내일 또 출근 하는구나…' 괴로워하면서 말이다. 하지만 편리함을 버리고 불편함을 좇자 새로운 시도를 할 시간과 원동력을 얻게 되었다. 스마트폰과 컴퓨터에서 게임을 다 지우고 무의식적으로 계속 보는 앱들도 지워버린 덕분이다. 지금도 바꾸고 싶은 습관이 새로 생기면 의도적으로 불편하게 만들어 삶의 효율을 높이기 위해 노력한다.

하지만 편리함을 적극적으로 활용해야 할 때도 있다. 불편함을 이용해 내 삶에 안 좋은 영향을 주는 것들을 끊어낸다면, 편리함은 내 삶을 우상향시켜주는 일들에 활용하는 것이다. 그러면 내가 필요로 하는 일을 더 잘되게 편리함이 가속도를 붙여준다. 운동이나 독서가 대표적인 인생 우상향 습관인데, 여기에 편리함을 추구하면 우상향 속도가 더 빨라진다. 예를 들어 운동을 통해 건강해지고 싶다면, 무조건 집과 가까운 헬스장에 등록하자. 퇴근길 경로에 있는 헬스장이면 베스트다. 그리고 사물함도 대여해서 운동화와 각종 샤

워용품을 모두 보관하고, 몸만 가면 운동할 수 있게 준비하자. 이런 식으로 조금이라도 편리한 요소들을 추가하면 헬스장에 갈 확률이 높아지고, 몇 번 가다 보면 습관화된다. 그러면 점점 건강해지는 것이다.

독서도 마찬가지다. 눈에 닿는 곳 위주로 책을 세팅해 두면 된다. 집이라면 거실 소파 옆, 침대 옆 등이 있을 것이고, 출퇴근용 가방이 있다면 최대한 가벼운 책이라도 넣고 다니는 것이다. 이런 식으로 편리함을 가장한 물량 공세로 습관을 만들게 되면 나중에는 알아서 정해진 시간에 책을 읽게 되는 루틴이 완성된다. 그리고 수많은 책을 통해 얻은 지식은 자연스럽게 내 인생을 우상향시키는 엄청난 무기가 될 것이다.

-- 서대리의 SUMMARY

 **기억하자, 좋은 것에는 편리함을 주고
나쁜 것에는 불편함을 주자**

저축은 답답하지만 투자는 무서운 당신에게

5
생각은 이미 충분하다
이제 직접 부딪치자

도전이 중요하다는 사실과 이를 통해 개인이 성장할 수 있다는 것을 모르는 사람은 없다. 근데 왜 사람들은 새로운 도전을 꺼리고 현실에 안주하려고 할까? 여러 가지 이유가 있겠지만, 가장 큰 이유는 미래를 예측할 수 없기 때문일 것이다. 주식 투자할 때 한 번에 투자하기 어려운 이유 역시 미래 주가 방향을 알 수 없기 때문이다. 아무리 호재가 많더라도 갑자기 무슨 일이라도 터지면 기업의 가치와 상관없이 주가는 하락하기도 한다. 실제로 2020년 코로나19 바이러스가 전 세계 경제를 비롯해 우리의 삶에 엄청난 영향을 끼쳤다. 러시아와 우크라이나 전쟁과 같은 일도 마찬가지다. 누가 이런 변수를 정확하게 예측할 수 있었을까?

투자뿐만이 아니다. 이직도 마찬가지고 직무나 직종을 바꾸는 것도 쉽게 도전하기 어렵다. 일단 내가 잘 할 수 있을까 걱정되고, 옮겼더니 막상 생각했던 것과 다를 때 들 자책과 후회도 고민일 것이다. 그래서 평소와 다른 선택을 앞둔 사람들은 다방면으로 생각하고 계획을 짠다. 한 번뿐인 소중한 인생을 낭비할 수 없기 때문에 최대한 자격을 미리 갖추고 도전하는 것이다. 물론 이게 자연스럽고 당연한 순서다. 나도 이직 준비할 때 그 회사의 연봉, 문화, 팀원, 복지 등을 최대한 많이 알아봤고, 그에 맞는 능력을 갖추기 위해 몇 가지 자격증도 취득했다. '이 정도 준비했으면 이제 해볼 만하겠다' 라고 생각해서 이직에 도전했다.

마찬가지로 주식 투자를 처음 시작할 때는 투자할 기업 재무제표와 현금흐름표, 각종 공시를 다 읽어봤다. 주식이 떨어졌을 때는 어떻게 행동할지도 여러 자료나 책으로 미리 숙지했다. 그리고 본격적으로 투자를 시작했다. 이직과 주식 투자는 어떻게 되었을까? 당연히 계획대로 되지 않았다. 헤드헌터는 내가 생각했던 이력서보다 더 많은 정보를 원했고, 면접에서는 전혀 생각지도 못했던 질문들이 계속 나왔다. 결국 내 첫 이직 면접은 실패로 끝났다. 투자도 마찬가지였다. 분명 매출과 이익이 성장하는 기업이고 주가도 최근 많이 내려간 기업에 투자했는데 이상하게 주식은 오르지 않았다. 그리고 주가가 하락했을 때, 기쁜 마음으로 매수하면 된다고 하여 현금도 미리 준비했지만, 매수 버튼을 쉽게 누를 수 없었다. 공포라는 심리적 요인은 책에서 배운 것과 다르게 컨트롤이 잘 되지 않기 때문이다. 호기롭게 도전했던 내 첫 주식 투자도 초심자의 행운으로 번 돈을 고스란히 반납하며 마무리되었다.

직장인에게는 아마 익숙한 상황일 것이다. 회사는 기본적으로 목표를 설정하고 그 목표를 달성하기 위한 세부 계획들을 수립한다. 가끔은 일하러 가는 게 아니라 목표와 계획을 짜러 회사에 간다는 생각이 들 정도다. 정말 다양한 각도로 실행 가능한 계획인지 분석하고 이를 토대로 예상 매출과 이익을 계산한다. 그리고 최종 결정된 계획으로 각 사업부와 직원들은 업무를 한다. 하지만 얼마 안가 계획이나 예측치와 다른 일들이 밥 먹듯이 발생하면서 이를 위한 계획과 대안을 다시 짜고, 실무자는 문제를 해결하기 위해 야근하게 된다. 이런 일은 하루에도 최소 2~3번씩 일어난다.

최근 유행했던 2배, 3배 레버리지 ETF 투자나 빚투도 이와 크게 다르지 않다. 레버리지 ETF 투자가 이론상 완벽하더라도 현실은 이론과 다르다. 일단 계획대로 흘러가지도 않지만, 막상 예상했던 상황이 펼쳐져도 책과 유튜브에서 배운 대로 실행하기 쉽지 않다. 특히 하락장에서 이런 면모가 두드러진다. 이론적으로 주가는 언제나 반 토막 나거나, 그 이상 하락해 상장폐지까지 갈 수 있다. 거기다 레버리지 ETF는 시장이 고꾸라지면 몇 달 만에도 -70~80%를 기록할 수 있다. 다만 그 기간을 버티면서 꾸준히 월급과 비상금으로 추가 매수하면 결국 부자가 될 수 있다는 사실도 이미 투자 대가들의 사례를 통해 알고 있다. 하지만 실제 그 상황이 되면 많은 투자자가 버티지 못하고 손절한다. 머리로는 기다리면 오른다는 사실도 알고, 하락장에서 추매해야 더 큰 수익이 돌아온다는 사실도 잘 알고 있지만, 그렇게 하지 못한다. 연애를 글로 배운 상황이 펼쳐지는 것이다. 책에 적힌 연애 노하우가 이론상으로는 맞는 말이지만, 실제 연애에 적용하면 삐걱이는 것과 같다.

3배 레버리지 ETF 투자가 유행했을 때, 가격이 아무리 떨어지더라도 꾸준히 매수하고 기다리면 수익이 난다는 데이터가 이미 있었다. 그러나 대다수가 -70% 하락을 버티지 못하고 시장을 떠났다. 왜 이런 일이 발생할까? 심리적인 요소를 감안하지 못했기 때문이다. 글이나 차트로는 -70%인 상황을 보아도 별 감정이 안 생긴다. 외려 '저 때가 바로 인생 역전 타이밍이구나. 제발 한 번만 와라'라고 생각한다. 그러나 막상 내 돈이 수천만 원씩 들어간 상황에서 계좌에 −70%가 찍혀 있으면 절대 사고가 긍정적인 방향으로 돌아가지 않는다. 거기다가 뉴스는 수많은 악재로 도배되는 상태라면? 처음 계획은 이미 머릿속에서 사라지고 이 돈이라도 건졌다가 나중에 다시 들어오는 게 좋겠다고 생각하며 눈물의 손절매를 하게 된다. 하지만 이 계획에서도 변수가 발생한다. 생각보다 빠르게 시장이 회복하면서 재진입 타이밍을 놓치기 십상이기 때문이다. 남들은 다 돈을 벌었다는데, 손절한 사람은 한 푼도 벌지 못했다. 이는 2022년 10월부터 투자한 내 지인의 실제 상황을 빗댄 예시이다.

이처럼 세상 모든 일은 계획대로 되지 않는다. 중간에 생각지도 못한 변수가 훅 치고 들어와 스트레스를 유발하기도 한다. 그래서 내가 내린 결론은 전체적인 방향과 목표가 정해졌으면, 그 이후는 너무 고민하지 말고 일단 조금씩 시도해 보자는 것이다. 모든 것을 걸고 도전하지 말고 실패해도 문제없을 수준으로 작게 도전하는 것이다. 그러면 이전에 실패한 원인을 가지고 다시 도전하거나 새로운 분야에 확장해볼 수 있기 때문이다.

물론 나도 이렇게 직접 부딪치면서 배우는 사람이 되기까지 고통스러웠다. 어떤 일을 결정할 때, 100가지 변수가 있다면 100가지 전부 고민하고, 모든 게 완벽히 준비되어야 행동할 수 있는 사람이었기 때문이다. 그리고 계획대로 일이 진행되지 않으면 엄청 스트레스를 받았다. 근데 이렇게 고통받는 것에 비해 내 삶은 나아지지 않았다. 퇴근하고 집에 와서 어떤 도전을 할까 '고민'만 하다 잠들었기 때문이다. 열심히 준비했던 일을 큰마음 먹고 도전했지만, 생각과 달라 금세 포기했던 적도 있다. 지금처럼 하면 도무지 답이 없겠다고 생각하여 방법을 바꿔보기로 했다.

우선 대략적인 목표와 방향만 잡아 먼저 시도한 뒤, 발생하는 문제점을 조금씩 보완하는 쪽으로 작전을 바꿨다. 그 당시 수익형 블로그를 만들기 위해 어떤 식으로 콘텐츠를 제작할까 고민 중이었는데, 일단 내 생각을 다양한 방식을 활용해 올려보고 반응을 보면서 업그레이드하기로 했다. 그래서 네이버 주식 카페에서 많이 올라오는 질문을 선택하고 그에 간단하게 내 생각을 정리하는 정도의 짧은 포스팅을 올렸다. 그중 1가지 주제가 생각보다 반응이 좋아 그 주제로 계속 확장하면서 블로그를 키웠다. 바로 ETF였다. 그리고 ETF는 자연스럽게 연금저축펀드와 '월 적립 매수'처럼 다양한 콘텐츠로 확장되었고, 지금은 '서대리=연금 월 적립 ETF 매수'라는 공식이 완성되었다.

주사위를 한 번 던졌을 때 6이 나올 확률은 1/6이다. 첫 시도에 6이 나오지 않았는데, 두 번째부터 여섯 번째 시도에서도 6이 한 번도 나오지 않을 수 있다. 하지만 주사위 던지는 횟수가 늘어날수록 6이 나올 확률은 1/6로 수렴하게 된다. 주사위를 던져 6이 나올 확률이 나의 도전이 성공할 확률이라고 생각해 보자. 초반에는 실패할 수 있다. 하지만 그 시도가 반복된다면 성공 횟수 역시 늘어날 것이다. 이 관점에서 성공 횟수를 늘리기 위해서는 실패해도 부담 없을 정도로 최대한 가볍게 시작하는 것이 포인트다. '생각은 짧게, 행동은 빠르게'라는 말을 기억하자.

그리고 직접 행동하고 부딪치면서 배우면 장점이 또 있다. 일단 내가 부족한 부분을 확실하게 깨닫게 된다. 요즘 많은 사람이 새로운 도전을 위한 준비 단계로 유료 강의를 듣는다. 강의를 듣는 것도 물론 유용하겠지만, 개인적으로는 맨땅에 헤딩하듯 직접 경험한 뒤에 필요하다면 유료 강의 듣는 것을 추천한다. 어차피 기본적인 내용은 인터넷 검색으로도 파악할 수 있고, 직접 겪어보고 경험이 쌓이면 문제를 바라보는 관점 자체가 달라지기 때문이다. 이렇게 하면 내가 약한 부분을 정확하게 알게 되어 나에게 정말 필요한 강의를 고를 수 있다. 또한 강의 자체에서도 더 많은 것을 배울 수 있다. 강사가 소위 '사짜인지 아닌지' 감지할 수 있는 능력도 생긴다.

세상은 점점 빠르게 변한다. 본격적인 AI 시대를 열고 있는 챗

저축은 답답하지만 투자는 무서운 당신에게

GPT는 소설도 대신 써주고 코딩도 알려준다. 어떤 AI는 원하는 단어만 넣으면 몇 초 만에 알아서 그림을 그려준다. 상상도 하지 못했던 일들이 자고 일어나면 벌어지는 세상이다. 개발자가 대세라고 해서 6개월~1년 동안 대표적인 프로그램 언어를 배웠더니 갑자기 새로운 언어가 대세가 될 수도 있다. 어쩌면 코딩 능력보다 AI를 잘 활용하는 것이 더 필요한 능력이 될 수도 있다. 이런 시대에 살고 있는데 준비에 너무 많은 시간을 쓰느라 시도하지 않으면 현상 유지는 커녕 점점 경쟁력을 잃게 될 것이다. 매년 오르는 물가 때문에 현금 가치가 계속 떨어지는 것처럼 말이다. 그러니 목표와 방향이 정해졌으면 생각은 그만하고 일단 실행해 보자. Just do it!

-- 서대리의 SUMMARY

실행하면 성공 확률 10%
근데 생각만 하면 성공 확률 0%, 어쩌면 -10%

6

단점은
보완하는 것이 아니다

"제 단점은 꼼꼼함입니다. 사소한 부분까지 확인하면서 일을 진행하기 때문에 완성도가 높지만, 간혹 시간이 오래 걸리는 경우가 있습니다. 그래서 이런 단점을 극복하고자 투 두 리스트To Do List를 만들고 시간 단위로 스케줄을 짜서 업무에 임하고 있습니다"

자기소개서에서 흔히 볼 수 있는 '성격의 장단점' 문항 답변 예시다. 이처럼 단점은 보완하고 해결해야 할 것으로 인식된다. 그리고 인간은 자신의 단점을 고치기 위해 부단히 노력한다. 나도 마찬가지였다. 내가 가진 여러 단점 중, 가장 고치고 싶었던 것은 내성적인 성격이었다. 일단 나는 대화보다 글이 편한 스타일이다. 누구와 연락할 때 전화 대신 카카오톡이나 문자를 선호한다. 어느 정도냐면 아내가 "식당에 예약 전화 좀 부탁해"라고 말하면 그때부터 이상하게 긴장되고 스트레스받는다. 사회초년생 시절에는 드라마나 영화에서처럼 인맥이 성공의 핵심이라 생각했는데, 내성적인 성격은 도통 인맥을 만들기 힘들었다. 혼자서도 잘 노는 스타일이라 사람이 4명 이상 모이는 모임에 나가면 기가 빨려 금방 지쳤기 때문이다. 얼른 집에 가서 쉬고 싶다는 생각이 머릿속에 가득하니 초면인 사람들과 쉽게 친해지기 어려울 수밖에 없었다. 나와 다르게 여러 사람과 잘 어울리는 성격이 부러웠다. 매일 선후배의 안부를 묻고 퇴근 후 늘 저녁 약속이 있는 사람들을 보면 대단하다고 생각했다.

그런 모습을 부러워하면서 내 성향상 무리였지만 최대한 다양한 사람들과 만나 교류하는 시간을 가졌다. 하지만 그다지 성과는 없었다. 한 번 만난다고 인맥이 되지 않기 때문이다. 번호를 교환하고 주기적인 연락까지 하면서 관계를 돈독히 다져야 하는데 내 성격으로는 쉽지 않았다. 오히려 하면 할수록 스트레스만 더 심해졌다. 나중에는 인맥 만들기용 모임은 아예 나가지 않았다. 투자에서 -50%를 복구하려면 +100% 수익률이라는 어마어마한 성과가 필요하듯이 나에게 인싸들의 삶을 따라가려고 노력했던 시간은 육체적으로나 정신적으로나 고통스러워 회복까지 오래 걸렸다. 그때쯤 인맥이 인생의 핵심 성공 요소라는 믿음도 사라졌는데, 지금 생각해보니 스스로가 답답함에 못 이겨 자기합리화한 것 같기도 하다.

그래서 '인맥' 외에 회사 생활이나 인생에서 성공하기 위한 요소가 또 무엇이 있을까 고민하던 중, 우연히 애플의 스티브 잡스와 팀 쿡의 이야기를 접했다. 인류 역사에 한 획을 그은 스티브 잡스의 성과(스마트폰)는 혼자 힘으로 만든 게 아니라는 내용이었다. 애플의 전 마케팅 책임자였던 사티브 차힐에 따르면 "제가 잡스에 대해 많은 것을 언급할 수 있는 입장은 아니지만… (중략) 팀 쿡이 아니었다면 잡스가 그렇게 성공하지 못했을 것이라고 말하고 싶습니다"라고 할 만큼 팀 쿡의 역할이 중요했다고 한다. 스티브 잡스가 세상을 바꿀 제품을 만들어냈다면 팀 쿡은 회사가 더욱 효율적으로 잘 돌아갈 수 있게 서포트했다. 스티브 잡스가 리더십의 전형이라면 팀 쿡은 팔로우십의 전형으로 둘의 시너지가 잘 맞아 엄청난 성과를 만들어낸 것이다.

이 이야기에서 나는 한 가지 깨달았다. 내 성격에는 팔로우십이 더 잘 맞는 것 같은데, 이것도 성공의 한 방법이 될 수 있다는 것을. 실제로 나는 내성적이다 보니 말을 하기 전에 최대한 다양한 방면으로 고민하고 눈치를 잘 본다. 그게 자연스럽게 상대방, 회사에서는 상사의 숨겨진 의도를 잘 파악할 수 있는 능력이 되었다. 자연스럽게 이 능력은 야근의 근원인 보고서나 자료 작성에 빛을 발했다. 내가 만든 자료들은 하나둘씩 회사의 기본 양식이 되었다. 또한 혼자 노는 것을 좋아해 엑셀로 이것저것 만들어보는 취미가 있는데, 남들이 엑셀 공부로 스트레스받을 때 나는 새로운 엑셀 함수와 기능을 배우는 일이 즐거웠다. 엑셀과 자료 분석을 더 배우기 위해 회사 다니면서 방송통신대학교 통계학과에 입학했고 데이터분석

저축은 답답하지만 투자는 무서운 당신에게

준전문가 자격증ADsP을 취득할 정도였다.

어둠이 있기에 빛이 존재하는 것처럼, 단점이 있기 때문에 내 장점이 더 빛을 발하게 된 것이다. 그리고 장점을 갈고닦는 건 별로 힘들지 않고 오히려 신날 때가 많아 실력은 더욱 좋아졌다. 10년 정도 거친 장투에서 복리의 마법이 일어나 자산이 폭발적으로 늘어나는 것처럼, 내 장점의 가치 또한 점점 더 불어났다. 장점을 계속 업그레이드하다 보니 유튜브나 블로그 콘텐츠를 만들 때도 정말 많은 도움이 되었다. 같은 투자자 입장에서 고민하는 내용이 무엇인지 파악할 수 있게 되었고, 회사 보고서로 다져진 내공은 매력적인 제목이나 섬네일 작성에 도움이 되었다. 엑셀은 콘텐츠 자료 작성 및 차트를 만들 때 유용했다.

이렇게 할 수 있었던 이유는 내 단점을 어떻게든 보완하려고 노력하기보다는 내 장점을 살리는 데 더 집중했기 때문이다. 만약 내가 피를 토하는 노력으로 단점을 바꿔나갔다면 오히려 이도 저도 아닌 사람이 되지 않았을까 싶다. 지금보다 더 행복하게 살고 있을 수도 있지만 지금도 충분히 만족한다. 물론 내가 가진 단점이 사회적 통념에 어긋날 정도로 큰 문제라면 단점부터 고치는 게 맞다. 시간약속을 지키지 못한다거나 예의가 없거나 하는 기본적인 문제들 말이다. 하지만 그게 아니라면, 꾸준히 성장시켜 나갈 자신만의 장점을 찾아보자.

-- 서대리의 SUMMARY

 11만 유튜브 채널 달성 비법 : 내성적인 성격
단점보다는 장점을 더 사랑해 주세요!

7
'사고 싶은 것'과 '가지고 싶은 것'을 구분하라

"저는 3,000만 원 모아서 아우디 TT를 살 거예요."

취직하고 6개월 정도 됐을 무렵 부모님과 나누었던 대화다. 누구나 그렇듯이 월급 받는 직장인이 되면 평소에 하고 싶거나 가지고 싶었던 무언가를 살 생각에 신난다. 주말마다 근사한 레스토랑에 가서 맛있는 식사하기, 휴가로 매년 해외여행 가기 등이 대표적이다. 남자들은 대개 자동차 욕심이 끓어오르는데, 나도 그중 하나였다. 나는 거기서 한발 더 나아가 그냥 자동차도 아니고 오픈카를 사고 싶었다. 뚜껑 열리는 차를 타고 주말마다 여행을 다니는 것이 내 로망이었다. 근데 문제가 하나 있었다. 오픈카는 보통 1억 원이 넘었다. 직장인이 되었다고 쉽게 살 수 없는 가격이다. 하지만 포기하지 않고 열심히 알아본 결과 아우디 TT라는 모델이 오픈카임에도 불구하고 6,700만 원 정도로 저렴(?)하다는 정보를 얻었다. 할인과 할부를 최대로 받는다면 현금 3,000만 원으로도 꿈에 그리던 오픈카를 살 수 있었다. 그때부터 내 목표는 현금 3,000만 원 모으기가 됐다.

그 당시 욜로 마인드가 충만한 상태라 월급에서 남는 돈이 거의 없었는데 아우디 TT를 사겠다는 일념으로 소비도 줄이고 돈을 모으기 시작했다. 매월 통장에 차곡차곡 쌓이는 돈을 보고 있으면, 곧 꿈에 그리던 첫차를 살 수 있다는 생각에 들떴다. 행복한 상상 덕분에 나름 회사도 열심히 다녔던 것 같다. 그렇게 시간이 지나 계좌에 3,000만 원 넘는 돈이 찍혔고, 부모님에게 이 사실을 알렸다.

"드디어 때가 되었습니다. 이 돈으로 아우디 TT를 사겠습니다."

당연히 부모님은 강하게 반대하셨다. 비싼 외제 차를 사겠다는 당찬 포부를 밝혔을 때와 같은 입장이었다.

"차는 나중에 결혼하고 필요하면 사. 유지비도 많이 드는데 차 할부까지 내면 남는 게 없어. 일단 엄마 차로 운전 연습이나 해."

그랬다. 그 당시 나는 20살에 자동차 면허를 딴 이후 운전을 거의 하지 않았다. 8년 넘게 장롱면허였다. 근데 어디서 시작된 것인지 알 수 없는 욕망에 사로잡혀 무조건 멋진 오픈카가 사고 싶었다. 돌이켜봐도 그 욕심이 어디서 나왔는지 잘 모르겠다. 하여튼 부모님과 치열한 설전을 주고받은 끝에 일단 아우디 TT 영끌 구매는 잠시 보류했다. 대신 부모님 차로 운전 연수도 다시 받고 근교로 드라이브도 가끔 다녔다. 그렇게 1년이 지났다. 운전을 잘하게 된 나는 아우디 TT를 구매했을까?

정말 놀랍게도 운전을 직접 하고 나니까 자동차 욕심이 싹 사라졌다. 간간이 기름값만 내고 자동차 보험비나 자동차세와 같은 유지비도 부모님이 지원해 주셨는데도 말이다. 자동차 욕심이 사라진 이유는 돈(유지비) 때문이 아니었다. 이유가 좀 우스운데, 막상 운전해 보니 내가 운전하는 것을 좋아하지 않는다는 사실을 깨달았기 때문이다. 일단 서울에서 운전하면 어딜 가나 막히고 주차 문제를 겪는다. 여기서 1차로 스트레스받았고 결정적으로 1시간 이상 운전하면 너무 피곤했다. 처음에는 운전이 서툴러서 그런 것인 줄 알았는데 6년 넘게 운전하고 있는 지금도 여전히 나에게 운전은 기피 대상이다. 현재 중고로 구매한 쉐보레 크루즈를 타고 다니는데, 연례 행사처럼 자동차 배터리가 방전된다. 일단 출퇴근은 대중교통을 이용하고, 서울 내에서 돌아다닐 때도 90% 이상 대중교통을 이용한다. 대형 마트에 장 보러 갈 때나 가끔 서울 근교로 놀러 갈 때 말고는 자동차를 쓸 일이 거의 없다 보니 배터리가 방전되는 것이다. 이렇게 자동차라는 욕망에 숨어있던 진짜 내 취향을 알게 되었고, 이 경험을 계기로 소비 기준을 되짚게 되었다. 이 자리를 빌어 나를 호적에서 팔 기세로 자동차 구매를 뜯어말리신 부모님께 다시 한번 감사 인사를 전한다. 그때 아우디 TT를 샀으면 내 집 마련은 커녕 지금도 욜로족으로 살고 있지 않았을까 싶다.

우리는 수많은 소비의 유혹 속에 살고 있다. 자연스럽게 나도 모르게 어떤 것을 '가지고 싶다'라는 욕망에 사로잡힌다. 그리고 실제 구매까지 이어진다. 이것이 내가 그토록 원하고 필요했던 것이라고 합리화하면서 말이다. 하지만 경험에 비추어 봤을 때 소비의 대부분은 그냥 습관이다. 혹은 진짜 내 취향과 상관없는 욕망에서 온다. 요새는 남을 의식한 소비가 과해서 문제가 되는 세상이다. 한번 곰곰이 생각해 보자. 이 소비가 분명 내가 원하는 것이 맞는지, 내가 이 돈을 써서 얻은 것이 내 인생을 행복하게 만드는지 진지하게 고민해야 한다. 구분하기 어렵다면 진짜 소유하기 전에 빌려서 이용해보면 된다. 내가 부모님 차를 빌려서 나의 진짜 취향을 발견했듯이 말이다. 요즘은 거의 모든 물건이 대여되는 세상이므로 이런 서비스를 이용하는 것도 방법이다.

만약 이렇게 해도 가짜 욕망을 구분하지 못하겠다면 다른 방법이 하나 더 있다. 이해가 쉽도록 내 이야기를 조금 더 해보겠다. 나는 자동차 외에 가짜 욕망이 몇 가지 더 있었는데 그건 바로 건프라와 피규어였다. 건담이라는 일본 만화를 본 게 전부였는데 취직하고 나서 하나에 10만 원이 넘는 건담 프라모델을 매월 하나씩 사서 조립했다. 또 마블 영화를 좋아해서 마블 캐릭터 피규어가 나올 때마다 사서 모았다. 이것도 하나에 최소 8만 원씩 했던 것 같다. 얼마 안 되는 월급을 아끼고 아껴 계속 구매한 것이다. 회사에서 받는 스트레스를 풀기 위한 하나의 취미였고 실제로 하나씩 늘어갈 때마다 뿌듯했다. 하지만 이 역시 나의 가짜 욕망이라는 사실을 알게 되었다. 아우디 TT를 구매하기 위해 건프라와 마블 피규어 구매를 잠시 멈췄는데, 처음에는 허전했지만 1년이 지나니 전혀 생각나지 않았다. 예전에는 어떻게든 10만 원을 모아서 겨우 하나씩 샀는데 1년 후에는 피규어를 최소 100개는 살 수 있는 돈을 가지고 있음에도 사고 싶다는 생각이 들지 않았다. 돈과 여유가 생기니까 오히려 그동안 몰랐던 내 취향을 알게 되었다. 나는 건프라와 피규어 수집을 좋아하는 것이 아니라 분위기 좋은 카페에서 책을 읽거나 산책할 때 행복하다는 사실이었다.

이 소비가 내 진짜 취향과 맞는지, 혹은 꼭 필요한 게 맞는지 고민된다면, 일단 계좌에 돈을 좀 모아보길 바란다. 조금 시간이 걸릴 수 있지만 어떤 소비든 걸림돌이 되지 않을 만큼 돈을 모으고 다시 고민해 보라. 마음만 먹으면 구매할 수 있는 돈과 여유가 생기면 다르게 느껴질 것이다. 팀원일 때와 팀장일 때의 관점과 사고방식이 다른 것처럼 전혀 다르게 다가올 것이다. 만약 그때도 정말 가지고 싶다는 생각이 강하게 들면 운명이다. 시원하게 질러라. 나는 계좌에 잔고가 늘어날수록 내가 진짜 바라는 것, 그리고 내 성격에 잘 맞는 소비가 무엇인지 알게 되었다. 그 덕분에 돈이 예전보다 더 잘 모이는 선순환 구조가 완성되었다. 그리고 지금 내가 가장 사고 싶은 것은 바로 '자유'다. 다른 사람의 지시가 아닌 내가 좋아하는 일을 하면서 인생을 보낼 수 있는 시스템을 사기 위해 당분간은 돈을 더 모을 예정이다.

돈의 순기능: 몰랐던 나를 알게 해준다

저축은 답답하지만 투자는 무서운 당신에게

8

욜로를 벗어나는
정말 쉬운 방법

아파트 관리비, 월세, 통신비, 전기요금, 교통비 등 숨만 쉬어도 나가는 고정비용을 제외하고 온전히 본인만을 위한 소비가 어느 정도인지 계산해 본 적 있는가? 나는 거의 10년째 가계부를 쓰면서 이런 소비를 추적한다. 그리고 현재 고정비 빼고 개인적 만족으로 사용하는 돈은 한 달에 20만 원도 채 되지 않는다. 물론 가끔 모니터나 전자기기 등 큼직큼직한 물건을 쇼핑하거나 갑자기 자동차가 고장 나 수리비용이 발생할 때는 소비가 늘어난다. 하지만 이런저런 비용을 다 합쳐도 개인적인 월 소비 평균액은 50만 원을 절대 넘지 않는다. 나의 무소유, 무지출 라이프를 본 주변 사람들은 만날 때마다 항상 이렇게 물어본다. "그렇게 소비를 안 하고 살 수 있는 방법이 뭐야?"

이런 질문을 밥 먹듯이 듣는 나도 사회초년생 시절에는 소비로만 한 달에 300만 원을 채웠던 전형적인 욜로족이자 소비요정이었다. 월급보다 더 쓰는 것은 기본이었다. '어차피 매달 100~200만 원 모아봤자 티끌 모아 티끌이야. 그냥 스트레스 안 받고 사람답게 쓰고 살래'라고 자기합리화하며 비싼 옷도 마음껏 사고, 매년 해외여행도 갔다. 어렵게 휴가를 냈고 비행기 값도 지불한 김에 해외로 나가면 이것저것 마음껏 질렀다. 한국에서도 주말마다 한 끼에 10만 원씩 하는 레스토랑도 가면서 신나게 인생을 즐겼다. '이게 바로 직장인의 삶이다' '다 먹고살자고 돈 버는 거지. 그리고 죽을 때 돈 싸들고 가지도 못 해' 과거 나의 생활 신념이었다.

이런 내 과거를 알던 지인들은 어떻게 사람이 180도 바뀔 수 있는지 궁금해함과 동시에 소비 욕구를 절제하는 노하우 좀 알려달라고 컨설팅 요청을 한다. 지금도 주에 최소 한 번은 비슷한 연락을 받는다. 그래서 하루 날 잡고 곰곰히 생각했다. 그렇게 소비를 좋아했던 내가, 어떻게 지금은 소비와 연을 끊게 되었는지 말이다. 예전에는 카드를 긁지 못하면 스트레스였는데, 지금은 카드를 긁는 게 스트레스다. 근데 아무리 생각해 봐도 내 삶을 180도 바꾼 명확한 이유가 떠오르지 않았다. 그러다 보니 욜로 탈출 노하우가 뭐냐는 물음에 형식적인 답변밖에 할 수가 없었다.

"인간의 욕심은 끝이 없는데 제 월급에는 한계가 있으니까요."

대답은 이렇게 했지만 스스로 만족스럽지 않았기 때문에, 출퇴근하면서 무의식적으로 계속 욜로족을 탈출할 수 있었던 나만의 노하우가 뭘까 생각했다. 그러다가 아내와 우연히 함께 본 〈하이큐!!〉라는 배구 애니메이션의 한 장면이 인상적으로 다가왔다. 배구선수를 하고 있지만 배구에 열정이 없는 캐릭터 A가 배구에 열정이 넘치는 캐릭터 B에게 이렇게 물어봤다.

"왜 그렇게 필사적으로 하죠? 배구는 고작 부 활동일 뿐인데요."

이 질문을 받은 캐릭터 B는 이렇게 대답한다. 배구를 즐기게 되는 것은 '그 순간이 있느냐 없느냐'에서 갈린다고 말이다. 캐릭터 B에게 그 순간은 한방의 스파이크였다. 이게 욜로 탈출이랑 무슨 상관이냐고 생각할 수 있지만, 나에게도 소비패턴이 180도 바뀌게 된 '그 순간'이 있었기 때문이다. 예전부터 사고 싶었지만, 월급의 몇 배는 되었던 명품을 할부로 질렀던 때다. 이 명품을 구매하면서 나는 이 정도 소비할 수 있는 능력이 충분하다고 생각했다. 6개월 할부로 결제하면 내 월급으로 감당할 수 있는 수준이었기 때문이다. 그 당시 내 소비 기준은 할부로 분할한 가격이 월급을 넘지 않으면 괜찮다고 생각했다. 하지만 주변 사람들은 그렇게 생각하지 않았다. '엄청 무리해서 샀겠다'라는 속마음이 나에게 전달됐다. 다들 대놓고 표현하지는 않았지만, 느껴졌다. 그때부터였다. 소비를 해도 행복함보다 허무함이 밀려왔다. 소비로 나의 행복과 능력을 증명하고 싶었지만, 오히려 나의 한계를 여실히 드러낼 뿐이었다.

"저는 아무리 써도 그런 허무함이 안 와요"라고 이야기하는 사람들에게 내 조언은 하나다.

"더 써보세요. 하고 싶은 걸 다 해보세요. 내 월급으로는 턱도 없지만, 너무너무 가지고 싶었던 물건이나 서비스, 경험이 있었다면 질러보세요."

인간은 적응의 동물이기 때문에 아무리 좋은 것도 계속 누리다 보면 익숙해지고 지겨워진다. 그러면 점점 더 좋은 것을 찾게 되고 어느 순간 내 월급으로는 절대 누릴 수 없는 수준을 바라게 된다. 그때의 좌절감과 주변에서 느껴지는 안쓰러운 시선이 의식되기 시작하는 '그 순간'이 욜로를 졸업할 때다. 사람은 무엇이든 직접 경험해야 깨닫는다. 금수저가 아니라면 아껴 쓰고 투자해야 한다는 사실은 누구나 안다. 하지만 그렇게 못하는 이유는 와닿지 않기 때문이다. 직접 갈 데까지 가보고 그 순간을 경험하는 것을 추천한다. 다만 아무리 팍팍 써도 나처럼 허무함이 밀려오지 않는다면 이유는 하나다. 애초에 돈 걱정 없는 금수저이다. 금수저라면 경제 활성화를 위해 더욱 열심히 소비하면 된다.

물론 나도 소비의 즐거움은 잘 안다. 그걸 부정하고 싶지 않다. 필요한 소비는 반드시 존재하고 사람마다 그 기준과 종류가 다를 뿐이다. 그리고 극단적인 절약은 필연적으로 스트레스를 동반하기에 가끔은 본인의 수입으로 부담스러울 수 있는 비싼 옷도 사보고 5성급 호텔을 이용하는 것도 필요하다고 생각한다. 좋은 것도 경험해 봐야 사고의 폭이 넓어지기 때문이다. 하지만 본인 수입 대비 과도한 소비를 계속 누린다고 우리의 삶 자체가 업그레이드되는 것

저축은 답답하지만 투자는 무서운 당신에게

은 아니다. 그냥 다음 달의 나와 그 다음 달의 나를 희생할 뿐이다.

그리고 사회초년생 시절 나처럼 '어차피 한두 푼 모아봤자 소용없다'는 생각부터 버려야 한다. 티끌 모아 티끌이라고 하지만 그 한두 푼을 착실히 모으다 보면 분명 기회는 찾아온다. 기회는 준비된 자에게 오기 때문이다. 나도 마인드를 바꾼 이후로 악착같이 매달 200만 원 이상 열심히 모았다. 그렇게 7년을 모으고 서울에 내 집 마련까지 성공했다. 물론 내가 산 아파트가 누구나 살고 싶어 하는 강남구, 서초구 아파트도 아니고 한강 뷰는 더더욱 아니다. 대출받은 돈이 아파트값의 절반이라, 지분 관점에서 보면 내 집이라고 하기 애매할 수도 있다. 그래도 내 이름으로 된 등기권리증이 생겼다. 돈을 모으면서 부동산에 관심이 생겨 꾸준히 찾아보다 우연히 괜찮은 매물을 발견할 수 있었고, 구매할 방법을 알아보다 보니 우연히 좋은 대출 제도를 발견했다. 그 결과 적은 이자 비용으로 서울에 내 집 마련이 가능했다. 심지어 30년 고정금리인데 연 이자율이 2.23%다. 물론 이 모든 것은 운이 좋았기 때문이다. 하지만 그 운을 잡을 수 있었던 이유는 욜로에서 벗어나 돈을 모았기 때문이다. 시장 상황이나 금리는 내가 컨트롤 할 수 없는 영역이라 운이 필요하다. 하지만 지나가는 운을 잡는 것은 내 의지, 혹은 실력으로 가능하다.

인생은 수학 공식처럼 정답이 없다. 특히 요즘은 더욱 정해진 방법이 없어진 느낌이다. 소비요정으로 살다가 사업아이템이 떠올라서 부자가 될 수 있다. 좋아하는 여행을 유튜브 영상으로 올리다 대박이 나 여행 유튜버가 될 수도 있다. 아니면 나처럼 아끼고 아껴서 부동산이나 주식으로 부자를 노려볼 수 있다. 다만 하나는 꼭 기억해야 한다. 현재가 아니라 1년 후, 5년 후, 10년 후 미래를 그려야 한다는 것. 그리고 내가 상상하는 미래의 모습을 위해 지금부터 어떤 준비를 해야 할지 고민하고 하나씩 실행해 보아야 한다. 아무리 사소한 행동, 작은 발걸음이라도 조금씩 전진해 나가면 어느샌가 목표는 우리 눈앞에 와 있을 것이다.

-- 서대리의 SUMMARY

인생에 적용되는 유일한 규칙
$R_{Realization} = V_{Vivid}D_{Dream}$
생생하게 꿈꾸면 이루어진다

저축은 답답하지만 투자는 무서운 당신에게

9
시작하기 좋은 타이밍이란
허상

매일 결혼하고 싶다고 노래를 부르지만, 막상 결혼하지 않는 친구들에게 물어보면 대부분 다음과 같은 답을 내놓는다.

"지금 결혼하기에 돈이 부족해서 돈을 조금 더 모으고 결혼 준비하려고."

물론 수중에 모아둔 돈이 정말 하나도 없다면 당장 결혼은 무리일 수 있다. 아무리 소박하게 결혼식을 올리고 같이 살 집도 저렴하게 구한다 해도 돈이 필요하기 때문이다. 하지만 이렇게 말하는 사람들 대부분은 어느 정도 돈을 모아둔 상태다. 그렇다면 왜 돈이 부족하다고 할까? 이들이 부족하다고 말하는 돈은 보통 '주거 비용'이다. 결혼과 동시에 부부가 함께 살 집이 필요하기 때문이다.

그리고 집은 매매, 전세, 월세 중 1가지 방법으로 확보해야 하는데, 특히 서울이라면 전세보증금만 해도 몇 억은 가볍게 넘어가니 결혼을 준비하는 입장에서 부담될 수밖에 없다. 전세대출을 받으면 된다지만 매월 이자가 나가기 때문에 가능하면 대출을 안 받고 전세비용을 낼 수 있도록 돈을 모으는 것이다.

하지만 이렇게 준비하다 보면 끝이 없다. 준비가 끝나지 않기 때문에 이런 논리면 평생 결혼하지 못할 수 있다. 예를 들어 전세금 3억 원이 목표라고 가정해 보자. 3억을 모으려면 달에 300만 원씩 8년 넘게 모아야 한다. 열심히 아껴서 3억을 모았다면 끝일까? 모으는 동안 전세는 더 올라가 있을 확률이 높다. 만약 2022년처럼 부동산 하락기를 만나 전세계약을 하더라도 결국 시장이 다시 활성화되면 전세 역시 오를 것이다. 즉, 결혼 준비 여부를 돈으로 설정하면 돈 때문에 오히려 못하게 될 수 있다.

나도 처음엔 4억 정도 모이면 결혼할 준비가 되지 않을까 생각했다. 하지만 누구나 쉽게 결말을 예상할 수 있듯이 4억을 모을 때까지 결혼을 미뤘다면 나는 지금도 싱글일 것이다. 그리고 돈 모으는 과정에서 집값이 더 올라 목표 금액은 5억으로 늘어났을 것이다. 5억만 있으면 충분할까? 나중에 자녀 계획까지 있다면 지금부터 미리 돈을 더 모아둬야겠다는 생각이 들 것이다. 이 관점에서 내 계좌를 보면 '나는 아직 결혼할 준비가 안 됐다'라는 결론으로 되돌아간다.

결혼 준비 말고 반대로 퇴직 준비도 마찬가지다. 퇴사하는 이

저축은 답답하지만 투자는 무서운 당신에게

유는 사람마다 다르지만 퇴사한다고 주변 사람들한테 이야기하면 대부분 이런 뉘앙스로 조언한다. 특히 어느 정도 회사 생활을 한 사람들이라면 80% 이상은 이렇게 이야기한다.

"요즘 같은 불경기에는 회사에 있는 게 마음 편하지."

"나중에 경제가 좀 살아나면 그때 나가."

"나도 나가고 싶은데 솔직히 지금은 아니야."

물론 충분히 설득력 있고 최근 대한민국 경제 상황을 고려했을 때 일리 있는 말이다. 근데 한편으로 이런 궁금증이 항상 머릿속에 맴돌았다. 경제가 좋았던 적이 과연 있는가? 회사에서는 매년 올해가 쉽지 않을 것이라는 대표의 우려 섞인 말로 한 해를 시작한다. 내년 회사 목표매출을 잡을 때도 항상 안 좋아질 경제 상황을 걱정하며 각종 예산(비용)을 더욱 통제한다. 회사 생활 10년 동안 "경제가 좋아 올해(내년) 실적이 좋을 것 같다"라는 이야기를 단 한 번도 들어보지 못했다. 직장인뿐만 아니라 취업 준비생도 마찬가지다. 나는 2008년에 대학에 들어가서 2014년 취직했는데, 돌이켜보면 취업은 늘 어려웠다. 그리고 시간이 지날수록 난이도는 점점 더 올라갔다. 유튜버 하와이대저택 님의 말처럼 'with 코로나'가 아니라 'with 불경기'인 세상이다. 즉, 준비 관점에서 보면 지금처럼 어려운 상황에서는 아무것도 시도하면 안 된다. 좋든 싫든 오직 안전한 선택만 해야 하며 새로운 도전을 하려면 엄청난 준비를 해야 한다. 불안하기 때문이다.

하지만 지나고 보니 내가 이룬 크고 작은 성과들은 전부 적당한 준비와 일단 시작한 실행력이 만나 우연히 만들어졌다. 내가 의도했던 성과를 그대로 달성했던 적도 있고 전혀 생각지도 못했던 성과도 있었지만, 결국 핵심은 '완벽한 준비'가 아니라 '발빠른 시작'이었다. 내가 블로그를 하기 위해 글 잘 쓰는 방법부터 공부하고 준비했으면 도중에 포기했을 것이다. 만약 유튜브를 하기 위해 영상편집 프로그램부터 공부하고 준비했으면 지금의 서대리는 없었을 것이다.

나는 유튜브를 시작할 때, '내 생각과 투자계획을 사람들과 나누는 채널을 만든다'라는 목적만 확실히 하고 나머지 과정은 직접 부딪치면서 보완했다. 지금도 프리미어나 파이널컷처럼 전문가용 영상 편집 프로그램을 사용하지 않고, VLLO라는 무료 앱으로 영상을 편집하고 업로드한다. 채널을 운영한 지 시간이 꽤 흐른 만큼 이제는 전문적인 영상 편집 프로그램도 제대로 배워볼 계획이지만, 일단 지금 당장 채널을 운영하는 데는 전혀 지장 없다. 결국 핵심은 '큰 방향을 어떻게 설정하느냐'이다. 그리고 그 방향, 혹은 목적지에 확신이 생겼다면 도전할 준비는 끝난 것이다. 결혼하기로 마음먹었다면, 그리고 이 사람이랑 결혼하는 것이 맞다고 생각된다면, 돈이 조금 부족하더라도 하면 된다. 지금 회사를 벗어나 내가 더욱 즐겁게 할 수 있는 일을 찾았다면, 퇴근 후 그 일에 도전하면 된다. 드라마 〈왕좌의 게임〉에서 티리온 라니스터 역을 맡았던, 신장 132cm의 배우 피터 딘클리지는 이렇게 말했다.

"완벽한 순간을 기다리지 마세요. 그런 순간은 오지 않을 테니까요. 다른 사람들이 당신이 준비됐다고 말할 때까지 기다리지 마세요. 그냥 뛰어드세요. 세상이 만약 당신에게 '넌 준비가 돼 있지 않아'라고 말하거든 제발 그런 말 신경 쓰지 말고, 그런 세상에게 '난 준비됐어!'라고 외치세요."

서대리의 SUMMARY

확실한 준비가 필요한 유일한 순간: 운동 전

10
스트레스를 피하는
정말 간단한 방법들

스트레스는 만병의 근원이다. 건강 문제로 병원에 가면 여러 처방과 함께 항상 스트레스받지 않도록 주의하라고 한다. 물론 스트레스를 받고 싶어서 받는 사람은 없다. 스트레스를 피할 수 있으면 피하고 싶다. 하지만 쉽지 않다. 출퇴근 길에서는 지하철 수많은 인파에 1차로 스트레스받고, 회사에서는 상사의 부당한 지시로 2차 스트레스를 받는다. 투자한 주식이 계속 하락하면 스트레스받고, 열심히 작성한 블로그 글에 방문자가 없어도 스트레스받는다. MBTI에서 극 J 성향인 나는 업무뿐만 아니라 일상생활에서도 대부분 계획을 짜놓는 편인데, 예상과 다른 일정들이 추가되거나 계획한 일이 제대로 안 되면 스트레스받았다. 그래서 이런 단점을 보완하기 위해 스트레스 안 받는 방법을 나름대로 고민했다. 우선 스트레스의 핵심 원인부터 분석해 봤는데 크게 2가지로 정리할 수 있었다.

첫 번째, 내가 통제할 수 없는 일인데도 지나치게 후회하거나 신경 쓴다는 사실이다. 예를 들어 앞으로 금리가 오를지 내릴지 알 수 없고 내가 결정할 수도 없는 부분인데 내가 원하는 방향으로 흘러가지 않는다고 스트레스를 받는다. 지하철이 갑자기 고장 나 약속 시간에 늦게 되는 경우도 마찬가지다. 지하철 고장은 예측할 수 없는 변수이면서 내가 지하철을 고칠 수도 없다. 근데 계속 '지하철 고장'을 머릿속에 담고 있으니 스트레스가 커지는 것이다.

두 번째, 할 일을 안 하고 미루고 있을 때다. 미룰수록 스트레스는 점점 커진다. 어린 시절을 한번 떠올려보자. 방학이 끝나가는데 방학 숙제를 안 하고 미룬다. 하기 싫기 때문이다. 처음에는 숙제하는 대신 신나게 놀지만, 시간이 지날수록 숙제가 계속 마음에 걸린다. 근데 숙제는 여전히 하기 싫어 최대한 버텨보지만, 초조함에 못 이겨 결국 하게 된다. 이 과정에서 스트레스를 엄청 받는다. 특히 시간이 지날수록 스트레스 강도는 높아진다. 이는 마치 물이 든 컵을 손으로 계속 들고 있는 것과 비슷하다. 물 한잔의 무게는 가볍다. 1분 정도 들고 있으면 아무렇지도 않다. 하지만 1시간 동안 컵을 들고 있으면 어떨까? 손이 저리기 시작할 것이다. 만약 컵을 온종일 들고 있으면 어떻게 될까? 가벼운 컵이지만 종일 들고 있을 수 없을 것이다. 손이 아프고 마비 증상이 오기 때문이다.

물이 든 컵을 삶의 스트레스나 걱정이라고 생각해 보자. 이것들도 처음에는 별로 영향이 없다. 하지만 하루 종일, 또는 그 이상 계속 생각하기 시작하면 스트레스로 인해 아무것도 할 수 없는 상태가 된다. 스트레스로 인한 데미지가 누적되기 때문이다. 참고로 이 비유는 유튜브를 배회하다 우연히 본 스트레스 관련 영상에서 나온 내용인데 가장 적절한 예시라고 생각하여 소개했다.

이렇게 스트레스를 받는 핵심 원인 2가지를 파악했으니 반대로만 하면 스트레스를 덜 받을 수 있다. 바로 통제할 수 없는 일은 시원하게 잊어버리고 할 일은 귀찮더라도 무조건 바로 처리하는 것이다. 그리고 이 해결책들은 지나고 보니 자본주의에서 살아남는 데 특히 유용했다. 우선 주식 투자할 때, 주가 하락으로 인한 스트레스를 확실히 덜 받게 되었다. 주가는 내가 예측하거나 조종할 수 없는 변수이기 때문에 애초에 신경 쓰지 않게 되었다. 대신 내가 할 수 있는 것에 더욱 집중했다. 그건 바로 투자할 종목을 선정하고 얼마만큼 투자할지 결정하는 것이다. 이렇게 2가지만 신경 썼더니 놀라운 일이 벌어졌다. 과거에는 1시간마다 증권 앱에 들어가서 주식 시세를 확인했었지만, 이제는 1주일에 한 번 정도밖에 안 들어가게 되었다. 자연스럽게 몇 년씩 장기 투자하게 되었고, 꾸준히 수익도 나기 시작했다. 장기투자를 하게 되니 투자할 종목도 알아서 정리됐다. 예전에는 30개 넘는 종목을 투자하고 있었는데, 일반계좌 기준 현재는 6개로 압축했다. 덕분에 내가 믿는 종목에 더 집중투자할 수 있었고, 믿는 종목이니 더욱 장기투자가 가능해졌다. 이 과정에서 시간이 지날수록 수익과 계좌 총자산도 꾸준히 늘어나고 있다.

또한 '얼마만큼 투자할지'에 집중하다 보니 투자할 돈을 더 늘릴 방법을 고민하게 되었다. 이는 자연스럽게 절약과 부업으로 이어졌다. 그 덕분에 평범한 직장인이 고정비용 다 빼고도 매월 250만 원 이상 투자할 수 있는 현금흐름이 완성되었다.

특히 부업은 두 번째 스트레스 해결책인 '해야 할 일은 무조건 바로 처리하기' 덕분에 성과를 낼 수 있었다. 나는 보통 어떤 일을 시작하기 전에 사전지식을 익히고 여러 가지 준비를 하는데 시간을 사용했다. 그래서 처음 블로그를 시작하기로 마음먹었을 때도 고민이 많았다. 어떤 주제로 해야 할까? 글은 어떤 식으로 써야 좋을까? 포스팅은 1주일에 몇개 올리는 것이 좋을까? 등등 고민이 꼬리에 꼬리를 물면서 늘어났다. 하지만 이렇게 고민하는 시간만 길어지다 보니 스트레스가 되었다. 이렇게 매일 스트레스만 받다가 포기할 것 같아 '당장 할 수 있는 일부터 되는대로 해 보자' 결심하고 바로 내 생각을 1시간 동안 정리해서 첫 포스팅으로 올렸다. 지금 생각해보면 수익형 블로그와 하나도 맞지 않는 주제와 글 작성 방식이었지만 그 덕분에 지금의 서대리가 탄생했다. 그렇게 첫 포스팅을 올리고 나니 내가 공부해야 할 내용이 하나씩 보이기 시작했고 조금씩 블로그를 키워나갈 수 있었다. 유튜브도 마찬가지였다. 어떻게 시작해야 할지 막막했지만, 고민이 길어지면 스트레스로 변하기 때문에 일단 스마트폰으로 영상을 찍어봤다. 그 후 나에게 필요한 동영상 편집 방법과 장비가 무엇인지 정확하게 알게 되어 조금씩 영상 제작 효율도 좋아졌다.

만약 나처럼 스트레스를 잘 받는 스타일이라면 앞에서 소개한 2가지 방법을 의지적으로 적용해보도록 노력해보자. 단순히 스트레스를 덜 받는 것 이상으로 엄청난 효과를 얻게 될 것이다. 몸과 정신뿐만 아니라 경제적으로도 더욱 건강해질 것이다.

 -- 서대리의 SUMMARY
피할 수 없으면 즐기자

11
중요한 것은
다독이 아니다

동서고금을 막론하고 언제나, 그리고 누구에게나 도움 되는 조언 1개만 뽑자면 '책을 읽어라'가 대부분 1, 2등 안에 선정될 것이다. 세상이 워낙 빠르게 바뀌다 보니 조언 내용이 시대에 따라 조금씩 달라지지만, 독서의 중요성만큼은 예나 지금이나 한결같이 적용된다. 책을 읽고 인생이 바뀌었다는 이야기가 많은 만큼 더 나은 미래를 꿈꾸는 사람들은 대부분 꾸준히 책을 읽는다. 그리고 최대한 많이 읽으려고 노력한다. 나도 '독서'가 가지고 있는 강력한 힘을 자주 체감했기 때문에 시간이 날 때마다 책을 읽는 편이다. 하지만 과거와 다르게 요즘은 봤던 책을 다시 볼 때가 많다. 전에 읽었던 책 중에서 '내가 꿈꾸는 삶'을 이미 실현한 작가의 이야기나 지금 내 삶에 영향을 준 책이 그 대상이다.

쉽게 얘기해서 깊은 감명을 받았던 책을 읽고 또 읽는 것인데, 그 이유는 반복 학습으로 확실하게 책 내용을 내 삶에 적용하고 행동하기 위해서다. 예를 들어, 내가 투자한 주식이 계속 하락하여 심리적으로 흔들릴 때면 책장에서 모건 하우절의 《돈의 심리학》을 꺼내 특정 파트를 읽는다. 하도 자주 읽어봐서 이제는 몇 페이지인지 외워버렸는데, 하락장에서 자주 읽어보는 부분은 253페이지, 285페이지다. 이 2개 챕터를 한번 쭉 읽고 나면 다시 마음을 다잡고 추가 매수할 용기도 얻는다. '공포에 매수한다'라는 진리를 실천하게 되고, 이런 과정이 반복되면 나중에 습관이 되어 별다른 어려움 없이 하락장에서도 기분 좋게 매수할 수 있게 된다. 이런 식으로 내가 부족한 부분을 채워주거나 내가 꿈꾸는 모습을 책을 통해 계속 치면 걸어야 한다. 그래야 독서가 가진 힘을 나도 사용할 수 있게 된다.

예전에는 나도 최대한 많은 책을 읽기 위해 노력했다. 분야 별 베스트셀러 뿐만 아니라 인플루언서 추천도서를 닥치는 대로 읽어봤다. 많은 사람들에게 검증된 책답게 내용은 당연히 좋았다. 하지만 이 좋은 지식을 내 삶에 제대로 장착시키지 못한 채 바로 다음 책으로 넘어갔다. 다음 책 내용도 감탄만 하고 또 새로운 책을 읽기 시작했다. 이런 식으로 삶에 적용할 이론은 쌓였지만, 실제 실행으로 이어지지 못했다. 시간이 지나 좋았던 내용 자체도 머릿속에서 지워졌다. 책은 많이 읽었지만, 어느 순간부터는 삶이 나아진다는 느낌을 전혀 받지 못했다. 책을 많이 읽었다는 뿌듯함만 있을 뿐이다. 실제로 내 지인 중에 투자나 부수입 만들기를 더욱 잘하기 위해 관련 책을 쌓아놓고 독파하며 유료 강의까지 열심히 듣는 사람이 있다. 하지만 그 노력에 비해 성과는 별로 개선되지 않는 경우가 많았다. 오히려 1가지 책 내용을 처음부터 계속 따라한 사람의 성과가 더 좋을 때가 많았다. 이 차이가 어디서 나올까 곰곰이 생각해보았고 나는 그 답을 '실행력'에서 찾았다.

조금 더 구체적으로 이야기하자면, 실행의 대상이 다르기 때문에 결과의 차이가 생긴 것이다. 전자는 책을 최대한 많이 읽는데 실행력을 집중했고, 후자는 책 내용을 현실에 적용하는데 실행력을 집중한 것이다. 물론 하나의 책 내용을 그대로 적용한다고 해서 무조건 성공하는 것은 아니지만, 그 과정에서 나에게 잘 맞는 방법을 깨닫게 되거나 나만의 방식으로 업그레이드된다. 다음에 새로운 도전을 했을 때, 성공 확률이 점점 올라갈 수밖에 없다. 그리고 결국 유의미한 성과를 내게 된다. 투자도 마찬가지다. 주식, 부동산 관련 책을 많이 읽는 것도 물론 중요하지만 내 마음을 움직인 책을 발견하게 된다면 책 내용대로 조금씩 투자해 보자. 그리고 이 방법이 나랑 잘 맞는다고 생각되면 (내 기준: 투자할 때 마음이 편하면) 책을 통째로 내 삶에 흡수하기 위해 계속 읽어야 한다. 몸이 멀어지면 마음도 멀어진다는 말처럼 책 내용이 내 습관이 되기 전까지는 말이다. 그러면 독서로 삶이 바뀐다는 경험을 제대로 할 수 있을 것이다.

책 내용을 통째로 흡수하기 위해 내가 시간이 될 때마다 계속 읽는 책 몇 권을 소개한다. 투자와 인생에 정답이 없지만, 나와 비슷한 성향을 가지고 있다면 이 책 내용과 방법이 잘 맞을 것이다.

《돈의 심리학》_모건 하우절 저, 인플루엔셜(2021)
자본주의 세상에서 살아남기 위한 행동강령을 잘 정리한 책이다. 투자뿐만 아니라 그동안 알고 있던 '돈'에 대한 생각을 바꿀 수 있다. 이제 막 재테크에 관심 가지는 지인이 생기면 선물하는 책이다. 베스트셀러로 이미 유명하지만 아직 읽어보지 않았다면 추천한다. 나는 최소 1년에 2번은 다시 읽는 것 같다.

《저스트 킵 바잉》_닉 매기울리 저, 서삼독(2022)
주식 투자를 단순히 시세 차익이 아니라 장기투자 관점에서 생각하게 만들어주는 책이다. 책 제목처럼 돈 생길 때마다 매수해야 하는 이유를 객관적인 통계자료로 설명하고 있다. 월급날마다 열심히 적립식 매수하는 이유다. 이 책이 나오기 전부터 월 적립 매수를 하고 있었지만, 이 책을 읽은 후에 더욱 확신을 가지고 하게 되었다. 특히, 월급날 전후로 주식 시장이 상승하여 무지성 매수하기 부담스러울 때 자주 보는 책이다.

《더 레슨》_ 스콧 A. 채프먼 저, 길벗(2022)
누구나 잘 알고 있는 투자 대가들의 일대기를 담은 책이다. 존

템플턴, 피터 린치, 워런 버핏의 생각을 책으로 접할 수 있다. 이 책을 보면서 나와 잘 맞는 대가를 알 수 있고 그들의 관점으로 투자방법과 목표를 세팅해볼 수 있다. 나는 투자 대가 중에서 워런 버핏을 특히 더 좋아하기 때문에 그의 투자 방법과 가치관을 익히기 위해 자주 읽는다.

《당신의 주식 투자는 틀렸다》_성세영 저, 길벗(2021)
'평범한 직장인이 자본주의 세상에서 살아남기 위해 가장 효율적인 주식 투자 방법이 S&P500 ETF 투자'라는 내용을 1권의 책으로 담았다. 개별종목 투자에서 어려움을 느껴 S&P500 ETF 중심으로 모아가는 분들에게 더욱 믿음을 줄 수 있는 객관적인 근거들을 확인할 수 있다. 연금계좌에서 모으는 S&P500 ETF가 하락할 때 읽으면 특히 좋다.

서대리의 SUMMARY

먼저 나만의 인생 책을 딱 1권만 정해보자

4장

직장인의 후회: 회사생활

1
직장에서의 노선을
빨리 결정하자

앞에서 인생의 목표를 세팅하는 방법을 소개했다. 지금부터는 그 목표를 달성할 구체적인 방법들을 이야기해 보려고 한다. 그중 첫 번째로 해야 할 일은 직장에서의 테크트리를 잘 짜는 것이다. 테크 트리라고 하면 거창해 보이지만, 간단하게 2가지가 있다. 임원이 되거나 안 되거나. 이게 끝이다.

일부 금수저나 사업에 꿈이 있는 사람을 제외하면 대부분은 직장인 신분으로 회사에 내 시간과 에너지를 제공하고 그 대가로 월급을 받는다. 그리고 이 돈으로 생계를 유지한다. 회사에서 하기 싫은 일을 하고 어울리기 싫은 사람들과 일과를 함께하다 보면 스트레스가 점점 심해지지만, 월급 때문에 참고 일할 수밖에 없다. 화분에 물을 주지 않으면 식물이 점점 시드는 것처럼 월급이 끊기면 생존할 수 없기 때문이다. 즉, 회사는 다녀야 한다.

"피할 수 없으면 즐겨라"라는 말처럼 직장 생활을 해야 한다면 내 인생에 도움이 될 수 있도록 최적화하자. 그것이 직장 테크트리를 선택하는 이유다. '디아블로'라는 게임을 해보았다면 이 테크트리라는 단어가 익숙할 것이다. 캐릭터마다 3가지 특성이 있고 어떤 특성을 집중해서 육성하느냐에 따라 그 캐릭터의 능력이 완전히 달라진다. 예를 들어 '소서리스'라는 마법사 캐릭터는 불, 얼음, 번개 3개 특성이 있는데, 게이머가 어떤 테크트리를 선택하느냐에 따라 그녀가 사용할 수 있는 마법 종류와 위력이 달라진다. 얼음 마법 테크트리에 집중하면 최상위 단계의 얼음 마법을 구사할 뿐만 아니라 마법의 위력 자체도 강력해진다. 대신 다른 테크트리 마법은 몇 개 쓸 수 없고, 해당 마법에 내성이 있는 적과 만나면 피하거나 도망쳐야 한다. 반면 얼음, 불, 번개 마법을 각각 조금씩 익힌 소서리스는 다양한 마법을 사용할 수 있지만, 상대적으로 위력이 떨어져 게임 내 강력한 적을 상대하는 데 어려움을 겪는다. 그래서 게임을 끝까지 깨고 싶은 유저들은 대부분 한 테크트리에 집중해 캐릭터를 키운다. 가장 효율적인 방법이기 때문이다.

우리의 직장 라이프도 게임과 비슷하다. 게임과 다른 점이라면, 잘못 키웠다고 생각해도 리셋되지 않는다는 사실이다. 시간이 계속 쌓이면서 인생이 진행된다. 그래서 직장 테크트리를 확실하게 정하지 않고 계속 왔다 갔다 하다 보면, 자본주의라는 게임에서 살

저축은 답답하지만 투자는 무서운 당신에게

아남기 힘들다. '필살기'가 생기지 않기 때문이다. 여러 테크트리를 기웃거리다가 시간을 많이 날려본 장본인이기 때문에 더 잘 안다.

우리 앞에 놓인 2가지 테크트리 중 첫째는 회사 임원이 되는 테크트리다. 직장에서 인정받아 계속 승진하고 결국에는 임원이 되어 고소득자가 되는 길이다. 그리고 이 소득을 바탕으로 자본주의에서 살아남을 돈을 늘려나가는 것이다. 대신 인정받기 위해 엄청난 시간과 에너지를 직장에 투입하는 게 필수요소이다. 참고로 대기업에서 임원이 될 확률은 고작 1%로 매우 높은 난이도를 자랑한다.

나머지 하나는 평범한 직장인 신분을 유지하는 것이다. 대신 이 테크트리는 첫 번째보다 수입이 더 적을 테니 월급 외 다른 루트로 추가수익을 확보해야 한다. 현재 나는 두 번째 테크트리를 타고 있다. 참고로 두 번째 테크트리를 선택했지만, '월급루팡'처럼 일하지는 않는다. 사회초년생 때는 '당연히 직장인이라면 임원이 되야지'라는 생각으로 노력했지만, 내 성향과 맞지 않았다. 우선 나는 '내향형 인간'이다. 혼자 일하고 혼자 있는 걸 좋아한다. 그래서 단체생활이 필수인 회사는 나랑 상극이라는 사실을 뒤늦게 인지했다. 매년 건강검진을 할 때마다 새로운 병이 추가되거나, 있던 지병이 악화되는 것만 봐도 알 수 있다.

하지만 평범한 직장인 월급만으로는 험난한 세상에서 살아남기 어렵고, 무엇보다 회사 퇴직 연령도 갈수록 낮아지고 있기에 월급 외 소득 만들기는 선택이 아닌 필수다. 즉, 두 번째 직장 테크트리의 핵심은 '부수입 만들기'다. 회사에서 받는 월급 말고 내 능력만으로 돈을 버는 능력을 키우는 것이다. 임원이 되기를 포기했다고 해서 적당히 일하다가 퇴근하고 집에서 쉬는 게 아니라 퇴근 후에도 또 다른 일을 시작하는 것이다. 회사에서 임원이 될 수 있을 만큼의 노력과 시간을 부수입 만들기에 투자해야 성공한다.

테크트리를 확실하게 정해두면 좋은 이유는 많지만 결국 핵심은 '최적화'다. 임원, 혹은 부수입 만들기에 필요한 시간과 에너지를 효율적으로 사용할 수 있기 때문이다. 운동을 대입하면 쉽게 이해할 수 있다. 숨이 찰 정도로 격렬한 운동을 하고 난 뒤에는 몸에 힘이 들어가지 않는다. 쉬는 것도 운동이라는 말처럼, 일정 시간 휴식을 취해야 다시 운동에 집중할 수 있다. 만약 쉬지 않고 계속하게 되면 효율적이지 않을 뿐만 아니라 부상의 위험도 커진다. 건강해지려고 운동하는데, 오히려 병원 신세가 될 수 있는 것이다.

스마트폰 배터리처럼 인간이 하루에 사용할 수 있는 에너지는 정해져 있다. 그래서 우리가 이것저것 할 때마다 에너지를 사용하게 되는데, 문제는 중요한 일을 앞두고 에너지를 전부 소진해 버리는 경우가 많다는 점이다. 아무리 체력이 좋은 사람이라도 12시간씩 회사에서 일하고 퇴근하면 집에서는 다른 활동을 하기 쉽지 않다. 반대로 퇴근 후 부업 활동에 시간과 에너지를 집중해서 사용한 사람이라면 회사에서 야근을 자주 하기 힘들고 하더라도 집중력이 떨어질 수밖에 없다. 업무에 치여 바쁘게 일하다 퇴근한 날이면 아무것도 하지 못하고 침대에 누워 스마트폰만 보면서 신세 한탄만 했던 기억이 한번쯤은 있을 것이다. 그날 사용할 에너지를 전부 소

저축은 답답하지만 투자는 무서운 당신에게

모했기 때문이다.

그렇다면 어떻게 해야 회사에서 내 에너지를 최소화하고 두 번째 테크트리에 집중할 수 있을까? 회사 일을 대충 하면 에너지가 보존될까? 아니다. 물론 그것도 하나의 방법이 될 수도 있겠지만 인사고과나 주변 평가가 나빠져 현금흐름(월급)이 사라지는 문제가 생길 수도 있기 때문에 이 방법은 추천하지 않는다.

이 문제의 정답은 '감정을 배제'하는 것이다. 특히 부정적인 감정을 최대한 머릿속에서 지워야 한다. 부정적인 감정과 생각은 그 존재만으로도 내 에너지를 빠르게 소모하기 때문이다. 스마트폰 성능을 뛰어넘는 앱을 계속 실행하고 있으면 배터리가 빨리 닳는 것처럼 말이다. 하기 싫은 일을 하면 기분이 안 좋아지고, 기분이 안 좋아지면 아무것도 하기 싫어지는 악순환이다. 이를 방지하기 위해 특히 이런 말이나 생각은 머릿속에서 아예 지워버려야 한다. 그래야 에너지를 아낄 수 있다. 생각할수록 배터리가 닳기 때문이다.

"힘들어 죽겠다."

"이 일을 왜 해야 하는 거지?"

"이걸 왜 내가 해야 하지?"

"저 사람은 대체 왜 그럴까?"

사실 하루에도 몇 번씩 이 같은 생각이 무의식적으로 떠오를 것이다. 이런 사소한 생각을 어떻게 없앨 수 있을까? '눈에는 눈 이에는 이'라는 말처럼 생각 역시 생각으로 없애는 게 가장 쉽다. 내게 주어진 일이나 상황이 당연하다고 생각하는 연습을 꾸준히 하면 된다. 해가 동쪽에서 떠서 서쪽으로 지는 것처럼 당연히 일어나면 출근하고 주어진 일을 깔끔하게 처리하고 시간 되면 퇴근한다는 마인드를 장착하는 것이다. 게임 '스타크래프트'에 나오는 SCV나 드론, 프로브처럼 말이다. 이들의 역할은 게임 내에서 자원을 채취하는 것이지만, 중간중간 전투에 동원되기도 한다. 회사 생활이 딱 게임 속 SCV와 비슷하다. 나의 안정적인 미래를 위해 기본적인 업무(자원 채취)를 하며 월급을 받지만 중간중간 부정적인 생각이 들 법한 일들이 계속 생긴다. 이때 신경을 과하게 쏟지 않도록 노력하는 것이 중요하다.

사실 나는 부정적인 감정뿐만 아니라 회사에서 '감정 표출' 자체를 최대한 자제하는 편이다. 그 감정이 긍정적이든 부정적이든 우리 몸에 반응하여 에너지 소비를 끌어내기 때문이다. 그러다 보니 나는 회사에서 로봇, 혹은 AI라는 칭찬(?)을 자주 듣는다.

하지만 아무리 의식적으로 부정적인 생각이나 감정을 절제하겠다고 다짐해도 쉽지 않다. 해탈의 경지에 올라야 가능할 만큼 의지만으로 컨트롤하기 어려운 영역이다. 그래서 이럴 때 가장 좋은 방법은 생각할 대상을 분산하는 것이다. 회사에만 집중된 머릿속 사고를 취미나 부업 활동으로 확장하면 부정적인 감정이 출현할 빈도가 줄어든다. 특히 직장 월급 외 부업으로 조금씩 소득이 발생하기 시작하면 부정적인 감정이 파고들 확률이 확 줄어든다.

나 역시 티스토리 블로그로 달에 5~10만 원씩 벌기 시작하면서 직장에서 받는 스트레스가 조금씩 줄어들기 시작했다. 부수입이 커질수록 생존을 위한 직장 의존도가 낮아지기 때문이다. 사람이 스트레스를 받는 원인은 다양하겠지만, 가장 큰 이유 중 하나는 의지와 상관없이 하기 싫은 일을 억지로 할 때다. 회사 일이 재미없고 하기 싫은데 돈 때문에 어쩔 수 없이 다니는 사람이라면 스트레스가 쌓일 수밖에 없다. 하지만 월급을 대체할 싹이 보이는 부수입이 조금씩 생기면 그 금액만큼 스트레스가 낮아진다. 만약 월급 전부를 부수입으로 번다면 직장 스트레스는 완전히 사라질 것이다. 회사와 무관하게 생활비를 벌고 있기에 출근을 해도 그만, 안 해도 그만이기 때문이다.

참고로 내가 월급 외 수입을 만들기 위해 도전한 것은 네이버 블로그, 티스토리 블로그, 전자책, 스마트스토어, 유튜브, 음식 배달 등 다양했지만, 이 중에서 2개만 유의미한 성과를 냈다. 그리고 부업에서 어느 정도 성과가 나오면 역설적이게도 직장 생활도 더 잘되는 시너지 효과가 발생한다. 무조건 상사의 말에 따르기보다 의견도 더욱 적극적으로 제시할 수 있는 마음의 여유가 생겨 오히려 회사에서 성과도 좋아진다. 인사고과도 더 잘 받게 되었음은 물론이다.

물론 월급 외 부수입을 얻는 활동을 하기 위해서 직장에서 사용할 에너지를 최대한 아껴야 한다는 이야기가 '닭이 먼저냐 달걀이 먼저냐'처럼 들릴 수 있다. 하지만 현실에 변화를 주고 싶다면 절대 가만히 있으면 안 된다. 실제로 아인슈타인이 한 말은 아니라지만, 아인슈타인 명언으로 인터넷에 돌아다니는 유명한 말이 있다.

"어제와 똑같이 살면서 다른 미래를 기대하는 것은 정신병 초기 증세다."

직설적이고 수위가 높은 발언이지만 이 세상 진리를 담고 있다. 투자에 대입하면 간단하다. 아무리 좋은 주식이나 부동산, 암호화폐를 알고 있더라도 직접 투자하지 않으면 아무것도 바뀌지 않는다. 내 돈이든 빌린 돈이든 그 자산에 투자해야 수익을 낼 수 있기 때문이다. 많은 사람들이 간과하고 있는 것 중 하나는 투자로 돈을 버는 데 필요한 자원에는 돈뿐만 아니라 시간과 에너지도 포함된다는 것이다.

이처럼 직장 테크트리로 두 번째를 선택한 독자라면 힘들겠지만 퇴근 후 한 번이라도 더 움직여 새로운 시도를 해보길 바란다. 나도 5년 넘게 퇴근 후 매일 4시간 이상, 주말에도 12시간 이상 부수입 만들기에 시간을 사용하고 있다. 물론 가끔 슬럼프가 온다. 다 포기하고 퇴근 후 저녁과 주말을 여유 있게 즐기고 싶다고 생각하기도 한다. 하지만 같은 생활을 반복한다면 미래는 바뀌지 않는다. 나는 월 200~300만 원씩 배당금이 나오는 삶을 꿈꾼다. 하지만 지금 당장은 그럴만한 돈이 없기 때문에 내 돈과 시간, 에너지 등 투자할 수 있는 자원을 모두 활용하여 지금과 다른 미래를 만들기 위해 노력 중이다. 이 책을 빌어 항상 응원해주고 기다려주는 아내에게 다시 한번 감사 인사를 전한다.

서대리의 SUMMARY

나만의 자본주의 생존 테크트리를 만들어보자

저축은 답답하지만 투자는 무서운 당신에게

2
'아무것도 안 하기'가
실패보다 위험한 이유

나는 이직에 한 번 성공했다. 몇 번씩 회사를 옮긴 이직 전문가는 아니지만, 0에서 1이 되기가 어렵다니 사실을 알고 있으니 이직을 고민하는 주변인들에게 최대한 자세하게 조언하는 편이다. 특히 현재 내가 다니는 회사로 이직하고 싶은 사람들은 사내 문화, 직원 간 분위기, 업무 프로세스 등을 정말 자세하게 물어보곤 하는데, 설명할 수 있는 부분은 다 이야기한다. 사람마다 상황이 다르기 때문에 물어보는 내용에 조금씩 차이가 있지만, 경력기술서나 자기소개서 작성 방법부터 면접, 연봉협상 잘하는 방법 등 물어보는 주제는 대체로 비슷하다. 그런데 나에게 이직 관련해서 물어보는 사람들의 공통점이 하나 있다. 체감상 90%에 해당하는 공통점이다. 그건 바로 '이직을 시도하지 않는다'라는 사실이다. 대부분은 이력서를 작성하지도 않고 다니던 회사를 계속 다닌다. 10명 중 딱 1명만 이력서를 완성하고 실제 면접까지 간다. 한두 번 떨어지긴 하지만 결국 이직에 성공한다.

계속 회사에 다니고 있는 나머지 9명에게 이직 생각이 사라진 거냐고 물어보면 마치 서로 대답을 맞춘 것처럼 비슷하게 이야기한다. "요즘 내가 시간이 없어서….""지금 경력 정도로는 이직하기 애매할 것 같아서….""옮기고 싶은데… 가서 적응 못 할까 봐 걱정돼.""가고 싶은 회사인데 경력이 부족한 것 같아서 조금 더 쌓고 도전하려고.""알아보니까 거기 힘들다고 하더라고.""내가 나이가 좀 있어서 그 자리는 애매할 것 같아."

물론 10년 경력 팀장 자리에 3년 차 사원이 지원하면 당연히 떨어지겠지만, 대부분 이직 지원을 고민하는 분들을 보면 지원 자격에 크게 문제 되는 경우는 없다. 5년 차를 뽑는다는 공고에 4년 차 직원이 지원을 고민하는 식이다. 나에게 이런 내용으로 이직 조언을 해달라고 하면 이력서나 면접 등으로 충분히 뒤집을 수 있는 수준이기에 일단 해보라고 이야기한다. 이번에 안 되더라도 이력서 작성과 면접 경험이 계속 쌓이면 진짜 원하는 기업이나 직무 공고가 떴을 때 합격 확률이 높아지기 때문이다. 이렇게 이야기해도 대부분은 이력서를 쓰지 않는다. 회사 욕을 계속하면서 출근과 퇴근을 반복할 뿐이다.

결국 핵심은 '내가 도전하느냐 마느냐'이지만, 많은 사람이 새로운 일에 도전하는 것을 두려워한다. 도전을 책에서나 봤던 위인들이나 선택받은 일부만 할 수 있는 엄청난 일이라고 생각한다. 예를 들면 이런 것이다. 전 세계적으로 흥행한 드라마 〈왕좌의 게임〉에서 티리온 라니스터 역으로 잘 알려진 배우 피터 딘클리지는 왜소증을 가지고 태어났다. 하지만 에미상 최우수 남우조연상, 골든글로브 최우수 남우조연상까지 받는 배우가 되었다. 예능 〈유 퀴즈 온 더 블럭〉에 출연하셨던 신순규 님도 대단하시다. 시각장애가 있음에도 불구하고 그는 현재 뉴욕 월가의 애널리스트로 근무 중이다. 두 사람 다 채 가늠하기 힘들 만큼 엄청난 노력과 도전정신으로 지금의 위치에 있는 것이다. 사람들은 이런 이야기를 들으면 감동한다. 하지만 한편으로 나는 저렇게까지는 할 수 없다고 무의식적으로 단정 짓는다.

물론 앞서 이야기한 인물들이 너무 대단하긴 하지만, 내가 이야기하는 도전은 이 정도 스케일이 아니다. 새로운 일에 도전하는 것이 부담스럽다면 1주일에 3번 이상 헬스장 가기나 주말에 술 약속 안 잡고 책 읽기, 일어날 때 이불 정리·정돈부터 시작해 보자. 이것들도 충분히 의미 있는 도전이다. 그리고 이런 작은 도전들이 모여 내가 원하는 미래가 완성되는 것이다. 시작부터 너무 높은 목표를 잡기보다는 작은 목표부터 하나씩 클리어하자. 어떻게 보면 게임과 인생은 비슷하다.

국민 게임이었던 디아블로를 다시 예로 들어보자. 게임을 시작하자마자 최종 보스인 디아블로를 잡으려 덤비면 바로 게임 오버

당할 것이다. 물론 게임 시스템상 한 번에 갈 수도 없지만, 가능하다고 해도 디아블로에게 한 대만 맞아도 캐릭터가 바로 사망할 것이다. 그렇다면 어떻게 해야 게임을 클리어할 수 있을까? 간단하다. 우선 약한 몬스터들을 사냥해서 캐릭터 레벨을 올린다. 그러면서 동시에 더 좋은 공격 스킬을 배우고 더 좋은 장비를 착용하면서 내 캐릭터 능력을 키워나간다. 그 과정에서 조금 더 효율적인(시간을 아끼는) 노하우가 존재하겠지만, 핵심은 조금씩 캐릭터를 키워가는 것이다. 만약 중간에 게임 난이도 때문에 진행이 어려워지면 다시 앞의 과정을 반복하면 된다. 몬스터를 사냥해서 캐릭터 레벨을 더 올리고 전보다 더 좋은 공격 스킬과 장비를 얻으면 된다. 이런 식으로 한 단계씩 올라가면 최종 보스 디아블로를 만나게 된다. 그리고 결국 잡게 된다. 디아블로뿐만 아니라 대부분의 게임이 이런 방식이다. 게임 내 캐릭터를 성장시키거나 캐릭터를 조종하는 플레이어의 실력 자체를 성장시키면서 게임을 클리어한다.

나도 게임과 같은 방식으로 조금씩 미래를 만들어가는 중이다. 물론 자본주의를 완전 정복하기에는 아직 갈 길이 멀지만, 그래도 직장 월급이 전부였던 삶에서 벗어나 이제는 수입원이 다양해졌다(참고로 개인마다 다르겠지만, 나는 월급을 받지 않고 가만히 있어도 월급 이상 수입이 확보되는 '경제적 자유'를 자본주의 끝판왕, 완전 정복 단계라 생각한다). 지금은 구독자 11만 유튜브, 수익형 티스토리 블로그, 전자책, 도서 등 다양한 방식으로 수입이 늘어났다. 하지만 처음부터 이렇게 다양한 수익원을 염두에 두고 도전한 건 아니었다. 월급 외 수

저축은 답답하지만 투자는 무서운 당신에게

입으로 한 달에 10만 원만 더 벌어보는 것이 첫 목표였다. 게임을 시작하자마자 최종 보스 디아블로를 잡으러 갈 생각이 전혀 없었고 일단 캐릭터를 만들어서 STAGE ACT 1을 깨자는 소박한 목표였다.

아무튼 이런 마음으로 처음 도전한 건 블로그였다. 하지만 블로그를 시작한 지 얼마 되지 않아 불안함이 몰려왔다. 일단 과거에 블로그를 제대로 운영해 보거나 긴 글을 써본 적이 없었기 때문에 어떻게 해야 할지 막막했다. 그리고 시간도 턱없이 부족했다. 매일 아침 7시 출근, 저녁 8시 퇴근이 기본이었기 때문에 블로그에 들일 수 있는 시간이 하루 2~3시간 밖에 없었다. 또한 어떻게 해야 블로그 효율이 좋아질지 연구하는 데 시간을 많이 쓰다 보니 정작 블로그 글 발행은 계속 밀리고 있었다. 그렇게 1주일 정도 시간이 흘렀지만, 아무 성과가 없었다. 그래서 그냥 죽이 되든 밥이 되든 '분량, 내용 상관없이 하루에 1개씩만 글을 올려보자'라는 나만의 도전을 시작했다. 당시 인기 있었던 주식의 재무제표 분석이나 생활비 절약 방법 등을 나만의 방식으로 1일 1포스팅했다. 그렇게 3개월이 흐르니까 정말 신기하게도 목표했던 한 달 10만 원을 블로그로 벌게 되었다. 참고로 티스토리 블로그는 구글 애드센스라는 광고 기능을 통해 돈을 벌 수 있다. 달러로 정산되는데, 100$가 넘어야 계좌이체가 가능하다. 정확히 따지자면 내 첫 블로그 수익은 12만 원 이상이었던 셈이다. 물론 그동안 투자한 시간을 생각하면 최저임금도 안되는 돈이었다. 하지만 얼마 안 가 2020년 주식 투자 호황기를 잘 만난 덕분에 나의 재테크 블로그는 달에 200만 원 넘게 벌어다 주는 효자가 되었다.

유튜브 역시 마찬가지다. 유튜브가 대세라고 하니 기존에 만들어 둔 블로그 콘텐츠를 기반으로 유튜브 영상을 만들어 올리면 또 다른 현금흐름이 만들어질 것이라 생각했다. 하지만 이번에도 걱정스러운 마음이 먼저 치고 올라왔다. '살면서 영상 편집은 한 번도 해본 적이 없는데 어떡하지? 촬영용 카메라와 마이크가 없는데 어떡하지? 카메라 앞에서 말을 해본 적 없는데 내가 할 수 있을까?'처럼 도전하지 말아야 할 매우 합리적이고 객관적인 의문이 계속 꼬리에 꼬리를 물었다.

그래서 이번에도 내가 할 수 있는 선에서 시작했다. 그냥 대본을 만들어서 읽는 모습을 스마트폰 카메라로 촬영하는 것이다. 스마트폰도 이미 출시된 지 4년이 지난 구형 핸드폰, 아이폰7을 이용했다. 그리고 자료나 이미지 편집은 파워포인트로 하고 영상 편집도 무료 아이패드 앱인 VLLO를 이용했다. 이렇게 하면 추가 비용과 별도의 영상 편집 지식 없이 해볼 만했다. 시간만 투입하면 누구나 할 수 있는 도전이라 생각했고 의기양양하게 1주일에 영상 1개 업로드를 목표로 했다. 물론 처음에는 영상 1개를 올리기까지 10시간 넘게 걸렸다(지금도 최소 4시간은 걸린다). 그래도 유튜브로 은퇴한다는 생각보다는 일단 유튜브로도 월 10만 원 벌어보자는 목표로 꾸준히 한 것이 현재의 '서대리TV'가 되었다. 처음에는 구독자 100명이 목표였다. 구독자 11만 명은 아예 상상하지도 않았다. 아마 실버 버튼을 목표로 했다면 중도에 포기했을 것이다. 안될 이유

저축은 답답하지만 투자는 무서운 당신에게

만 생각하다가 시작조차 하지 않았을 것이다. 막상 시작하더라도 지지부진한 성과에 지쳐 나가떨어졌을 것이다.

이런 식으로 자본주의를 정복하기 위한 아이템이나 기술을 하나씩 확보했다. 작은 것부터 하나씩 도전한 덕분에 운 좋게 조금씩 미래가 보이기 시작했다. 물론 아직도 목적지가 흐릿하게 보이는 수준이다. 마치 서울 어느 지역에서 남산을 바라보는 느낌이지 않을까 생각한다. 물론 예전에는 남산 자체가 아예 보이지 않았으므로 전부 이런저런 도전의 성과가 쌓인 덕분이다. 그리고 지금처럼 내가 할 수 있는 일부터 도전하다 보면 어느샌가 산 정상에 도착할 것이다. 지금까지 경험을 통해 그렇게 될 것이라 확신한다. 때때로 정상으로 올라가는 길에 생각지도 못한 장애물을 만날 수 있다. 그럼 더욱 레벨업하여 새로운 기술과 더 좋은 아이템을 장착하면 된다. 그렇게 계속 도전하다 보면 결국 클리어할 것이다. 나의 다음 도전은 지금과 다른 분야에서 일하는 것이다. 패션업계를 벗어나 지금 내가 관심 있고 새로운 시도를 해볼 수 있는 금융 업계나 스마트폰 앱 기획 쪽으로 이직을 도전해 볼 계획이다. 혹시 나와 함께 하고 싶거나 채용하고 싶은 분이 있다면 언제든지 연락 바란다.

우리나라는 게임 실력으로 세계 정상에 오른 나라이다. 게임 관련 뉴스가 나오면 대부분 한국이 1등했다는 소식이다. 프로게이머가 아닌 일반 유저들도 게임에서 효율적으로 상대방을 무찌르는 방법이나 클리어하는 방법을 상세하게 정리한다. 하지만 많은 사람이 실제 인생은 게임처럼 공략하지 않는다. 아무래도 게임 캐릭터보다 현실 캐릭터(나 자신)을 키우는 것이 더 어렵기 때문이라 생각한다. 근데 잘 생각해야 한다. 게임에는 '리셋' 버튼이 있지만, 인생은 단 1번밖에 플레이할 수 없다. 게임 캐릭터는 잘못 키우면 다시 만들어서 처음부터 시작하면 된다. 하지만 우리 인생은 되감을 수 없다. 당연히 선택 1번 1번이 중요할 수밖에 없다. 선택 전으로는 아예 돌아갈 수 없다. 하지만 그럴수록 더 많은 걸 시도해야 한다. 흘러가는 대로 살기에 인생은 너무 짧고 소중하기 때문이다. 물론 이렇게 이야기해도 실제 행동으로 이어지려면 내 삶에서 건강이나 자산, 혹은 둘 다 크게 흔들릴 때가 되어야 비로소 와닿기 시작할 것이다. 나도 건강을 잃고 수술한 다음부터 변했다. 이 책을 읽고 있는 분들은 그 전에 도전하길 진심으로 응원한다.

--- 서대리의 SUMMARY

시작만 해도 상위 10%
꾸준히 하면 상위 1%

저축은 답답하지만 투자는 무서운 당신에게

3
변하고 싶다면
주변 사람을 바꿔야 한다

유유상종_類類相從이라는 사자성어가 있듯이, 서로 비슷한 사람끼리 뭉치고 어울리는 경향이 있다. 신체적으로나 심리적으로나 편하기 때문이다. 그리고 비슷한 사고방식과 습관, 행동을 공유하게 된다. 하지만 지금 현실이 마음에 들지 않는다면 당장 어울리고 있는 사람들부터 바꿔볼 필요가 있다. 그래야 현실과 미래가 바뀔 가능성이 생긴다.

나는 27살의 나이로 취직한 뒤, 직장에서 받는 스트레스를 술과 쇼핑으로 풀었다. 퇴근 후 사람들을 만나면 술 마시는 것이 당연했고 대학생 때는 넘볼 수 없었던 백화점 고급 브랜드 제품을 사는 것을 당연하게 생각했다. 친구들과 선배들이 모두 그랬기 때문이다. 다 같이 모여 회사 욕, 나라 욕을 안주 삼아 술을 마셨다. 불공

평한 세상과 답답한 현실을 잊기 위해서 술은 필수였다. 그리고 회사 동기나 친구들, 선배들 모두 "어차피 월급 모아서는 내 집 마련 어림도 없다"라는 말을 입에 달고 살았다. 그러다 보니 나도 굳이 돈을 아끼기보다 사고 싶었던 옷이나 고급 레스토랑을 가는 게 훨씬 현명한 소비라 생각했다. "내가 회사 다니면서 이렇게 힘들게 돈 버는데 이 정도 소비도 못 해?"라고 자기합리화했다. 그리고 이렇게 할 수밖에 없는 이유가 나에게 있는 것이 아니라, 사회·정치·회사 문제라고 생각했다. 회사와 참석하는 모임, 심지어 자주 접속하는 온라인 커뮤니티에서도 전부 이렇게 얘기하니 이게 당연한 세상의 진리인 것 같았다.

물론 가끔 진리(?)에 반하는 말을 하는 사람도 가뭄에 콩 나듯한 명씩 있었다. "어차피 아파트는 대출받아서 사는 거라 열심히 모으면 살 수 있다" "지금이라도 아껴야 나중에 편해진다" "회사가 우리 인생을 책임져주지 않는다. 미리 독립 준비를 해야 한다" 같은 조언을 해주었지만, 흔한 꼰대의 잔소리라 생각했다. 그리고 나 포함 주변 사람들은 계속 인생을 즐겼다. 여전히 매일 친한 사람들과 술 마시면서 회사와 사회 욕을 했으며, 나를 위한 선물로 명품 쇼핑도 꾸준히 했다. 월급은 정말 알뜰하게 소비로 다 지출되었다.

하지만 이런 생활은 어느 순간을 기점으로 청산하게 됐다. 여러 가지 계기가 있었지만, 가장 컸던 것은 선배들의 삶이 점점 후퇴하는 모습을 생중계로 보았기 때문이다. 일단 서울에서 출퇴근하던 선배들이 점점 서울에서 먼 곳으로 이사 가기 시작했다. 서울은 전

저축은 답답하지만 투자는 무서운 당신에게

월세가 너무 올라서 부담된다고 했다. 월급 오르는 속도보다 물가가 더 빨리 오르고 결혼이나 자녀 출산으로 지출은 점점 늘어나다 보니 이전처럼 소비도 할 수 없었다. 나이가 들면서 퇴근 후 약속을 잡기에도 체력이 부담된다고 했다. 결정적으로 선배나 주변 지인들 입에서 "20대, 30대에 조금씩이라도 저축했다면…"이라는 말을 만날 때마다 들었다. 그리고 이들은 부족한 돈을 보충하기 위해 주식이나 코인으로 '큰 한 방'을 노렸지만, 표정은 점점 어두워졌다.

그때부터 무언가 잘못됐다는 생각이 들었다. 인터넷에서 나와 다른 삶을 사는 사람들을 열심히 찾아봤다. 그리고 큰 충격을 받았다. 어떤 사람은 나보다 월급이 100만 원이나 적었는데도 부모 도움 없이 서울에 내 집 마련을 성공했다. 어떤 사람은 맥쿼리인프라처럼 고배당 주를 꾸준히 모아 한 달에 100만 원 정도의 배당금 받고 있었다. 어떤 사람은 주식을 적금처럼 매수했는데 수익률이 좋아 퇴사한 뒤, 하고싶은 일을 하면서 사는 모습을 블로그에 기록하고 있었다. 또 어떤 사람은 투자 수익이 크지 않았지만 퇴근하고 매일 블로그로 월 50만 원씩 벌고 있었다. 다들 방식은 달랐지만 일찍부터 아끼면서 꾸준히 미래를 준비했다는 공통점이 있었다.

나와 비슷한 상황에서도 내 집 마련하고, 월급 외 소득을 만드는 사람들을 보다 보니 지금이라도 바꾸어야겠다는 생각이 들었다. 우선 네이버 블로그나 카페, 트위터에서 내가 본받고 싶은 사람들 계정을 전부 팔로우했다. 당장 주변에는 나와 비슷한 사람만 있었기에 조언을 받을 수 없었기 때문이다. 이런 식으로 온라인 인맥만 달라져도 생각이 많이 바뀐다. 무의식적으로 접하는 인스타그램이나 유튜브, 네이버 블로그, 트위터 콘텐츠가 전과 다른 주제로 바뀌고 자연스럽게 나도 그렇게 행동하게 된다. 당시 내 주변에 현재보다 미래를 중요하게 생각하는 사람이 거의 없었지만, 변할 수 있었던 이유가 이 온라인 인맥 덕분이었다. 답변이 오지 않더라도 궁금한 내용은 댓글로 물어봤고, 더 관심 있는 부분은 혼자 공부하면서 생각과 습관, 능력을 자본주의 생존에 최적화시켜 나갔다. 그러자 자연스럽게 내 주변도 조금씩 나와 관심사가 비슷한 사람들로 채워지기 시작했고 서로의 노하우를 공유하면서 더 빠르게 성장할 수 있었다. 아직 갈 길이 멀지만 이런 시간들이 모여 지금은 서울에 내 집 마련을 성공했고 월급날마다 주식을 모아가면서 미래에 대한 희망을 보게 되었다.

일본 경제학자 오마에 겐이치에 따르면, 인간을 바꾸는 방법은 3가지뿐이라고 한다.

'시간을 달리 쓰는 것, 사는 곳을 바꾸는 것, 새로운 사람을 사귀는 것.'

이 3가지 방법이 아니면 인간은 바뀌지 않는다는 것이다. 그는 '단순히 새로운 결심만 하는 것은 가장 무의미한 행위'라고 했다. 이 3가지 중에서 가장 쉽게 시도할 방법이 바로 '새로운 사람을 사귀는 것'이다. 사는 곳을 갑자기 바꾸기 쉽지 않고 주변 사람이 그대로이면 시간을 달리 쓸 수 없기 때문이다. 참고로 시간을 달리 쓴다는 것은 과거와 다르게 행동한다는 의미다. 마음을 강하게 먹고 전과 다르게 행동해도 주변 사람들이 그대로라면 계속 밀고 나가기 어렵다. 그래서 지금과 달라지고 싶다면 주변 사람을 바꾸는 것이(온라인 사람 포함) 가장 쉽고 확실한 방법이다. 내가 지금과 다른 삶을 살고 싶거나 발전하고 싶다면 주변을 내가 닮고 싶은 사람들로 채워야 한다. 내가 꿈꾸는 삶을 사는 사람, 혹은 내가 배울 수 있는 사람으로 말이다. 그들의 생각과 습관, 루틴을 옆에서 보고 배워야 시간을 다르게 쓸 수 있다. 그렇게 시간을 다르게 쓰다 보면 사는 곳도 바뀔 것이다.

만약 미래를 위해 주변 사람을 바꿨고 그들과 친해졌다면 이것저것 많이 물어봐야 한다. 특히 실패 사례는 꼭 물어봐야 한다. 성공 방법은 개인의 능력에 따라 결과가 달라질 수 있지만, 실패했던 이유를 피하는 것은 방법만 알고 있으면 누구나 가능하기 때문이다. 실패는 피하기만 해도 충분히 의미 있다. 주식 투자로 예를 들어보겠다. 한번 -50% 수익률을 기록하면 다시 회복하는데 100%의 수익률이 필요하다. 수익률이 -10%였다면 다시 회복하는데 11%가 필요하다. 즉, 한번 후퇴하면 훨씬 많은 노력과 에너지를 투입해야 본전이 되는 것이다.

그리고 매번 높은 기대수익률을 위해 조급해하거나 무리할 필요도 없다. 매년 10%씩 수익률을 기록하다가 6년 차에 한번 삐끗해서 -50%를 기록하면 이후 8년 동안 연평균 수익률 4%로 성장하는 자산보다 오히려 낮기 때문이다. 만약 투자 15년 차에 -10%로 한 번 더 삐끗하면 꾸준히 성장한 B를 단기간에 따라잡기는 어렵다.

세상이 각박해지면서 사람들이 본인 생각이나 자산 등을 점점 더 공개하지 않는다. 굳이 위험을 감수할 이유가 없기 때문이다. 암호화폐 유튜버가 괴한들의 피습을 받았다는 뉴스가 대표적인 사례라 생각한다. 그러다 보니 내가 배울 만한 사람들을 만날 기회는 점점 줄고 있다. 그들만의 네트워크기 두터워지고 있으므로 시간이 더 지나면 아예 이야기 나눌 기회조차 사라질 수 있다. 한국은 돈과 부자에 대한 인식이 특히 부정적이기 때문에 지금 같은 사회 분위기라면 아예 모습을 감출 수도 있다. 부자나 연예인의 건물 투자와 그 시세 차익을 다룬 온라인 기사 댓글만 보면 이런 분위기를 쉽게 알 수 있다. 80% 이상이 욕이나 부정적인 댓글이다 보니 굳이 세상에 자신을 드러낼 필요가 없는 것이다. 조언을 해줘도 "너는 지금 돈이 많으니까 그런 소리 하지"라고 욕을 얻어먹기 때문이다. 류승수 배우가 예능 〈라디오스타〉에 출연해서 한 명언(?)이 인터넷에 짤로 돌고 있는데 비슷한 이유가 아닐까 생각한다.

"아무도 나를 모르고 돈이 많았으면 좋겠어요."

자산뿐만 아니라 인맥, 직장, 시간 등 모든 분야에서 양극화가 점점 심해지고 있다. 그래도 아직 포기하기엔 이르다. 주위를 둘러보면 내가 가고자 하는 방향으로 이미 걸어가고 있는 사람이 존재할 것이다. 그 사람 곁으로 가서 함께 하는 시간을 늘려라. 만약 주변에 진짜 1명도 없다면 온라인에서 찾아보자. 네이버 블로그, 유튜브에서는 쉽게 찾을 수 있을 것이다. 그들을 팔로우하고 그들의

손실을 되찾기 위해 필요한 수익률

손실	회복에 필요한 수익률
-10%	11%
-15%	18%
-20%	25%
-25%	33%
-30%	43%
-50%	100%
-55%	122%
-60%	150%
-65%	186%
-70%	233%

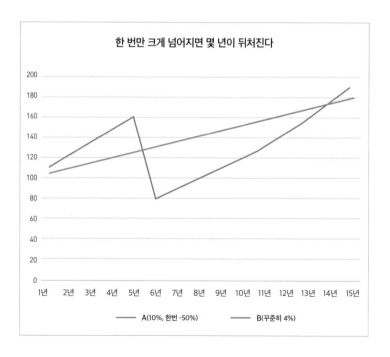

한 번만 크게 넘어지면 몇 년이 뒤처진다

—— A(10%, 한번 -50%)　　—— B(꾸준히 4%)

이야기를 계속 들어보자. 온라인은 아니지만, 책도 훌륭한 참고서
이자 인맥이 될 수 있다. 온라인이나 책에서도 그런 사람을 못 찾겠
다면 직접 그런 모임을 만드는 것도 방법이다. 나도 네이버 블로그
와 유튜브를 시작한 목적 중 하나가 비슷한 상황인 직장인 투자자
들과 더욱 활발한 소통을 하기 위해서였다.

아직 늦지 않았다. 내가 변하고 싶다면 주변을 바꿔보자. 부자
가 되고 싶다면 이미 부자거나 부자 지망생들과 어울리자. 다만 이
제 더 이상 미뤄서는 안된다. 시간이 더 지나면 인터넷에서도 못 만
날 수 있다. 특정 자격을 갖춘 사람들끼리만 접속할 수 있는 커뮤니
티가 점점 늘어나고 있다.

-- 서대리의 SUMMARY

 내 주변을 바꾸자
근데 그러려면 나부터 바뀌어야 한다

4
또라이
질량 보존의 법칙

'질량보존의 법칙'이란 말을 혹시 들어본 적이 있는가? 화학 반응이 일어날 때, 반응 전후 물질의 질량이 보존된다는 법칙이다. 쉽게 이야기해서 음식을 먹어 몸속에서 소화시켜도 몸무게와 음식의 총무게는 같다는 말이다. 학창 시절 과학 시험에서 접하는 단어지만 요새는 조금 다른 의미로 활용되고 있다. 조금 과격한 표현이지만 바로 '또라이 질량 보존의 법칙'이다. 특정 집단에 또라이가 최소 1명 이상 있는데, 만약 아무리 찾아봐도 안 보인다면 내가 바로 또라이라는 슬픈 법칙이다. 10년이라는 길지도 짧지도 않은 사회생활 동안 느낀 바로 이 법칙은 나름 과학적이다. 어느 집단이든 항상 빌런은 있었고, 빌런이 없다면 자의든 타의든 내가 빌런으로 인식

되었다. 이러나저러나 고통이다. 학교에서 질량보존의 법칙을 왜 알려주나 했더니, 사회생활의 무서움을 간접 체험할 수 있도록 한 조치 아닌가 싶다(어렸을 때부터 현실을 알려주면 좌절할까 봐 배려해준 것 아닐까?).

근데 반대로 좋은 방향으로도 이 법칙이 적용될 수 있지 않을까 생각해 봤다. 어떤 집단이든지 반드시 내가 본받거나 배울 점 있는 사람이 존재한다는 가설이다. 하지만 이 가설을 증명하기는 쉽지 않았다. 나뿐만 아니라 주변 지인들에게 물어봐도 "왜 저렇게 행동하지?" "결국 내가 여기서 오래 있어봤자 저렇게 되겠네"라고 신세 한탄하게 만드는 사람이 대부분이었기 때문이다. 그리고 공통적으로 이런 말도 했다. 그나마 멋있거나 본받을 점이 있다고 생각하는 사람들은 자의든 타의든 회사를 떠났다고 말이다.

역설적이지만 이 부분에서 나는 한 줄기 희망을 봤다. 그동안 나는 '또라이'라는 단어의 사전적 정의를 무조건 조직이나 다른 사람에게 피해를 주는 이상한 사람으로만 생각했었다. 하지만 기억을 더듬어보면 정말 일반 상식으로는 설명할 수 없는 행동으로 또라이 취급받는 사람도 있었지만, 조직 문화에 새로운 방식이나 의견을 자주 제시하는 사람도 또라이 취급을 받는 경우가 많았다. 특히 성과가 좋거나 일 잘하는 사람도 어느샌가 그런 취급을 받게 된다. 인간은 사회적 동물이기 때문에 집단 속에 있을 때 심리적 안정감을 느낀다. 그렇기에 집단(무리)의 문화와 다른 행동이나 의견을 제시하는 사람은 이상한 사람으로 취급당하기 쉽다. 멀쩡한 사람도

저축은 답답하지만 투자는 무서운 당신에게

조직 문화와 안 맞으면 별종 취급을 받는다. 실제로 회사에서 이런 경우를 너무 많이 봤다. 부서 간 미팅 때 너무 사실대로 분석했다는 이유로 욕을 먹은 선배부터, 보고서나 자료 작성을 너무 잘해서 다른 실무자들의 반감을 산 선배 등 더 잘해보려고 노력하거나 이미 능력이 뛰어난 사람이 이상한 사람으로 둔갑한 사례는 생각보다 많다. 그리고 이들은 결국 더 좋은 회사로 이직했다. 나름 친했던 선배도 이런 과정을 거쳐 회사를 떠났다. 나중에 따로 만나 들은 얘기지만 이 선배는 거기서도 이상한 사람 취급받아 자기 사업을 시작했고 지금은 회사에 다닐 때보다 더 잘나간다. 경험에 비추었을 때, 이렇게 회사를 나간 사람들은 대부분 더 잘 됐던 것 같다.

그래서 나도 또라이가 되기로 했다. 물론 다른 사람에게 피해를 주는 나쁜 또라이가 아니라, 평균을 벗어나 남들과 다르게 사는 착한 또라이가 목표였다. 일단 내 목표부터 평균에서 많이 벗어나는데, 만 40세가 되는 2028년 이전에 조기 은퇴하는 것이다. 그리고 진정 내가 하고 싶은 일을 하며 인생 시즌 2를 사는 것이다. 이 목표를 이루려면 부자가 되어야 한다. 하지만 남들처럼 쓸 때 쓰고, 놀 때 놀고, 쉴 때 쉬면 평균을 벗어날 수 없기 때문에 남들 쓸 때 소비는 줄이고, 남들 놀 때 투자 관련 책을 보고, 남들 쉴 때 돈을 벌기 위해 부수입 활동에 매진했다. 월급의 70% 이상과 부수입 전부를 저축하거나 투자했다. 이 과정을 몇 년 동안 계속했다(물론 지금도 진행 중이다). 그러다 보니 자연스럽게 자주 놀던 친구들과의 사이가 서먹해지기 시작했다. 내 머릿속은 돈 버는 방법이나 짠테크 노하우로 가득했지만, 친구들은 해외여행, 자동차, 스포츠에 관심 있다 보니 만나도 점점 할 얘기가 없어졌다. 그렇게 몇몇 친구 그룹에서 나는 점점 또라이가 되고 있었다. 예전 같았으면 화가 날 법한 일이지만, 이제는 오히려 기쁘다. 우승 트로피를 받은 기분이다. 대신 예전에는 서먹했던 사업하는 친구나 나와 같은 관심사를 가진 모임을 통해 새로운 인맥을 채우고 있다. 여기서도 착한 또라이 취급을 받아 또 하나의 트로피를 드는 것이 나의 비공식 목표다.

다만 나처럼 무리에서 벗어난 착한 또라이가 되고 싶다면 반드시 명심해야 할 게 하나 있다. 나와 생각이 다르다고 상대방을 무시하면 안 된다는 것이다. 특히 나를 나쁜 또라이 취급하는 사람들은 더더욱 배척하면 안 된다. 오히려 그들이 하는 이야기와 생각을 더 귀담아들어야 한다. 그들의 생각과 행동을 잘 기억해뒀다가 반대로만 하면 되기 때문이다. 타산지석으로 삼는 것이다. 또한 앞으로 나를 나쁜 또라이 취급하는 사람이나 집단을 자주 만날 텐데, 이때 그들과의 관계를 슬기롭게 대처할 수 있는 지식을 얻을 수 있기 때문이다.

그리고 이제는 새로운 모임에 들어가기 점점 힘들어지고 있다. 게임에서 캐릭터 레벨이 일정 수준에 못 미치면 입장이 불가능한 던전이 존재하는 것처럼, 이제 사람들의 끼리끼리는 점점 강화되고 있다. 이제는 검증을 통과해야 그 집단의 구성원으로 받아준다. 예전에 세입자 구할 때 면접 보던 사례가 뉴스로 나오기도 했는데 이제는 모든 모임이나 집단에서 이런 면접이 당연해지는 사회가 되지 않을까 생각한다. 지금보다 더 나은 삶을 꿈꾸는 독자라면 하루라도 빨리 착한 또라이로 각성해야 하는 이유다.

이 구역의 미친X은 나다

5
워라밸은
망하는 지름길이다

'조용한 퇴사Quiet Quitting' '워라밸Work&Life Balance'이라는 단어가 요새 자주 보인다. 젊은 세대의 상징 같은 단어다. 우선 네이버 지식백과에 '조용한 퇴사'를 검색하면 다음과 같이 설명되어 있다.

"직장을 그만두지는 않지만 정해진 시간과 업무 범위 내에서만 일하고 초과근무를 거부하는 노동 방식을 뜻하는 신조어이다. 'Quiet Quitting(조용한 퇴사)'을 직역하면 일을 그만둔다는 뜻이지만 실제로는 '직장에서 최소한의 일만 하겠다'는 의미를 담고 있다."

그리고 워라밸의 의미는 다음과 같다.

"일과 삶의 균형Work&life balance'이라는 표현은 1970년대 후반

　　　　　　　　　저축은 답답하지만 투자는 무서운 당신에게

영국에서 개인의 업무와 사생활 간의 균형을 묘사하는 단어로 처음 등장했다. 위라밸은 연봉에 상관없이 높은 업무 강도에 시달리거나, 퇴근 후 SNS로 하는 업무 지시, 잦은 야근 등으로 개인적인 삶이 없어진 현대사회에서 직장이나 직업을 선택할 때 고려하는 중요한 요소 중 하나로 떠오르고 있다."

2개의 단어 모두 지나친 업무를 지양하고 개인의 삶을 중시하는 요즘 트렌드를 반영한다. 이미 한국은 OECD 국가 중에서 근무시간이 길기로 유명하고 실제로 과로 등 다양한 부작용이 사회문제인 만큼 어떻게 보면 이런 트렌드는 자연스러운 흐름이라 생각한다. 하지만 여기에는 함정이 숨어있다. 세상이 변하는 만큼 삶의 난이도 역시 알게 모르게 변하고 있기 때문이다.

그리고 그 난이도는 안타깝게도 물가처럼 점점 올라간다. 점심 값만 해도 이제는 한 끼에 1만 원이 훌쩍 넘고, 마트에서 조금만 장을 봐도 10만 원은 가볍게 넘는다. 2022년 12월에는 도시가스비도 2배 넘게 청구됐다. "월급 빼고 다 오른다"라는 말은 내가 태어나기 전부터 존재했을 텐데 요즘은 이런 수식을 추가해야 할 정도다.

"월급 빼고 '정말 미친듯이' 다 오른다."

이제 위라밸, 조용한 퇴사로 나만의 시간을 확보하더라도 그 시간을 즐기기 위한 비용도 더 늘어났다. 예전에는 한 달 30만 원이면 취미 생활을 충분히 즐길 수 있었다. 하지만 이제는 50만 원, 60만 원이 필요하다. 취미 비용뿐만 아니라 숨만 쉬어도 나가는 고정비도 늘어나면서 '라이프'를 즐길 재정적 여유는 오히려 감소한다. 시간이 생겨도 제대로 즐기지 못하는 상황이 발생하는 것이다.

나도 한때 워라밸을 중요하게 생각했다. 생활비를 벌기 위해 직장 생활은 하지만 그렇다고 회사에 내 모든 것을 바치고 싶지 않았다. 근데 나도 처음부터 워라밸을 외치지는 않았다. 내가 하고 싶었던 패션업계에 취직했기 때문에 힘들어도 재밌게 일했었다. 매일 아침 7시에 출근해서 밤 10시 넘게까지 일했다. 20대를 불태웠다고 자부한다. 하지만 회사 일에 진심이었던 선배들이 하루아침에 버림받는 모습을 매년 보다 보니 마음가짐이 점점 바뀌었다. 물론 회사는 기본적으로 이윤을 추구하는 집단이다. 나보다 효율 좋은 직원이 있다면, 그리고 그 직원이 2명분의 일을 더 저렴한 비용으로 해낸다면 나를 자를 것이다. 이론상 그게 더 효율적이기 때문이다.

또한 기술이 발전하면서 점점 필요한 인력 자체가 줄고 있다. 은행만 봐도 알 수 있다. 업무 대부분이 자동화되고 스마트폰으로 처리할 수 있게 되면서 매년 은행 직원 수는 감소하고 있다. 다른 산업도 로봇이나 인공지능으로 대체되는 중이고 앞으로 이런 기조는 심화될 것이다. 사장 입장에서는 당연히 로봇을 쓸 것이다. 일단 불평불만을 하지 않는다. 지치지도 않고, 각종 보험비도 낼 필요 없으니 말이다. 특히 챗GPT를 보고 있으면 진짜 미래가 무섭게 느껴진다. 지금은 40대가 희망퇴직 명단에 있으면 뉴스로 나오지만, 나중에는 40대는 기본이고 30대도 희망퇴직 명단에 자연스럽게 들어가는 날이 올 것이다.

이런 흐름 속에서 직장인이 선택할 수 있는 옵션은 크게 3가지

저축은 답답하지만 투자는 무서운 당신에게

다. 회사에서 대체 불가능한 직원이 되거나, 월급을 안 받고도 살아남을 수 있는 나만의 사업을 키워 독립하거나, 혹은 투자로 내 자산을 불리는 것이다. 3가지 선택지가 모두 달라 보이지만, 결국 핵심은 생존에 필요한 수입을 꾸준히 얻는 수단을 확보하는 것이다. 이 중에서 1가지도 선택하지 않고 계속 현상 유지만 한다면 언젠가 돈이 끊길 것이다. 그러면 당연히 생존이 어렵다. 기본적으로 워라밸, 조용한 퇴사라는 단어의 의미에는 자신의 직장이나 업무에 대한 부정적인 의미가 내포되어 있다고 생각한다. 일은 싫지만 월급은 필요하기 때문에 최소한의 일만 하겠다는 의지표현이다. 내가 하는 일이 너무 재밌고 행복한데 돈까지 벌 수 있다면 워크와 라이프를 구분할 필요가 없지 않을까?

평생 직장이라는 단어가 사라진 지금, 워라밸과 조용한 퇴사를 단순히 일을 조금 덜 하고 개인의 자유와 행복만을 추구하는 수단으로 생각하면 안 된다. 자본주의 세상에서 살아남는 방법으로 앞에서 이야기한 3가지 중 하나를 선택하는 기준이 되어야 한다. 이 관점에서 '라이프'를 어떻게 쓰느냐가 특히 중요하다. 사람마다 가치관이 다르므로 어떤 방식이 정답이라고 단정 지을 수 없지만, '라이프'를 단순히 소비나 직장 생활 스트레스를 풀기 위한 수단으로만 생각한다면 암울한 미래가 기다리고 있을 뿐이다.

사람은 기계가 아니기에 힐링(쉼)도 분명 필요하다. 하지만 나를 지켜줄 현금흐름 확보에 퇴근 후 시간을 더 투자해야 한다. 특히 지금 회사나 직업이 만족스럽지 않다면 더더욱 이쪽에 집중할 필요가 있다. 회사 월급을 받으며 생활할 수 있는 기간이 생각보다 더 짧을 수 있기 때문이다. 스스로 투자에 재능이 없다고 생각한다면, 내가 재밌게 일할 수 있는 분야를 찾는 것도 하나의 방법이다. 나 역시 주식 투자와 나만의 브랜딩/사업을 만들기 위해 노력하면서 지금보다 더 즐겁게 일할 수 있는 직장과 직업을 계속 찾아보고 있다. 돈에 대한 관심이 많다 보니 패션업을 벗어나서 금융업계에서도 일해보고 싶다는 목표가 생겼고 퇴근 후 시간을 할애해서 업계를 바꾸기 위해 나름의 노력을 하고 있다.

지금까지 이야기한 내용은 내 생각일 뿐 당연히 정답은 아니다. 사람마다 처한 환경과 목표가 다르기 때문이다. 하지만 이것만큼은 확실하다. 결국 회사 월급을 받을 수 있는 기간은 생각보다 짧을 것이고 물가상승 등으로 시간이 지날수록 삶의 난이도는 생각보다 많이 올라갈 것이다. 이 내용을 꼭 기억하고 자신만의 워라밸을 잘 설계해 보길 바란다. 그리고 정시퇴근하고 집에서 누워 스마트폰이나 넷플릭스만 보거나 술 약속만 잡는 사람과, 정시퇴근하고 나만의 사업에 도전하거나 투자 공부를 열심히 하는 사람의 노후가 같길 바라지 말자. 이 부분만 정확하게 인지하고 있으면 된다. 나는 지금도 본업에서 퇴근하고 부업으로 바로 출근한다. 주말에는 본업이 쉬기 때문에 부업에 온전히 내 시간을 사용한다. 이런 내 모습을 아는 주변 사람들은 너무 삶(라이프)이 없는 거 아니냐고 걱정하기도 한다. 인생을 좀 즐기라는 조언도 해준다. 하지만 나에겐 이것도 '삶(라이프)'이다. 지금은 하루 1/3 이상이 다른 사람과 계약되

저축은 답답하지만 투자는 무서운 당신에게

어 있지만, 미래에는 하루 24시간, 1년 365일을 온전히 내 삶(라이프)으로만 채우기 위해 투자하는 것이다. 그리고 내가 원하던 미래가 조금씩 보이기 시작했다.

워라밸은 함정카드다

6

회사의 크기와 능력은
나의 것이 아니다

2014년 10월, 나는 입사 후 처음으로 외부 업체와 미팅을 했다. 지금까지 회사에 다니면서 기억에 남는 사건들이 참 많지만, 이 에피소드는 특히 더 기억에 남는다. 당시 내 업무가 패션잡화 MD였기 때문에 새로운 모자 제작업체와 계약하는 자리에 참석했다. 그 자리에 업체 사장님과 담당 부장님이 회사로 방문했다. 두 분 다 나보다 나이가 최소 20살 이상 많아 보이셨는데, 내가 회사 부장님한테 이야기하는 것보다 훨씬 더 공손하고 친절하게 나를 대해주셨다. 회사에서는 내가 몇 년 만에 들어온 신입이었기에 사무실에 있는 모두가 나보다 상사였다. 그래서 항상 긴장의 끈을 놓을 수 없었는데, 업체 사장님과 부장님은 나를 마치 회사의 임원처럼 대했다. 사

저축은 답답하지만 투자는 무서운 당신에게

무실과는 180도 다른 대접(?)을 받으니 기분이 매우 좋았다. 지금 돌아보면 가뜩이나 위계질서가 강한 전형적인 대기업 회사 분위기여서 더 비교돼 기억에 남았던 것 같다.

이곳뿐만 아니라 이후에 만난 업체들도 전부 나를 그렇게 대했다. 이런 상황이 계속되니 가슴이 웅장해지면서 일종의 허세가 들었다. 내가 능력이 좋아서 이런 대우를 받는다고 착각했고, 이에 걸맞은 소비를 해야 한다고 또 한 번 착각했다. 백화점 명품급 옷을 사놓고 외부 업체와 미팅할 때마다 입고 나갔다. 매번 같은 옷만 입고 나갈 수 없으니 비싼 옷을 여러 벌 샀다. 계절이 바뀔 때마다 옷차림도 바뀌기 때문에 계절마다 옷을 또 샀다.

그렇게 몇 년의 시간이 흘렀다. 그동안 운 좋게 연차에 비해 좋은 성과를 낸 덕분에 특진도 하고 회사에서 맡은 업무도 별문제 없이 잘 수행했다. 자연스럽게 내 머릿속에는 이 모든 결과가 '내가 잘 한 덕분'이라는 생각이 자리 잡았다. 그러다 보니 회사에서 다른 부서가 내 업무를 잘 지원해주지 못할 때나, 팀장이 내 전략을 인정해주지 않을 때면 회사가 참 답답하다고 느꼈다. 그 와중에 건강이 급속도로 나빠져 병원에서 수술을 받았다. 회복을 위해 짧게 휴직했었는데, 이때 내 능력으로 사업에 도전해야겠다고 생각했다.

회사에서 하는 일과 개인적인 관심사 모두 패션이었기 때문에 온라인으로 남성복 판매를 계획했다. 그리고 내 능력을 증명하기 위해 그동안 알고 지내던 공장이 아니라 완전 새로운 공장과 관련 업체 여러 곳에 메일을 보냈다. 그리고 현실을 깨달았다. "회사 명함이 없었다면 나는 아무것도 아니었다"라는 문장의 의미를 제대로 체감했다. 회사 일로 만나면 어떤 업체 사장님이든 나를 정말 친절하게 대해주셨다. 하지만 회사 명함이 없을 때는 일단 잘 만나주지도 않았고, 겨우 전화 통화가 되도 내가 알던 친절은 없었다. 업체에서 요구하는 최소 발주량도 크다 보니 내가 가진 돈으로는 시도조차 하기 어려웠다. 그렇게 나의 첫 번째 일탈은 실패로 끝났다. 세상의 무서움을 몸소 체험하고 다시 직장으로 돌아왔다. 그리고 열심히 일해서 계좌 잔고도 키우고 병도 키웠다. 이 경험 덕분에 직장일 다니는 동안 회사 명함을 대체할 '나만의 명함'을 만들어야겠다는 다짐을 했고 '그게 무엇일까, 그리고 어떻게 만들어야 할까'를 계속 고민했다.

요즘 평생 직장이라는 단어가 무색해질 만큼 고용 안정성이 떨어졌지만, SNS 발달로 현실 자각이 쉽다 보니 나처럼 허세병에 걸린 사회초년생은 전보다 많이 줄어든 것 같다. 물론 나와 달리 진짜 본인 능력이 뛰어나 직장에서 엄청난 성과를 내고, 혼자 회사를 나와서도 사업으로 대박 낼 수 있는 사람도 분명 존재할 것이다. 다만 나는 아직 그 정도 능력자는 아니라는 사실을 인지했기 때문에 일단 능력을 끌어올리는 데 집중했다. 회사 일을 열심히 해서 계속 배우고 지식을 넓혀나갔다. 그러다가 이 모든 것이 1가지를 가리킨다는 사실을 깨달았다. 바로 최고의 능력과 명함은 바로 자산이라는 것이다.

자산이라는 거창한 단어 대신 돈이라는 표현이 더 와닿을 것이다. 일단 돈이 많으면 힘들게 나를 다른 사람에게 설명할 필요가 없다. 돈이 많으면 다른 사람 눈치 볼 필요 없이 내가 하고 싶은 일을 하면서 시간을 보낼 수 있다. 업체 사장님들이 나한테 잘 해줬던 이유도 결국 내가 다른 회사 MD보다 많은 물량을 업체에 발주할 수 있기 때문이다. 즉, 그들의 입장에서는 내가 돈이 된다. 회사의 엄청난 자금을 바탕으로 주문하고 돈을 보내주는 사람이기 때문이다. 만약 내가 회사만큼 업체에 주문할 수 있는 돈이 있었다면 당연히 나는 사업을 수월하게 할 수 있었을 것이다.

그래서 개인적인 능력과 돈 능력을 동시에 끌어 올리기로 결심했다. 돈 능력을 향상시키는 방법은 정말 다양하지만, 핵심 원리는 간단하다. 버는 돈을 늘리고, 쓰는 돈을 줄이고, 투자수익률을 높이면 된다. 이에 대한 나만의 노하우는 책 전반에 걸쳐 소개하고 있는 만큼 여기서는 별도로 다루지 않겠다. 대신 돈 능력과 함께 필요한 개인적인 능력을 키우는 나만의 방법을 이야기해 보겠다. 쉽게 말해 '내 이름'만으로 돈 벌 수 있는 능력이다. 직장이 어디인지, 그리고 수입이 얼마인지에 따라 은행에서 받을 수 있는 대출 규모가 달라지는 것처럼 내 능력이 좋으면 월급 말고도 돈 벌 수 있는 수단이 생기기 때문이다. 이 수입은 월급과 함께 기본적인 '돈 능력'을 끌어 올려주고 여기서 또 투자로 한 번 더 뺑튀기가 가능하다. 2가지 능력 모두에 집중해야 하는 이유다.

개인적인 능력을 키우는 가장 쉬운 방법은 내가 잘하는 것을 우직하게 계속하는 것이다. '잘하는 것'과 '꾸준함'이 만나면 나만

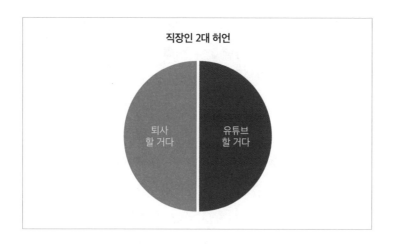

직장인 2대 허언

퇴사
할 거다

유튜브
할 거다

의 강점이 생길 수밖에 없다. 시작하면 상위 10%, 꾸준히 계속하면 상위 1%라는 이야기를 앞에서 잠깐 언급했다. 주변만 둘러봐도 알 수 있다. 직장인 2대 허언으로 유명한 짤이 있다.

"퇴사할 거다."

"유튜브할 거다."

일단 다들 유튜브 한다고 하지만 90%는 영상을 업로드하지 않는다. 체감상 99% 정도 될 것 같지만 나처럼 유튜브 한다는 사실을 직장 동료에게 말하지 않는 사람도 있을 테니 90%면 얼추 맞지 않을까 싶다. 근데 유튜브 영상을 올리더라도 3개월 이상 꾸준히 하는 사람은 주변에 없었다. 외롭게도 정말 나밖에 없었다. 돈 버는 데 관심이 많은 지인들과 함께 유튜브와 블로그를 시작했었는데, 3개월이 지났을 때 정말 신기하게도 남은 사람은 10%도 안 됐다. 그리고 3년이 지나고 주위를 둘러보니 나만 계속 유튜브와 블로그

저축은 답답하지만 투자는 무서운 당신에게

를 하고 있었다. 구독자 수 기준 '서대리TV' 채널은 한국 유튜브 채널 상위 10%라고 한다. 앞에서 이야기했던 것처럼 꾸준히 유지한다면 상위 1%는 어려울지 몰라도 지금 순위는 지킬 수 있지 않을까 싶다. 그래서 내가 하고 싶은 일이 있다면 일단 꾸준히 해보는 것을 추천한다. 세계적인 작가인 무라카미 하루키는 이렇게 이야기했다.

"나는 천재가 아니고, 재능보다 규칙과 단련을 믿는다."

그는 매일 반복하는 루틴과 이를 통해 이뤄지는 성과를 강조했다. 김영하 작가도 "하루 3줄 일기만이라도 꾸준히 쓰세요. 꾸준히 하는 것이 중요합니다"라며 꾸준함을 강조했다.

그렇다면 내가 잘 할 수 있는 일은 어떻게 찾을 수 있을까? 이것의 정답 역시 가까이 있다. 바로 주변 사람들이 나한테 자주 물어보는 주제로 나만의 능력을 키워가면 된다. 내 경우, 어릴 때는 친구들이 프리스타일이라는 농구 게임과 스타크래프트 잘하는 법을 자주 물어봤었다. 프로게이머만큼은 아니었지만, 일반인 중에서는 실력이 출중했기 때문이다. 그리고 직장인이 되었을 때는 동료들로부터 연말정산 환급이나 투자 관련 질문을 엄청 받았다. 다른 부서 모르는 사람한테 사내메신저로 연락이 올 정도였다. 이런 과정이 계속 반복되니 이 정보들을 콘텐츠로 만들어 인터넷에 올리면 좋겠다고 생각했고, 그게 지금의 '서대리'가 되었다. 참고로 닉네임을 '서대리'라고 지은 이유는 회사 생활을 대리까지만 하고 그 이후로는 회사를 벗어나 사장으로 살겠다는 의지를 담기 위해서였다. 다만 현실은 계획대로 되지 않는다는 말처럼 2021년 과장이 되었고, 여전히 회사를 열심히 다니고 있다.

이처럼 주변 사람들이 나에게 자동차를 많이 물어본다면 자동차와 관련된 무언가를 시도해 볼 수 있다. 만약 나에게 패션 코디를 물어본다면 이쪽을 고민해 보면 된다. 주제는 정말 다양하다. 이런 것도 될까? 싶은 주제도 나만의 이야기로 풀어본다면 가능성이 있다. 요즘은 전 세계가 하나로 연결되어 있기에, 아무리 소수의 취향이라도 그 사람들한테 닿기만 하면 성공할 수 있다. 동아시아에서 0.01%만 흥미를 가지는 아주 작은 주제라도, 그 숫자는 적어도 15만 명이 된다(15억 인구 기준). 전 세계를 대상으로 한다면 잠재고객은 훨씬 늘어난다. 요새는 챗GPT와 같은 인공지능을 활용해 언어 문제도 어느 정도 해결할 수 있다. 의지의 문제일 뿐 방법은 전혀 문제가 되지 않는다.

나는 마블 영화를 매우 좋아하는데 그 중 〈스파이더맨: 홈커밍〉에서 나온 대사가 특히 인상 깊었다. 아이언맨 토니 스타크가 사고를 친 스파이더맨을 혼내면서 슈트를 가져가려 하자 스파이더맨은 이 슈트가 없으면 아무것도 할 수 없다고 한다. 그러자 아이언맨은 이렇게 말한다.

"슈트 없이 아무것도 아니면 더욱 가지면 안 돼If you're nothing without this suit, then you shouldn't have it."

이 대사는 회사 명함 없이 경제적 자유를 얻거나 사업에 성공하려면 결국 나만의 차별화된 능력과 이를 든든히 뒷받침할 돈이

저축은 답답하지만 투자는 무서운 당신에게

있어야 한다는 뜻으로 다가왔다. 즉, 하루 24시간을 온전히 나만을 위해 사용하고 싶다면 회사 월급을 받는 동안 따로 준비가 필요하다. 그리고 이는 회사 크기와 능력이 나랑 동일하다는 생각에서 빨리 벗어날수록 유리하다. 만약 개인적인 능력과 돈 능력 둘 다 키우기 어렵다면 우선 돈 능력부터 키우자. 소비는 줄이고 남는 돈으로 조금씩 투자를 하면서 고민하다 보면 새로운 길이 보일 것이다.

 회사 없이 아무것도 아니면
결코 회사를 벗어날 수 없다

저축은 답답하지만
투자는 무서운
당신에게

1판 1쇄 발행 2023년 8월 31일
1판 3쇄 발행 2024년 10월 28일

지은이 서대리

발행인 양원석   **책임편집** 이수빈
디자인 스튜디오243   **영업마케팅** 윤송, 김지현, 이현주, 백승원, 유민경

펴낸 곳 ㈜알에이치코리아
주소 서울시 금천구 가산디지털2로 53, 20층 (가산동, 한라시그마밸리)
편집문의 02-6443-8867   **도서문의** 02-6443-8800
홈페이지 http://rhk.co.kr
등록 2004년 1월 15일 제2-3726호

ⓒ서대리 2023, Printed in Seoul, Korea

ISBN 978-89-255-7608-4 (03320)